本书入选中共广东省委宣传部 2020 年主题出版重点出版物资助项目

新时代全面从严治党的理论创新

XINSHIDAI QUANMIAN CONGYAN ZHIDANG DE LILUN CHUANGXIN

陈金龙　周建伟　董海军　等◎著

·广州·

版权所有　翻印必究

图书在版编目（CIP）数据

新时代全面从严治党的理论创新/陈金龙，周建伟，董海军等著. —广州：中山大学出版社，2021.6
ISBN 978-7-306-07169-9

Ⅰ. ①新… Ⅱ. ①陈…②周…③董… Ⅲ. ①中国共产党—党的建设—研究 Ⅳ. ①D26

中国版本图书馆 CIP 数据核字（2021）第 051989 号

出 版 人：	王天琪
策划编辑：	熊锡源
责任编辑：	熊锡源
封面设计：	林绵华
责任校对：	陈　莹
责任技编：	何雅涛
出版发行：	中山大学出版社
电　　话：	编辑部 020 - 84110283，84113349，84111997，84110779，84110776 发行部 020 - 84111998，84111981，84111160
地　　址：	广州市新港西路 135 号
邮　　编：	510275　　　传　真：020 - 84036565
网　　址：	http：//www.zsup.com.cn　　E-mail：zdcbs@mail.sysu.edu.cn
印 刷 者：	广州市友盛彩印有限公司
规　　格：	787mm×1092mm　1/16　18 印张　290 千字
版次印次：	2021 年 6 月第 1 版　2022 年 1 月第 2 次印刷
定　　价：	65.00 元

如发现本书因印装质量影响阅读，请与出版社发行部联系调换

目录

绪　论　科学认识和把握新时代全面从严治党的理论创新 /1

第一节　新时代全面从严治党理论创新的渊源 /1

　　一、马克思主义政党建设理论 /1

　　二、中国共产党从严治党理论 /3

　　三、中华优秀传统文化 /7

第二节　新时代全面从严治党理论创新的时代背景 /8

　　一、党的先进性和纯洁性建设的内在要求 /8

　　二、治国理政的实践要求 /9

　　三、实现中华民族伟大复兴的使命呼唤 /10

第三节　新时代全面从严治党理论创新的基本内涵 /11

　　一、全面从严治党的核心是坚持和加强党的全面领导 /11

　　二、全面从严治党的基础在"全面"/12

　　三、全面从严治党的关键在"严"/12

　　四、全面从严治党的要害在"治"/13

第四节　新时代全面从严治党理论创新的主要特点 /14

　　一、管党治党与治国理政相结合 /14

　　二、思想建党与制度治党相结合 /15

　　三、重点突破与整体协同相结合 /16

　　四、抓"关键少数"与"普通多数"相结合 /17

　　五、继承与创新相结合 /18

第五节　新时代全面从严治党理论创新的主要贡献 /19
　　一、深化了对执政党建设规律的认识 /19
　　二、发展了马克思主义政党建设理论 /20
　　三、马克思主义中国化的最新成果 /20
　　四、新时代全面从严治党的行动指南 /21

第一章　把党的政治建设摆在首位 /23

第一节　把党的政治建设摆在首位的缘由 /23
　　一、旗帜鲜明讲政治是马克思主义政党的根本要求 /23
　　二、党的政治建设是党的根本性建设 /25
　　三、党的建设的历史经验总结 /26
　　四、解决党的政治建设面临的问题 /27

第二节　党的政治建设的主要任务 /28
　　一、维护党中央权威和集中统一领导 /28
　　二、严格遵守政治纪律和政治规矩 /30
　　三、严肃党内政治生活 /33
　　四、营造良好政治生态 /37
　　五、发展积极健康的党内政治文化 /40

第三节　推进党的政治建设的路径 /43
　　一、坚持问题导向 /43
　　二、以政治建设作为党的建设的统领 /44
　　三、强化党员干部的党性锻炼和党性修养 /45
　　四、强化党的各级组织和干部担负政治建设的责任 /46

第二章　坚定党员干部的理想信念 /48

第一节　理想信念是共产党人的精神之钙 /48
　　一、理想信念是共产党人安身立命的根本 /49
　　二、理想信念是共产党人不竭动力的源泉 /51

三、理想信念动摇是最危险的动摇 /53

第二节 将共同理想和远大理想统一起来 /54

一、坚定对马克思主义的信仰 /54

二、坚定对共产主义的信念 /57

三、坚定对中国特色社会主义的信心 /59

第三节 不断深化理想信念建设 /62

一、提高马克思主义理论素养 /62

二、深刻把握历史发展规律 /65

三、强化制度约束 /70

第三章 坚决做到"两个维护" /72

第一节 "两个维护"是方向性、原则性问题 /72

一、"两个维护"是党的根本原则 /72

二、"两个维护"关系党和国家的前途命运 /74

三、"两个维护"是历史经验的深刻总结 /76

四、"两个维护"是肃清各种无组织、无纪律现象的现实需要 /78

第二节 强化"四个意识" /80

一、强化政治意识,做政治上的明白人 /80

二、强化大局意识,自觉在大局下想问题做工作 /82

三、强化核心意识,自觉服从核心、维护核心 /84

四、强化看齐意识,时刻警醒、及时纠偏 /86

第三节 "两个维护"的具体要求 /88

一、同党中央保持高度一致 /89

二、消除危害"两个维护"的"主义"和"文化" /90

三、完善和落实"两个维护"的制度机制 /93

第四章　严明党的纪律和规矩 /96

第一节　加强纪律建设是全面从严治党的治本之策 /96
　　一、有纪律有规矩，有利于真管真治 /96
　　二、有纪律有规矩，有利于严管严治 /99
　　三、健全纪律健全规矩，有利于全面管全面治 /101

第二节　严明党的纪律和规矩的要求 /102
　　一、抓住严明政治纪律这个基础 /103
　　二、抓住监督执纪"四种形态"这个关键 /106
　　三、抓住严格执行这个核心 /107
　　四、使纪律成为带电的"高压线" /108
　　五、抓住"关键少数"这个重点 /111

第三节　推动党的纪律和规矩落到实处 /112
　　一、领导干部带头把纪律规矩立起来 /113
　　二、以规则强化纪律规矩 /115
　　三、强化监督执纪问责 /117

第五章　建设高素质专业化干部队伍 /120

第一节　坚持党管干部原则 /121
　　一、确立好干部的标准，树立正确的选人用人导向 /121
　　二、坚持立体看人，多层次、多渠道、多侧面了解干部 /126
　　三、严明组织人事纪律，公道正派选人用人 /127

第二节　优化干部成长路径 /129
　　一、干部成长需要经过必要的台阶 /129
　　二、注重基层和实绩导向 /131
　　三、激发干部自身努力 /134
　　四、加强组织对干部的培养 /137

第三节　好干部要用起来 /139
　　一、坚持事业为上、因事择人、用当其时、用其所长 /139

二、坚持精准识人，客观公平考核评价干部 /141
三、坚持从严管理干部 /144
四、注重干部正向激励，建立健全容错纠错机制 /146

第六章 作风建设永远在路上 /150

第一节 作风问题绝不是小事 /150
一、作风问题根本上是党性问题 /151
二、党的作风是党的形象 /153
三、"四风"是损害党群干群关系的重要根源 /154

第二节 保持党与人民群众的血肉联系 /156
一、坚持以人民为中心的工作导向 /157
二、强化为人民服务的宗旨意识 /160
三、驰而不息纠正"四风" /161

第三节 作风建设没有休止符 /164
一、继承和发扬党的优良传统作风 /164
二、发扬钉钉子精神，踏石有印、抓铁有痕 /167
三、作风建设要抓常抓细抓长 /168
四、把家风建设摆在重要位置 /171

第七章 以零容忍态度惩治腐败 /174

第一节 执政党面临的最大威胁是腐败 /174
一、绝对的权力导致绝对的腐败 /175
二、反腐败是保持党的肌体健康的需要 /177
三、反腐败是党有力量的表现 /180

第二节 着力解决发生在人民群众身边的腐败问题 /183
一、既打"老虎"又拍"苍蝇" /183
二、全面展开"猎狐行动" /185
三、加强扶贫领域反腐败斗争 /188

第三节　把权力关进制度的笼子 /191
　　一、围绕授权、用权、制权加强法规制度建设 /191
　　二、建立不敢腐、不能腐、不想腐的机制 /194
　　三、让铁规发力，让禁令生威 /200

第八章　加强党内监督 /204

第一节　权力需要监督 /204
　　一、信任不能代替监督 /205
　　二、做好监督体系的顶层设计 /207
　　三、加强党的中央组织的监督 /210
　　四、抓住"关键少数"，破解一把手监督难问题 /212

第二节　强化党内监督 /215
　　一、坚持、完善和落实民主集中制 /215
　　二、发挥纪委派驻机构的监督作用 /217
　　三、坚持把党内监督同外部监督结合起来，形成合力 /219

第三节　创新党内监督 /222
　　一、发挥巡视监督利剑作用 /222
　　二、严格执行重大事项请示报告制度 /227
　　三、加强纪委监督执纪和问责追究 /230

第九章　落实全面从严治党主体责任 /234

第一节　落实主体责任是重要的政治责任 /234
　　一、落实主体责任是党的建设新的伟大工程的迫切需要 /234
　　二、落实主体责任是管党治党实践经验的深刻总结 /237
　　三、落实主体责任是解决党内存在突出矛盾和问题的
　　　　必然要求 /240

第二节　各级党委（党组）的主体责任 /243
　　一、全面从严治党是各级党委（党组）的责任 /243

二、关键是把党的领导落到实处 /246
三、领导班子是责任主体 /248
四、党委（党组）书记是第一责任人 /250
第三节 落实主体责任的要求 /253
一、层层压实责任 /253
二、坚持有责必问、问责必严 /256
三、健全问责制度和问责机制 /259

结语：面向新征程的全面从严治党 /262

参考文献 /269

后　记 /273

绪　论　科学认识和把握新时代全面从严治党的理论创新

党的十八大以来，以习近平同志为核心的党中央在全面从严治党的过程中，通过继承马克思主义政党建设理论、中国共产党从严治党理论和中华优秀传统文化，从党的建设内在诉求、治国理政实践要求和中国共产党肩负的历史使命出发，科学谋划了全面从严治党的实践，形成了全面从严治党的理论，既深化了对执政党建设规律的认识，发展了马克思主义政党建设理论，也有效地指导了新时代全面从严治党的实践。

第一节　新时代全面从严治党理论创新的渊源

任何思想的形成，都有其理论渊源和实践基础。习近平全面从严治党重要论述是马克思主义政党建设理论时代化的产物，也是继承中国共产党从严治党理论和中华优秀传统文化的结果。

一、马克思主义政党建设理论

中国共产党是依据马克思主义政党建设理论建立和发展起来的。马克思主义政党建设理论强调两条基本原则，一是始终保持共产党的先进性，二是着重从思想上建党。马克思、恩格斯在《共产党宣言》中指出："共产党人为工人阶级的最近的目的和利益而斗争，但是他们在当前的运动中同时代表运动的未来。"[①] 共产党人能"代表运动的未来"，这是党的先进性的集中体现。为了保持共产党人的先进性，马克思、恩格斯强调加强党的思想理论建设，用科学的理论武装党、引导群众，以

---

① 《马克思恩格斯文集》第2卷，人民出版社2009年版，第65页。

排除机会主义派别的影响。同时，马克思、恩格斯指出，工人阶级政党必须有自己的政治纲领，在这个纲领下实现思想和行动的统一，才能保证革命的成功。1871年9月21日，恩格斯在"关于工人阶级的政治行动"的讲话中指出："绝对放弃政治是不可能的"，"工人的政党不应当成为某一个资产阶级政党的尾巴，而应当成为一个独立的政党，它有自己的目的和自己的政治"。① 旗帜鲜明讲政治，公开表达自己的政治诉求，是工人阶级政党的特征。1875年3月，恩格斯在致倍倍尔的信中提出，"一个新的纲领毕竟总是一面公开树立起来的旗帜，而外界就根据它来判断这个党"②。然而，由于时代和历史的局限，马克思、恩格斯对无产阶级政党夺取政权后该如何执政、如何建设来不及思考和探索。

列宁通过总结工人阶级及其政党斗争的新鲜经验，进一步强调从思想理论上建党的重要性。他指出：没有革命的理论，就不会有坚强的社会主义政党，就不会有革命的运动，"只有革命马克思主义的理论，才能成为工人阶级运动的旗帜"，"因为它第一次把社会主义从空想变成科学，给这个科学奠定了巩固的基础，指出了继续发展和详细研究这个科学所应遵循的道路"。③ 同时，列宁也进一步强调共产党的先进性在于引导群众。他说："党是阶级的先锋队；它的任务决不是反映群众的一般水平，而是带领群众前进。"④ 列宁在推进俄共（布）建设的过程中，同样强调党的纲领的意义，要求把最高纲领和最低纲领清楚地划分开，将党的纲领建立在事实基础上。他说，"马克思主义政党的纲领应该以绝对确凿的事实为依据。我们纲领的力量就在这里"⑤。列宁还强调，"党的政治行动必须一致"⑥，以确保全党切实做到服从中央，同中央保持一致，并接受中央的统一领导。这是列宁重视党的政治建设的表达。十月革命后，列宁在推进俄共（布）建设的过程中，从严格党员

---

① 《马克思恩格斯选集》第3卷，人民出版社1995年版，第123、124页。
② 《马克思恩格斯选集》第3卷，人民出版社1995年版，第325－326页。
③ 《列宁专题文集（论无产阶级政党）》，人民出版社2009年版，第338页。
④ 《列宁专题文集（论无产阶级政党）》，人民出版社2009年版，第338页。
⑤ 《列宁专题文集（论无产阶级政党）》，人民出版社2009年版，第339页。
⑥ 《列宁全集》第13卷，人民出版社1987年版，第129页。

绪　论　科学认识和把握新时代全面从严治党的理论创新

标准、严肃党的纪律、严守法律法规、严密监督体系等方面，对从严治党进行了实践探索，并通过先后两次清党，纯洁了党的组织，提高了党的威望。列宁指出："要使无产阶级能够正确地、有效地、胜利地发挥自己的组织作用（而这正是它的主要作用），无产阶级政党的内部就必须实行极严格的集中和极严格的纪律。"① 习近平在全面从严治党过程中，高度重视党的思想建设和党的先进性建设，将党的政治建设摆在首位，将纪律建设纳入党的建设总体布局之中，这是对马克思主义政党建设理论的继承与发展。

二、中国共产党从严治党理论

中国共产党成立以来，之所以能够从小到大、由弱到强，有资格、有能力、有智慧担负领导中国革命、建设、改革的重任，成为世界上规模最大的政党，一条重要经验是坚持从严治党。中国共产党通过从严治党的实践，积累了丰富经验，形成了独具特色的从严治党理论。

从严治党首在教育。思想主导行为，行为受思想支配，从严治党首先必须解决思想问题，通过思想教育，使全党认识到从严治党对于赢得执政资格、巩固执政地位、提高执政能力的重要性。毛泽东在延安文艺座谈会上的讲话指出，"有许多党员，在组织上入了党，思想上并没有完全入党"，"为要领导革命运动更好地发展，更快地完成，就必须从思想上组织上认真地整顿一番"。② 这里将思想建设居于组织建设之前，表明了思想建设的作用。在党的七届二中全会上，毛泽东通过分析党面临的工作环境、历史任务、工作重心的变化，使全党认识到"两个务必"（务必使同志们继续地保持谦虚、谨慎、不骄、不躁的作风，务必使同志们继续地保持艰苦奋斗的作风）对于中国共产党赢得政权、巩固政权的重要性，使战争年代的优良作风得以传承下来。通过思想教育，强化党员干部的理想信念、宗旨意识、党员意识，这是从严治党的基础。

从严治党重在落实。完善的制度设计是从严治党的保障，但制度落

---

① 《列宁专题文集（论无产阶级政党）》，人民出版社2009年版，第252页。
② 《毛泽东选集》第3卷，人民出版社1991年版，第875页。

实、制度执行比制度制定更为重要，有制度却得不到落实和执行，就难以发挥制度的作用和效能。战争年代、建设时期，之所以能收从严治党之效，一个重要原因是制度落到了实处，其规范力、约束力得到了有效发挥。邓小平在党的八大《关于修改党的章程的报告》中指出，为克服脱离实际、脱离群众的现象，"党除了应该加强对于党员的思想教育之外，更重要的还在于从各方面加强党的领导作用，并且从国家制度和党的制度上作出适当的规定，以便对于党的组织和党员实行严格的监督"[①]。这里不仅强调制度制定，更重视制度执行，这是新中国成立后从严治党成效明显的重要原因。改革开放以来，腐败之所以产生，不是因为没有制度或制度不完善，而是由于制度没有得到切实执行，制度的作用没有充分发挥出来。有人说八项规定改变中国，原因就在于八项规定得到了落实。历史经验表明，从严治党重在使制度落地。

从严治党关键在领导干部带头。领导干部生活在群众之中，其一言一行代表党的形象，对群众产生直接影响。身教重于言教，领导干部能严以律己，严格遵守党的纪律，对于群众具有示范作用、带动作用。党内艰苦奋斗、密切联系群众等优良作风的形成，与毛泽东、周恩来等老一辈革命家的带头示范有着密不可分的关系。1962年，邓小平在接见参加组织工作会议和全国监察工作会议的同志时指出："党要管党，一管党员，二管干部。对执政党来说，党要管党，最关键的是干部问题，因为许多党员都在当大大小小的干部。"[②] 党的十八大以来党内风清气正环境的形成，与以习近平同志为核心的中央领导集体率先垂范密切相关。党内没有特殊党员，从严治党关键是领导干部带好头，并自觉担负起管党治党的责任。

从严治党要求严惩腐败分子。中国共产党一方面珍视生命、敬畏生命，另一方面为维护法律的权威、党的形象，严惩腐败分子不手软。延安时期依法处决黄克功，使全党受到了一次深刻的警示教育。任何人，不论地位多高、功劳多大，如果触犯法律，就难逃法律的制裁和追究，法律面前人人平等。新中国成立初期依法处决刘青山、张子善，同样发

---

① 《邓小平文选》第1卷，人民出版社1994年版，第215页。
② 《邓小平文选》第1卷，人民出版社1994年版，第328页。

绪　论　科学认识和把握新时代全面从严治党的理论创新

挥了震慑作用，教育了全党，也是给全国人民一个交代。1952年2月，《中共中央关于"三反"运动和整党运动结合进行的指示》提出，"三反"运动期间，"应该对所属干部作一次深刻的考察和了解，必须毫不迟疑地开除一批丧失无产阶级立场的贪污蜕化分子出党，撤销一批严重的官僚主义分子和那些居功自傲、不求上进、消极疲沓、毫不称职的分子的领导职务（其中有些也应当开除出党）"。① 清除党内腐败分子，保持了党的先进性和纯洁性。党的十八大以来依法对周永康、薄熙来、郭伯雄、徐才厚、孙政才、令计划等人进行处理，对全党同样具有警示意义，表明反腐败斗争不设上限、不封顶。如此，党的威严、党的形象才能树立起来。让腐败分子逍遥法外，谈不上从严治党；依法依规严惩腐败分子，才有从严治党可言。

改革开放以来，随着从严治党实践的推进与经验积累，全面从严治党的概念逐步被提出来。1997年9月，党的十五大报告从保持党的先进性和纯洁性的内在要求出发，强调"从严治党"。报告指出："从严治党，是保持党的先进性和纯洁性，增强党的凝聚力和战斗力的保证。""各级党委要坚持'党要管党'的原则，把从严治党的方针贯彻到党的建设的各项工作中去，坚决改变党内存在的纪律松弛和软弱涣散的现象。"② 从这里开始，人们往往将"从严治党"与"党要管党"并提，并将"党要管党"确定为党的建设原则，"从严治党"确定为党的建设方针。2001年7月1日，江泽民在庆祝中国共产党成立80周年大会上的讲话，重申了"从严治党"的方针。他说："我们必须坚持党要管党的原则和从严治党的方针，各级党组织必须对党员干部严格要求、严格教育、严格管理、严格监督，坚决克服党内存在的消极腐败现象。"③ 这里将"从严治党"的内涵具体化为"严格要求、严格教育、严格管理、严格监督"，使"从严治党"有了明确指向。2002年11月，党的十六大报告将"从严治党"与解决党面临的两大历史性课题结合起来，彰显了"从严治党"的重要性。报告提出："一定要坚持党要管党、从

---

① 《中共中央文件选集（1949年10月—1966年5月）》第8卷，人民出版社2013年版，第48-49页。
② 《十五大以来重要文献选编》上，人民出版社2000年版，第49、50页。
③ 《十五大以来重要文献选编》下，人民出版社2003年版，第1921页。

严治党的方针，进一步解决提高党的领导水平和执政水平、提高拒腐防变和抵御风险能力这两大历史性课题"。① 在这里，"党要管党"也升格为党的建设方针。2007年10月，党的十七大报告重申"从严治党"，尽管不再明确称其为党的建设方针，但其实践要求并未减弱。报告指出："必须把党的执政能力建设和先进性建设作为主线，坚持党要管党、从严治党"。② "坚持党要管党、从严治党"的提法，使"从严治党"涵盖的面更广了。2009年9月，党的十七届四中全会通过的《中共中央关于加强和改进新形势下党的建设若干重大问题的决定》强调："坚持党要管党、从严治党，提高管党治党水平。治国必先治党、治党务必从严，实行党建工作责任制，坚持严格要求、严格教育、严格管理、严格监督，开展批评和自我批评，严肃党的纪律"。③ 这里对"从严治党"的要求，既沿用了江泽民在庆祝中国共产党成立80周年大会上讲话的内容，又增加了"实行党建工作责任制""严肃党的纪律"的内容。2012年11月，党的十八大报告重申"坚持党要管党、从严治党"，要求"全面加强党的思想建设、组织建设、作风建设、反腐倡廉建设、制度建设，增强自我净化、自我完善、自我革新、自我提高能力"④。在这里，"全面""从严治党"的字眼已经出现，但尚未作为一个概念来使用。2014年10月，习近平在党的群众路线教育实践活动总结大会上的讲话，对全面推进从严治党进行总体部署，明确提出了全面推进从严治党的八点要求。即落实从严治党责任，坚持思想建党和制度治党紧密结合，严肃党内政治生活，坚持从严管理干部，持续深入改进作风，严明党的纪律，发挥人民监督作用，深入把握从严治党规律。群众路线教育实践活动的成功经验，为习近平强调全面从严治党提供了实践支撑。2014年12月，习近平在江苏调研时，将"全面从严治党"纳入治国理政的战略布局之中，成为"四个全面"的内容之一。从此，党的建设有了更为明确的理念思路和更为开阔的视野。

---

① 《十六大以来重要文献选编》上，人民出版社2005年版，第38页。
② 《胡锦涛文选》第2卷，人民出版社2016年版，第652页。
③ 《十七大以来重要文献选编》中，中央文献出版社2013年版，第144页。
④ 《十八大以来重要文献选编》上，人民出版社2014年版，第39页。

三、中华优秀传统文化

中华民族创造了灿烂的古代文化，这是中国特色社会主义文化自信形成的基础。在全面从严治党的实践中继承中华优秀传统文化，既是全面从严治党的内在要求，也是传承中华优秀传统文化的需要。习近平指出："博大精深的中华优秀传统文化是我们在世界文化激荡中站稳脚跟的根基。中华文化源远流长，积淀着中华民族最深层的精神追求，代表着中华民族独特的精神标识，为中华民族生生不息、发展壮大提供了丰厚滋养。"①"精神追求""精神标识""丰厚滋养"，是对中华优秀传统文化当代价值的充分肯定。

如何继承中华优秀传统文化？习近平指出，"要加强对中华优秀传统文化的挖掘和阐发，努力实现中华传统美德的创造性转化、创新性发展，把跨越时空、超越国度、富有永恒魅力、具有当代价值的文化精神弘扬起来"②。中国特色社会主义实践，包括全面从严治党的实践，是实现中华优秀传统文化创造性转化、创新性发展的重要载体。

在习近平看来，古人那种"先天下之忧而忧，后天下之乐而乐"的政治抱负，"苟利国家生死以，岂因祸福避趋之"的报国情怀，"富贵不能淫，贫贱不能移，威武不能屈"的浩然正气，"人生自古谁无死，留取丹心照汗青""鞠躬尽瘁，死而后已"的献身精神，等等，体现了中华民族的优秀文化传统和民族精神，党员干部都应该继承和发扬，以实现中华优秀传统文化的创造性转化、创新性发展。在谈到社会主义核心价值观的涵养时，习近平指出，我们要认真汲取中华优秀传统文化的思想精华和道德精髓，"深入挖掘和阐发中华优秀传统文化讲仁爱、重民本、守诚信、崇正义、尚和合、求大同的时代价值，使中华优秀传统文化成为涵养社会主义核心价值观的重要源泉"③。党员干部品德、境界的养成，社会主义核心价值观的涵养，都属于党的建设的内容，由此可见中华优秀传统文化在习近平全面从严治党重要论述形成过

---

① 《习近平谈治国理政》，外文出版社2014年版，第164页。
② 《习近平谈治国理政》，外文出版社2014年版，第106页。
③ 《习近平谈治国理政》，外文出版社2014年版，第164页。

程中的作用。

总之，习近平全面从严治党重要论述的理论渊源是多方面的，马克思主义政党建设理论为习近平全面从严治党重要论述提供了理论指导，中国共产党从严治党理论是习近平全面从严治党重要论述的直接来源，中华优秀传统文化为习近平全面从严治党重要论述提供了文化资源和理论借鉴。

第二节　新时代全面从严治党理论创新的时代背景

任何理论的产生，都有其时代背景，植根于时代的诉求。马克思、恩格斯在《德意志意识形态》一书中指出："一切划时代的体系的真正的内容都是由于产生这些体系的那个时期的需要而形成起来的。"[①] 习近平全面从严治党重要论述的提出，同样是时代的产物。党的先进性和纯洁性建设的内在要求、治国理政的实践要求、实现中华民族伟大复兴的使命呼唤，促成了全面从严治党的理论探索与实践创新。

一、党的先进性和纯洁性建设的内在要求

先进性和纯洁性是中国共产党区别于其他政党的显著标志，是党永葆生机活力的内在源泉，也是中国共产党长期执政的内在依据。但改革开放以来党内滋生的一些突出问题，妨碍了党的先进性的发挥，也损害了党的纯洁性。比如，随着市场经济发展、社会转型和价值取向多元化，部分党员干部理想信念动摇、党性修养弱化，思想多元化、复杂化的特征越来越明显，党内统一思想的难度加大；党内生活政治性、原则性下降，部分地方对上级决策、指示打折扣、搞变通、做选择，挑战中央权威；部分基层党组织出现软弱涣散状况，一些党员干部未得到监督，队伍管理缺位、不到位情况严重；制度不完善、制度执行不严情况仍然存在，不少制度只是摆设，形式主义、官僚主义、享乐主义和奢靡之风有禁不止，腐败现象愈演愈烈，引起群众不满。新形势下党的建设

[①] 《马克思恩格斯全集》第3卷，人民出版社1960年版，第544页。

绪　论　科学认识和把握新时代全面从严治党的理论创新

面临"四大考验""四大风险"。习近平指出:"要深刻认识党面临的执政考验、改革开放考验、市场经济考验、外部环境考验的长期性和复杂性,深刻认识党面临的精神懈怠危险、能力不足危险、脱离群众危险、消极腐败危险的尖锐性和严峻性"。① 问题意识是习近平治国理政的突出特点,全面从严治党就是要解决党内存在的突出问题,以保持党的先进性和纯洁性,增强党自我净化、自我完善、自我革新、自我提高能力。"先进性和纯洁性是马克思主义政党的本质属性,我们加强党的建设,就是要同一切弱化先进性、损害纯洁性的问题作斗争,祛病疗伤,激浊扬清。"② 这里道出了全面从严治党的旨趣所在。

二、治国理政的实践要求

中国共产党是中国的执政党,办好中国的事情,关键在党。党的十九大报告指出:"中国特色社会主义最本质的特征是中国共产党领导,中国特色社会主义制度的最大优势是中国共产党领导,党是最高政治领导力量"。③ 中国特色社会主义进入新时代,一方面,中国的经济实力、科技实力、国防实力、综合国力进入世界前列,国际地位提升;中国从顺应、融入全球化转向塑造、引领全球化,从输入型现代化转向辐射型现代化;中华民族迎来了从站起来、富起来到强起来的伟大飞跃。另一方面,全面建成小康社会、全面深化改革、全面依法治国的实践,"五位一体"总体布局的推进,创新、协调、绿色、开放、共享理念的实施,中国特色强军之路的探索,大国关系的协调,将面临不少困难和障碍,需要中国共产党执政能力、执政水平的提升。习近平提出:"治国必先治党,治党务必从严。"④ 全面从严治党是治国理政的诉求,是国家治理、国家发展的需要。

习近平还将全面从严治党提到关系国家兴亡的高度来定位。中国共产党长期执政,能确保社会稳定、国家发展;如果中国共产党失去执政

---

① 《习近平关于全面从严治党论述摘编》,中央文献出版社2016年版,第5—6页。
② 《十八大以来重要文献选编》下,中央文献出版社2018年版,第355页。
③ 习近平:《决胜全面建成小康社会　夺取新时代中国特色社会主义伟大胜利——在中国共产党第十九次全国代表大会上的报告》,人民出版社2017年版,第20页。
④ 《十八大以来重要文献选编》上,人民出版社2016年版,第80页。

资格，将导致社会震荡、国家分裂。正因为如此，习近平强调："全党同志必须在思想上真正明确，党的执政地位和领导地位并不是自然而然就能长期保持下去的，不管党、不抓党就有可能出问题甚至出大问题，结果不只是党的事业不能成功，还有亡党亡国的危险。"①

三、实现中华民族伟大复兴的使命呼唤

中国共产党是一个使命型政党，不同历史时期肩负不同的历史使命。实现中华民族的伟大复兴，凝聚着几代中国人的夙愿，是近代以来中华民族最伟大的梦想。中国特色社会主义进入新时代，我们比历史上任何时期都更接近中华民族伟大复兴的目标。习近平指出："实现'两个一百年'目标，实现中华民族伟大复兴的中国梦，必须把我们党建设好。"② 具体来说，全面建成小康社会、基本实现现代化、建成社会主义现代化强国，面临不少困难和障碍，化解困难和障碍的过程考验党的执政能力和执政水平。习近平指出："实现'两个一百年'奋斗目标，我们不知还要爬多少坡、过多少坎、经历多少风风雨雨、克服多少艰难险阻。"③ 同时，实现中华民族的伟大复兴，面临更为艰巨、更为复杂的任务。党的十九大报告指出："中华民族伟大复兴，绝不是轻轻松松、敲锣打鼓就能实现的。全党必须准备付出更为艰巨、更为艰苦的努力。"④ 实现中华民族伟大复兴，关键在党。只有全面从严治党，才能提高党驾驭复杂局面、化解社会矛盾、应对各种风险的能力，才能进行伟大斗争、推进伟大事业、实现伟大梦想，承担历史赋予中国共产党的崇高使命。

同时，中国共产党是世界上超大规模的政党，既要谋求人民幸福、民族振兴，也要谋求人类和平与发展，担负更多的国际责任和义务。习近平指出，"大就要有大的样子"⑤。中国共产党要为人类和平与发展做

---

① 《十八大以来重要文献选编》中，中央文献出版社 2016 年版，第 92 页。
② 《习近平关于全面从严治党论述摘编》，中央文献出版社 2016 年版，第 4 页。
③ 《习近平关于全面从严治党论述摘编》，中央文献出版社 2016 年版，第 6 页。
④ 习近平：《决胜全面建成小康社会 夺取新时代中国特色社会主义伟大胜利——在中国共产党第十九次全国代表大会上的报告》，人民出版社 2017 年版，第 15 页。
⑤ 《习近平谈治国理政》第 3 卷，外文出版社 2020 年版，第 436 页。

绪　论　科学认识和把握新时代全面从严治党的理论创新

出更大的贡献,首先要把自身建设好,通过全面从严治党,塑造良好政党形象,提高中国共产党的国际影响力、感召力、塑造力,才能为人类和平与发展事业贡献大谋略、大智慧,担负中国应尽的国际责任和义务。

第三节　新时代全面从严治党理论创新的基本内涵

全面从严治党既是党的建设新理念,也是党的建设新路径。习近平围绕全面从严治党提出了系列新思想,其核心是坚持和加强党的全面领导,基础在"全面",关键在"严",要害在"治"。

一、全面从严治党的核心是坚持和加强党的全面领导

中国共产党是中国的执政党,中国共产党的领导地位是历史的选择、人民的选择,坚持党的领导是中国特色社会主义事业取得成功的根本保证。党的十九大报告指出:"党政军民学,东西南北中,党是领导一切的。"[①] 这是对党的领导地位的形象表达。全面从严治党的核心,是管全党、治全党,解决当前党内存在的突出问题,提高党把方向、谋大局、定政策、促改革的能力和定力,确保党始终总揽全局、协调各方,在应对国内外各种风险和考验的历史进程中成为全国人民的主心骨,在发展中国特色社会主义的历史进程中成为坚强领导核心,以"坚持和加强党的全面领导"[②]。

坚持和加强党的全面领导,既是指党的领导覆盖党和国家工作的各领域、各方面,也是指党的领导的力度与效度,诸如"党的政治领导力、思想引领力、群众组织力、社会号召力"[③]。坚持和加强党的全面领导,是全面从严治党的出发点,也是全面从严治党的核心。

[①] 习近平:《决胜全面建成小康社会　夺取新时代中国特色社会主义伟大胜利——在中国共产党第十九次全国代表大会上的报告》,人民出版社2017年版,第20页。
[②] 习近平:《决胜全面建成小康社会　夺取新时代中国特色社会主义伟大胜利——在中国共产党第十九次全国代表大会上的报告》,人民出版社2017年版,第61-62页。
[③] 习近平:《决胜全面建成小康社会　夺取新时代中国特色社会主义伟大胜利——在中国共产党第十九次全国代表大会上的报告》,人民出版社2017年版,第16页。

二、全面从严治党的基础在"全面"

全面从严治党着眼于"全面"推进党的建设，突出了党的建设的系统性，突破了党的建设专注某一方面的线性思维，形成了党的建设整体推进的协同理念。

党的十九大报告提出了新时代党的建设总要求："坚持和加强党的全面领导，坚持党要管党、全面从严治党，以加强党的长期执政能力建设、先进性和纯洁性建设为主线，以党的政治建设为统领，以坚定理想信念宗旨为根基，以调动全党积极性、主动性、创造性为着力点，全面推进党的政治建设、思想建设、组织建设、作风建设、纪律建设，把制度建设贯穿其中，深入推进反腐败斗争，不断提高党的建设质量，把党建设成为始终走在时代前列、人民衷心拥护、勇于自我革命、经得起各种风浪考验、朝气蓬勃的马克思主义执政党。"① 这一总要求明确了党的建设的目的、方针、主线、统领、根基、着力点和党的建设的主要内容和目标，彰显了全面从严治党的"全面性"。

全面从严治党既强调党的全面领导，又强调党的全面建设；既重视党的执政能力建设，又重视党的先进性和纯洁性建设；既重视党的思想建设、组织建设、作风建设、纪律建设、制度建设、反腐败斗争，更重视党的政治建设，把党的政治建设摆在首位；既注重全面从严治党的广度，更注重全面从严治党的质量；既注重调动全党的积极性、主动性、创造性，更注重党的境界、品质的升华。

三、全面从严治党的关键在"严"

全面从严治党强调"严"字当头，着眼于党的建设的实效和质量。全面从严治党的"严"，既是一种党的建设的标准、风格，也是一种党的建设实施策略。习近平指出："'严'就是真管真严、敢管敢严、长管长严。"② 党的十八大以来，党的建设各项举措之所以能落地、能收

---

① 习近平：《决胜全面建成小康社会 夺取新时代中国特色社会主义伟大胜利——在中国共产党第十九次全国代表大会上的报告》，人民出版社2017年版，第61–62页。

② 《习近平关于全面从严治党论述摘编》，中央文献出版社2016年版，第11页。

到实际效果，关键在于"严"字当头，真正做到了踏石留印、抓铁有痕。比如，重申严肃党内政治生活，严格遵守政治纪律和政治规矩，严格执行《关于新形势下党内政治生活的若干准则》，体现了政治上从"严"的要求；无禁区、全覆盖、零容忍，"老虎""苍蝇"一起打，体现了反腐败斗争从"严"的特点；将"严以修身""严以用权""严以律己"作为领导干部为人、从政的基本要求，彰显了从"严"治党的理念。把"严"作为管党治党的基本要求，以更严的标准、更高的要求、更强的力度管党治党，这是全面从严治党的要义所在。

四、全面从严治党的要害在"治"

全面从严治党的要害在于治理，通过"治"理解决党内存在的问题，使全面从严治党的理念、举措转化为全面从严治党的行动，以收到实际效果。比如，为掌握全国贯彻落实中央八项规定精神情况，中央纪委在各省区市和新疆生产建设兵团、各中央和国家机关、各中央企业和中央金融企业等建立了落实中央八项规定精神情况月报制度。数据显示，截至2021年5月，全国已累计查处违反八项规定精神问题62.6万起。中央八项规定的执行带来了党风和社会风气的变化。巡视是党的十八大以来党内监督的战略性制度安排，不少领导干部的问题线索是在巡视过程中发现的。从2013年5月第一轮巡视拉开帷幕，至2017年6月第十二轮巡视结束，中央巡视组完成了对省区市地方、中央和国家机关、国有重要骨干企业、中央金融单位和中管高校巡视的全覆盖，共巡视277个党组织，实现了党的历史上首次一届任期内中央巡视全覆盖。党的十九大后，巡视工作在继续。

全面从严治党要求依法依规治党。党的十八大以来的五年，中共中央对党内法规进行了大幅度的修订和完善，制定修订的党内法规有90多部。其中，《关于新形势下党内政治生活的若干准则》《中国共产党党内监督条例》《中国共产党问责条例》《中国共产党地方委员会工作条例》《中国共产党纪律处分条例》《中国共产党廉洁自律准则》《中国共产党巡视工作条例》《中国共产党党组工作条例（试行）》等党内法规的颁行，对于依规治党具有重要意义。党的十九大后，党内法规制度建设的步伐加快，中共中央先后印发《关于加强党的政治建设的意见》

《中国共产党宣传工作条例》《中国共产党中央委员会工作条例》《中国共产党组织工作条例》等，党内法规制度进一步完善和健全。

第四节 新时代全面从严治党理论创新的主要特点

习近平全面从严治党重要论述具有丰富内涵，形成了一个完整体系，并实现了理论向实践的转化，全面从严治党收到了实际效果，形成了管党治党与治国理政相结合、思想建党与制度治党相结合、重点突破与整体协同相结合、抓"关键少数"与"普通多数"相结合、继承与创新相结合等鲜明特点。

一、管党治党与治国理政相结合

治党与治国、党的建设与国家建设是相辅相成的，通过加强党的建设来改进党的领导体制与领导方式，进而推进国家建设，是我国治党理政的基本逻辑。

全面从严治党是在全面建成小康社会、全面深化改革、全面推进依法治国的大战略中提出来的，不是单纯就党的建设谈党的建设，而是依据全面建成小康社会、全面深化改革、全面推进依法治国的要求来定位、谋划。这种语境既彰显了全面从严治党的重要性，也开阔了治国理政的视野、完善了治国理政的设计。依据全面建成小康社会、全面深化改革、全面推进依法治国的要求来实施全面从严治党，达至"四个全面"的真正统一，体现了管党治党与治国理政的结合。

同时，全面从严治党是在进行伟大斗争、推进伟大事业、实现伟大梦想的大格局中提出来的，建设伟大工程是进行伟大斗争、推进伟大事业、实现伟大梦想的需要。党的十九大报告指出："伟大斗争，伟大工程，伟大事业，伟大梦想，紧密联系、相互贯通、相互作用，其中起决定性作用的是党的建设新的伟大工程。"① 只有建设伟大工程，提高党

---

① 习近平：《决胜全面建成小康社会 夺取新时代中国特色社会主义伟大胜利——在中国共产党第十九次全国代表大会上的报告》，人民出版社2017年版，第17页。

的执政能力和执政水平，才能驾驭复杂的矛盾和问题，赢得伟大斗争的胜利；脱离党的领导，进行伟大斗争就会失去主心骨、失去动力。只有建设伟大工程，才能拓展中国特色社会主义道路、创新中国特色社会主义理论、完善中国特色社会主义制度、发展中国特色社会主义文化、顺利推进中国特色社会主义伟大事业；没有伟大工程做支撑，中国特色社会主义伟大事业难以顺利向前推进。只有建设伟大工程，增强中国共产党的创造力、凝聚力、战斗力，才能团结带领中国人民实现中华民族伟大复兴的梦想；没有伟大工程做保障，伟大梦想难以成真。结合伟大斗争、伟大事业、伟大梦想的实践推进伟大工程，进一步体现了管党治党与治国理政的有机结合。

二、思想建党与制度治党相结合

思想建党与制度治党各有不同的任务和特点，思想建党主要解决思想认识问题，提升思想境界、政治觉悟，具有润物细无声的特点；制度治党着眼于通过制度规范言行、厘定关系，具有刚性约束的特点。同时，思想建党与制度治党紧密相连，思想建党的成果要靠制度治党来保障和巩固，制度治党以思想建党为前提和基础，两者缺一不可。习近平在党的群众路线教育实践活动总结大会上提出："坚持思想建党和制度治党紧密结合。从严治党靠教育，也靠制度，二者一柔一刚，要同向发力、同时发力。"[①]

着重从思想上建党，是中国共产党的历史传统。对于党员干部来说，思想上的滑坡是最严重的病变，"总开关"没拧紧，缺乏正确的是非观、义利观、权力观、事业观，各种出轨越界的问题就在所难免。因此，习近平在推进全面从严治党的过程中，十分重视思想教育，并且强调："思想教育要突出重点，加强党性和道德教育，引导党员、干部坚定理想信念，坚守共产党人精神追求。"[②]

全面从严治党既要以思想建党为基础，又要以制度治党为保障。习近平认为，"制度不在多，而在于精，在于务实管用，突出针对性和指

---

① 《十八大以来重要文献选编》中，中央文献出版社2016年版，第94页。
② 《十八大以来重要文献选编》中，中央文献出版社2016年版，第95页。

导性",要注意制度的"配套衔接,做到彼此呼应,增强整体功能"。① 制定制度过程中要广泛听取党员干部意见,从而增加对制度的认同。习近平不仅重视制度制定,更重视制度执行。他说:"制度一经形成,就要严格遵守,坚持制度面前人人平等,执行制度没有例外,坚决维护制度的严肃性和权威性"。② 如此,才能使制度成为硬约束而不是"橡皮筋",真正发挥制度在管党治党过程中的规范、约束作用。

党的十八大以来全面从严治党的实践,不乏思想建党和制度治党紧密结合的成功范例。比如,2015年10月中共中央同时颁布《中国共产党廉洁自律准则》和《中国共产党纪律处分条例》,2016年10月党的十八届六中全会同时审议通过《关于新形势下党内政治生活的若干准则》和《中国共产党党内监督条例》。其中,两个准则体现的是思想建党的柔性要求,两个条例体现的是制度治党的刚性规范,两者一柔一刚,有效推进全面从严治党的实践。

三、重点突破与整体协同相结合

党的建设各方面相互联系,缺少其中一个方面,党的建设就会因为"短板"而延缓整个进程、影响整体效果。但全面从严治党不是平均使用力量,特定时期和阶段要突出全面从严治党的重点,找准全面从严治党的突破口。习近平指出:"全面从严治党,既需要全方位用劲,也需要重点发力。"③

坚持问题导向,是习近平治国理政的方法论,也是其全面从严治党重要论述的突出特征之一。他在对《中共中央关于全面深化改革若干重大问题的决定》做说明时强调:"要有强烈的问题意识,以重大问题为导向,抓住关键问题进一步研究思考,着力推动解决我国发展面临的一系列突出矛盾和问题。"④ 习近平全面从严治党重要论述同样贯穿强烈的问题意识,以重大问题为突破口,并力求解决党的建设各领域存在的问题。

---

① 《十八大以来重要文献选编》中,中央文献出版社2016年版,第95页。
② 《习近平谈治国理政》,外文出版社2014年版,第379页。
③ 《十八大以来重要文献选编》下,中央文献出版社2018年版,第454页。
④ 《十八大以来重要文献选编》上,中央文献出版社2014年版,第497页。

绪　论　科学认识和把握新时代全面从严治党的理论创新

党的十八大以来全面从严治党的实践，以人民群众反映最强烈的"四风"问题作为突破口，颁布中央八项规定，开展群众路线教育实践活动，赢得了人民群众的认同和支持。同时，针对党内政治生态被污染问题，提出全面从严治党要从党内政治生活管起、严起，颁布《关于新形势下党内政治生活的若干准则》，把政治建设放在党的建设的首位；针对党内破坏规矩的种种现象，提出要把党的纪律挺在前面，将纪律建设独立作为党的建设的重要方面；针对"稻草人"和"破窗效应"现象，提出要编织严密的党内法规体系，推动依规治党和制度治党，把制度建设贯穿党的建设各领域，强化制度的执行力，把权力关进制度的笼子。抓住问题作为全面从严治党的重点，是习近平全面从严治党重要论述的重要特点。

党的十八大以来的全面从严治党实践，在重点突破的同时，注重整体推进，党的政治建设、思想建设、组织建设、作风建设、纪律建设、制度建设、反腐败斗争都纳入了党的建设总要求，以避免党的建设的"短板"效应。

四、抓"关键少数"与"普通多数"相结合

领导干部是党的理论和路线方针政策的具体执行者，承担着极其重要的责任。如果干部队伍素质不高、能力不强、作风不正，党的建设就难以收到预期效果。同时，领导干部生活在群众之中，其思想作风如何直接影响群众对党的评价和印象。习近平全面从严治党重要论述强调领导干部的带头和示范作用，通过"关键少数"带动"普通多数"。中央八项规定首先要求从中央政治局抓起，群众路线教育实践活动、"三严三实"专题教育的对象首先是县处级以上领导干部。习近平还要求"关键少数"切实担负全面从严治党的主体责任。党委书记要在其位、谋其政，履行好第一责任人职责，出了问题就要追究责任。《中国共产党问责条例》已将领导责任细分为三个层次，即"党组织领导班子"的"全面领导责任"，"领导班子主要负责人和直接主管的班子成员"的"主要领导责任"，"参与决策和工作的班子其他成员"的"重要领导责任"，这是对领导责任层次的具体划分。

抓"关键少数"绝对不是忽视"普通多数"，而恰恰是为了引领

"普通多数"。党的事业要依靠全体党员的力量来完成,党的形象要依靠全体党员的行为来建构,全面从严治党需要全体党员努力,"两学一做"的对象就是全体党员。

五、继承与创新相结合

新时代全面从严治党面临新矛盾、新问题,需要改革创新党的建设的理念、思路、方法、载体。同时,党的建设有其内在规律,中国共产党在建设过程中积累的经验、形成的传统对于全面从严治党依然具有指导意义。习近平在谈到党内政治生活问题时指出:"抓住继承和创新这两个关键环节。我们党在长期实践中形成的党内政治生活的光荣传统,不论过去、现在还是将来,都是党的宝贵财富。光荣传统不能丢,丢了就丢了魂;红色基因不能变,变了就变了质。同时,我们要立足新的实际,不断从内容、形式、载体、方法、手段等方面进行改进和创新,善于以新的经验指导新的实践,更好发挥党内政治生活的作用"。[①] 这里所倡导的就是继承与创新的结合。

习近平全面从严治党重要论述继承了中国共产党在长期实践中积累的从严治党经验,如党领导一切,着重从思想上建党,重视支部建设与干部队伍建设,倡导开展批评与自我批评,坚持密切联系群众,惩处腐败分子决不手软。这些经过实践证明行之有效的经验,对于新时代全面从严治党依然具有借鉴意义,无疑应该继承和弘扬。比如,抗日战争进入最艰难时期,为应对残酷的战争环境,同时也为了克服这一时期党内出现的山头主义和分散主义倾向,有必要进一步加强党的领导,统一领导根据地的政治、经济、军事等各项工作。为此,1942年9月1日,中共中央通过《关于统一抗日根据地党的领导及调整各组织间关系的决定》,其中明确规定:党是无产阶级先锋队和无产阶级组织的最高形式,"应该领导一切其他组织,如军队、政府与民众团体"[②]。实践证明,党领导一切对于维护党中央权威、赢得中国革命胜利发挥了积极作用,成为新时代全面从严治党的重要方略。

[①] 《习近平谈治国理政》第2卷,外文出版社2017年版,第183页。
[②] 《中共中央文件选集》第13册,中共中央党校出版社1991年版,第427页。

绪　论　科学认识和把握新时代全面从严治党的理论创新

同时，面对新时代党内存在的突出问题，习近平以改革创新精神推进全面从严治党，创新全面从严治党的思路、方法，确立全面从严治党的重点，改革全面从严治党的机制，没有拘泥于以往的经验和做法。如强调坚持和加强党的全面领导，将党的政治建设放在首位，将党的纪律建设纳入党的建设总体布局，将党的制度建设贯穿党的建设各领域，都是依据新时代全面从严治党的任务、特点而进行的创新。

第五节　新时代全面从严治党理论创新的主要贡献

习近平全面从严治党重要论述深化了对执政党建设规律的认识，发展了马克思主义政党建设理论，是马克思主义中国化的新成果，是新时代全面从严治党实践的科学指南，对马克思主义政党建设理论发展与实践创新做出了重要贡献。

一、深化了对执政党建设规律的认识

习近平全面从严治党重要论述集中回答了新时代建设什么样的党、怎样建设党这一根本问题。建设什么样的党，党的十九大报告进行了明确界定，即"把党建设成为始终走在时代前列、人民衷心拥护、勇于自我革命、经得起各种风浪考验、朝气蓬勃的马克思主义执政党"[①]。这里对马克思主义执政党特性的概括，实际上确立了执政党建设的坐标，从一个方面揭示了执政党建设规律。

同时，党的建设具有多方面内涵，面临多方面任务，要做到整体推进、协调发展，诚非易事。以往党的建设往往侧重某一方面，容易导致顾此失彼。全面从严治党涵盖党的建设各领域、各方面、各部门，强化了党的建设的整体性、协调性，明确了党的建设的目的、方针、主线、统领、根基、着力点、目标，避免了党的建设出现"短板"、留下死角的情况。这是对原有党的建设理念、思路的创新和超越，深化了对执政

[①] 习近平：《决胜全面建成小康社会　夺取新时代中国特色社会主义伟大胜利——在中国共产党第十九次全国代表大会上的报告》，人民出版社2017年版，第61-62页。

党建设规律的认识。

二、发展了马克思主义政党建设理论

习近平在纪念马克思诞辰200周年大会上的讲话指出:"学习马克思,就要学习和实践马克思主义关于马克思主义政党建设的思想。"[①] 这是对马克思主义政党建设理论当代价值的充分肯定。习近平全面从严治党重要论述既坚持了马克思主义政党建设理论的基本原理,又以其独创性内容发展了马克思主义政党建设理论。比如,马克思、恩格斯、列宁在谋划无产阶级政党建设时,包含政治建设、纪律建设的内容,但没有明确将政治建设、纪律建设独立作为一个方面来谋划。习近平全面从严治党重要论述将政治建设、纪律建设作为党的建设内容来独立布局,彰显了党的政治建设、纪律建设的重要性。又如,习近平全面从严治党重要论述强调制度建设贯穿党的建设各领域、各方面,并根据新时代党的建设面临的突出问题,建构了党内法规体系,丰富了马克思主义制度建党理论的内容。

三、马克思主义中国化的最新成果

习近平新时代中国特色社会主义思想是马克思主义中国化的最新成果,是中国特色社会主义理论体系的重要组成部分。习近平全面从严治党重要论述是习近平新时代中国特色社会主义思想的重要内容,丰富和发展了中国化马克思主义建党理论。比如,将全面从严治党置于"四个全面""四个伟大"的大格局中来定位,提升了全面从严治党的地位;将党的长期执政能力建设、先进性和纯洁性建设作为党的建设主线,明确了全面从严治党的思路。习近平提出新时代党的组织路线,即"全面贯彻新时代中国特色社会主义思想,以组织体系建设为重点,着力培养忠诚干净担当的高素质干部,着力集聚爱国奉献的各方面优秀人才,坚持德才兼备、以德为先、任人唯贤,为坚持和加强党的全面领导、坚持

---

① 习近平:《在纪念马克思诞辰200周年大会上的讲话》,载《人民日报》2018年5月5日。

和发展中国特色社会主义提供坚强组织保证"①，丰富了党的组织建设内容。这些新思想、新论断，成为马克思主义中国化的最新成果。

四、新时代全面从严治党的行动指南

党的十八大以来，在习近平全面从严治党重要论述指导下，"全面从严治党成效卓著"。党的十九大报告指出："五年来，我们勇于面对党面临的重大风险考验和党内存在的突出问题，以顽强意志品质正风肃纪、反腐惩恶，消除了党和国家内部存在的严重隐患，党内政治生活气象更新，党内政治生态明显好转，党的创造力、凝聚力、战斗力显著增强，党的团结统一更加巩固，党群关系明显改善，党在革命性锻造中更加坚强，焕发出新的强大生机活力，为党和国家事业发展提供了坚强政治保证。"② 这是对党的十八大以来全面从严治党成效的客观评价，彰显了习近平全面从严治党重要论述的实践意义。

党的十八大以来全面从严治党取得的成效，赢得了国际社会的普遍赞誉。美国《福布斯》杂志称，中国在反腐败领域取得的进展和成果有目共睹。日本《外交学者》杂志2014年7月刊载《中国反腐行动为何必将成功》一文指出，在习近平2012年出任中华人民共和国国家主席的时候，并没有人真正预见到中国政府的反腐力度会如此之大，尤其是西方的媒体。"那些仍对中国反腐行动感到怀疑的人必须认识到他们在分析中国政治时的盲点。尤其要注意的是，我们必须从中国的角度去认识中国，而不能从西方的角度去认识中国。"在法国尼斯欧洲研究所学者乔治·佐戈普鲁斯看来，腐败是一个全球性难题，很多国家对有效解决腐败问题都一筹莫展，而中国在短短几年内就取得了反腐败斗争的重大胜利，着实让世界为之惊叹。③ 这些评价，从一个侧面体现了党的十八大以来全面从严治党取得的实效，也彰显了习近平全面从严治党重

---

① 《切实贯彻落实新时代党的组织路线　全党努力把党建设得更加坚强有力》，载《人民日报》2018年7月5日。

② 习近平：《决胜全面建成小康社会　夺取新时代中国特色社会主义伟大胜利——在中国共产党第十九次全国代表大会上的报告》，人民出版社2017年版，第8—9页。

③ 参见宦佳《世界热议中共展示从严治党决心》，载《人民日报（海外版）》2016年10月26日。

要论述的世界影响。

党的十八大以来,全面从严治党成效卓著,反腐败斗争压倒性态势已经形成,但还远未到大功告成的时候。2018年7月,习近平在全国组织工作会议上指出:"我们党面临的'四大考验'、'四种危险'是长期的、尖锐的,影响党的先进性、弱化党的纯洁性的因素也是复杂的,党内存在的思想不纯、政治不纯、组织不纯、作风不纯等突出问题尚未得到根本解决。特别是要看到,在新时代,我们党领导人民进行伟大社会革命,涵盖领域的广泛性、触及利益格局调整的深刻性、涉及矛盾和问题的尖锐性、突破体制机制障碍的艰巨性、进行伟大斗争形势的复杂性,都是前所未有的。"[①] 如何推进全面从严治党伟大工程,如何应对"四大考验""四种危险",如何解决党内存在的突出问题,如何适应党领导人民进行社会革命的需要,习近平全面从严治党重要论述提供了答案、指明了方向。

全面从严治党永远在路上。科学认识和把握习近平全面从严治党重要论述的理论来源、实践基础、基本内涵、主要特点、历史地位,既有利于推进全面从严治党的实践,也有利于全面从严治党理论的发展。

---

① 《切实贯彻落实新时代党的组织路线 全党努力把党建设得更加坚强有力》,载《人民日报》2018年7月5日。

第一章 把党的政治建设摆在首位

党的十九大报告在谋划全面从严治党时,强调"以党的政治建设为统领",要求"把党的政治建设摆在首位",这是习近平全面从严治党重要论述的突破和创新。为什么要把党的政治建设摆在首位?把党的政治建设摆在首位需要解决的问题是什么?如何保证把党的政治建设摆在首位?本章围绕这些问题进行探讨。

第一节 把党的政治建设摆在首位的缘由

把党的政治建设摆在首位,缘于马克思主义政党的性质和党的政治建设在政党建设中的地位,也有其历史和现实原因。

一、旗帜鲜明讲政治是马克思主义政党的根本要求

政党本质上是特定阶级利益的集中代表,是具有共同政治纲领、政治路线、政治目标,从事政治活动的政治组织。政治属性是政党的第一属性。习近平指出:"我们党作为马克思主义政党,必须旗帜鲜明讲政治,严肃认真开展党内政治生活。讲政治,是我们党补钙壮骨、强身健体的根本保证,是我们党培养自我革命勇气、增强自我净化能力、提高排毒杀菌政治免疫力的根本途径。什么时候全党讲政治、党内政治生活正常健康,我们党就风清气正、团结统一,充满生机活力,党的事业就蓬勃发展;反之,就弊病丛生、人心涣散、丧失斗志,各种错误思想得不到及时纠正,给党的事业造成严重损失。"[①] 这里阐明了讲政治对于马克思主义政党生存发展的重要意义。

[①] 《以解决突出问题为突破口和主抓手 推动党的十八届六中全会精神落到实处》,载《人民日报》2017年2月13日。

讲政治才能彰显马克思主义政党的特性。习近平指出:"马克思主义政党具有崇高政治理想、高尚政治追求、纯洁政治品质、严明政治纪律。如果马克思主义政党政治上的先进性丧失了,党的先进性和纯洁性就无从谈起。这就是我们把党的政治建设作为党的根本性建设的道理所在。"① 只有旗帜鲜明讲政治,才能彰显马克思主义政党的政治理想、政治追求、政治品质、政治纪律,通过政治上的先进性确保党的先进性和纯洁性。讲政治是马克思主义政党属性的内在要求,是马克思主义政党保持先进性和纯洁性的必然选择。

讲政治才能实现马克思主义政党的政治理想。共产主义远大理想和中国特色社会主义共同理想,是中国共产党的政治理想。中国共产党要实现自己的政治理想,就要制定和实施正确的纲领路线、方针政策,如果这些纲领路线、方针政策不符合党的政治方向、政治理想,不能获得党员的认同、遵循和执行,就无法完成政党的历史使命,实现政党的政治理想。马克思主义政党只有旗帜鲜明讲政治,使党的纲领路线、方针政策为全党认知、认同和遵循,才能使全党具有高度的政治觉悟、统一的政治目标、坚定的政治立场和正确的政治方向,才能在全党形成统一的意志和行动,从而凝聚起全党的力量,为实现党的政治理想共同奋斗。

讲政治才能实现马克思主义政党的自我革命。习近平指出:"勇于自我革命,是我们党最鲜明的品格,也是我们党最大的优势。"② 中国共产党的伟大不在于不犯错误,而在于从不讳疾忌医,敢于直面问题,勇于自我革命。中国共产党之所以具有自我革命的精神和勇气,原因在于能时刻保持政治上的清醒,并依据党的政治纲领矫正自身行为,实现党的自我革命。对于中国共产党的自我革命而言,政治理想、政治纲领是坐标,党的路线方针政策偏离这一坐标,党员干部的行为偏离这一坐标,就要及时调整,以实现自我革命。实践证明,中国共产党每一次自我革命,都不是简单的自我修复,而是从里到外的深刻改造、深度重

---

① 《十九大以来重要文献选编》上,中央文献出版社2019年版,第535页。
② 《以解决突出问题为突破口和主抓手 推动党的十八届六中全会精神落到实处》,载《人民日报》2017年2月13日。

塑，党因此能够一次次转危为安、化危为机，不断由小到大、由弱变强，长期执掌中国的政权。

讲政治才能实现党的团结统一。党的团结是党的生命，党的团结是建立在政治理想、政治立场和政治纪律基础之上的。党内存在矛盾是正常现象，如何化解党内矛盾，实现党的团结统一，关键在于讲政治。只有旗帜鲜明讲政治，将政治理想、政治立场和政治纪律作为党内团结的基础，才能将党的团结置于关系党的生命的高度来认识，分清党内矛盾的性质，找到解决党内矛盾的办法；才能提高政治觉悟、政治能力，提升化解党内矛盾的能力，以维护党的团结统一。

二、党的政治建设是党的根本性建设

习近平在党的十九大报告中指出："党的政治建设是党的根本性建设，决定党的建设方向和效果。"① 这里凸显了党的政治建设在党的建设总体布局中的地位。

政治建设决定党的建设的方向。党的建设方向关系党的建设大局，党的建设方向错误将导致党的性质的改变，党的建设方向是由政治建设决定的。习近平指出："政治方向是党生存发展第一位的问题，事关党的前途命运和事业兴衰成败。"② 在推进党的政治建设过程中，要把政治方向放在第一位，围绕政治方向谋划重大战略、制定重大政策、部署重大任务、推进重大工作，"经常对表对标，及时校准偏差，坚决纠正偏离和违背党的政治方向的行为，确保党和国家各项事业始终沿着正确政治方向发展"③。明确政治方向，才能确保党的建设的方向。

政治建设决定党的建设的内容。2016年1月，习近平在第十八届中央纪律检查委员会第六次全体会议上的讲话指出："政治问题，任何时候都是根本性的大问题。全面从严治党，必须注重政治上的要求"。④

---

① 习近平：《决胜全面建成小康社会 夺取新时代中国特色社会主义伟大胜利——在中国共产党第十九次全国代表大会上的报告》，人民出版社2017年版，第62页。
② 《十九大以来重要文献选编》上，中央文献出版社2019年版，第537页。
③ 《十九大以来重要文献选编》上，中央文献出版社2019年版，第537页。
④ 《习近平总书记重要文章讲话选编》，中央文献出版社、党建读物出版社2016年版，第373页。

之所以如此，是因为政治建设不仅决定党的建设的方向，而且决定党的建设的内容。依据政治建设的要求，党的思想建设必须强化政治意识、大局意识、核心意识、看齐意识，确保政治言论的正确性，坚定党员干部的理想信念；党的组织建设要把政治立场、政治觉悟、政治能力作为选拔干部的首要条件，党的组织路线要服从服务于党的政治路线；党的作风建设要为党的政治路线的贯彻提供正确的工作态度和行为方式；党的纪律建设要把党的政治纪律、政治规矩放在首位，提供严格的行为规范，确保政治行为的科学性；党的制度建设要为党的政治理想、政治追求的实现提供制度保障。

政治建设决定党的建设的效果。党的政治建设确保党的建设沿着正确的轨道前行，并科学确立党的建设的内容，党的建设才能收到预期的效果；党的建设若缺乏政治建设的统领，就容易偏离正确的轨道，无效果可言，甚至是负向的效果。因此，党的政治建设怎样，将决定党的建设有无效果、效果大小。同时，评价党的建设的效果，也应该把政治方向、政治立场、政治觉悟、政治能力等政治标准放在首位，以政治方向、政治立场的坚定程度和政治觉悟、政治能力的提高程度作为评价党的建设效果的标准和尺度。

三、党的建设的历史经验总结

中国共产党成立之后，十分重视政治建设。1929年12月，毛泽东在《关于纠正党内的错误思想》一文中指出，"提高党内的政治水平""加紧官兵的政治训练"①，这些属于党的政治建设范畴。1939年10月，毛泽东在《〈共产党人〉发刊词》一文中，强调党在政治上巩固、执行党的政治路线的重要性。1945年5月，刘少奇在党的七大所做关于修改党章的报告指出，毛泽东同志的建党路线，"首先着重在思想上、政治上进行建设，同时也在组织上进行建设"②。这里包含政治建设的内涵，尚未明确使用政治建设的概念。

改革开放后，党的政治建设的重要性凸显，党中央在谋划党的建设

---

① 《毛泽东选集》第1卷，人民出版社1991年版，第87页。
② 《刘少奇选集》上卷，人民出版社1981年版，第330页。

问题时,开始明确将政治建设纳入党的建设总体布局。1990年12月,党的十三届七中全会通过的《中共中央关于制定国民经济和社会发展十年规划和"八五"计划的建议》强调,"加强党的政治、思想、理论和组织建设,使党始终成为社会主义事业的坚强领导核心"①,这里尽管没有明确使用政治建设的概念,但将党的政治建设放在首位、纳入党的建设总体布局的思路较为清晰。1992年10月,江泽民在党的十四大报告中提出,新的历史时期,"党的思想、政治、组织、作风建设都面临许多新情况和新问题"②,将政治建设置于思想建设之后,纳入了党的建设总体布局之中。1994年9月,党的十四届四中全会通过的《中共中央关于加强党的建设几个重大问题的决定》,在总结十一届三中全会以来党的建设取得的成绩时,从思想建设、理论建设、政治建设、组织建设、作风建设五个方面进行概括,明确使用了政治建设的概念,但将其居于思想、理论建设之后。党的十五大报告在阐释领导班子建设时,要求以"思想政治建设"为重点,"把各级领导班子建设成为坚决贯彻党的基本理论和基本路线、全心全意为人民服务、具有领导现代化建设能力、团结坚强的领导集体"③。这里将思想建设与政治建设整合为一体,且没有纳入党的建设总体布局。党的十八届六中全会通过的《关于新形势下党内政治生活的若干准则》,也使用了"思想政治建设"的概念,在阐释坚定理想信念时,强调"必须高度重视思想政治建设,把坚定理想信念作为开展党内政治生活的首要任务"④。党的十九大报告通过总结改革开放以来特别是党的十八大以来党的建设经验,明确提出"以党的政治建设为统领","把党的政治建设摆在首位",将党的政治建设提到前所未有的高度。

四、解决党的政治建设面临的问题

改革开放以来,由于对党的政治建设定位不明确、内涵界定不清晰,导致问题滋生,损害了党的威信和党的形象。比如,一段时期以

---

① 《十三大以来重要文献选编》中,人民出版社1991年版,第1379页。
② 《十四大以来重要文献选编》上,人民出版社1996年版,第38页。
③ 《十五大以来重要文献选编》上,人民出版社2000年版,第47页。
④ 《十八大以来重要文献选编》下,中央文献出版社2016年版,第420页。

来，无视中央权威的现象广泛存在。有的立场不稳、丧失原则，在重大原则问题和大是大非面前立场摇摆、态度暧昧，没有同党中央保持高度一致；有的自以为是、胡言乱语，在重大政治问题上公开发表同党中央精神相违背的意见，对党中央大政方针说三道四；有的有令不行、有禁不止，在贯彻党的决议和党中央决策部署上搞上有政策下有对策；有的弄虚作假、欺上瞒下，事前不请示，事后不报告，或者只报成绩不报问题和缺点，向党中央打埋伏；有的自作主张、瞒天过海，对党中央决策部署打折扣、做选择、搞变通，致使党中央决策部署在贯彻执行中变形走样、落不了地；有的狂妄自大、阳奉阴违，把自己凌驾于党组织之上，把自己主政或分管的地方和部门当成"独立王国""私人领地"，背着党中央另搞一套；有的在党内培植个人势力，搞各种非组织派别活动，甚至公开搞分裂党的政治勾当，同党中央对着干。① 习近平在多个场合严厉批评了这些现象，消解这些现象的出路在于加强党的政治建设。

第二节 党的政治建设的主要任务

党的政治建设具有多方面内涵，面临多方面任务。依据习近平关于党的政治建设的系列论述，维护党中央权威和集中统一领导、严格遵守政治纪律和政治规矩、严肃党内政治生活、营造良好政治生态、发展积极健康的党内政治文化，是党的政治建设面临的主要任务。

一、维护党中央权威和集中统一领导

维护党中央权威和集中统一领导，是同一个问题的两个方面，维护党中央权威是实现集中统一领导的前提，实现集中统一领导是维护党中央权威的目的。

维护党中央权威和集中统一领导要求同中央保持高度一致。党中央制定的理论路线方针政策，体现全党的意志，反映人民的呼声，是全党

---

① 参见《十八大以来重要文献选编》下，中央文献出版社2018年版，第585页。

全国各族人民统一思想、统一意志、统一行动的依据和基础。只有党中央有权威，才能把全党牢固凝聚起来，进而把全国各族人民紧密团结起来，党的理论路线方针政策才能在实践中得到贯彻。如果党中央没有权威，党的理论路线方针政策可以选择性执行甚至随意不执行，大家各自为政、各行其是，党就会变成一盘散沙，党的集中统一领导就会成为一句空话。习近平强调："必须维护党中央权威，决不允许背离党中央要求另搞一套，全党同志特别是各级领导干部在任何时候任何情况下都必须在思想上政治上行动上同党中央保持高度一致，听从党中央指挥，不得阳奉阴违、自行其是，不得对党中央的大政方针说三道四，不得公开发表同中央精神相违背的言论。"① 为维护党中央权威，涉及全党全国性的重大方针政策问题，只有党中央有权做出决定和解释。各部门各地方党组织和党员领导干部可以向党中央提出建议，但不得擅自做出决定和对外发表主张。

维护党中央权威和集中统一领导要求强化政治意识、大局意识、核心意识、看齐意识。习近平指出："各级党组织和广大党员要自觉遵守政治纪律和政治规矩，不断增强政治意识、大局意识、核心意识、看齐意识，做到坚守政治信仰、站稳政治立场、把准政治方向。"② "四种意识"内涵丰富，落脚点在维护党中央权威和集中统一领导。政治意识要求坚定政治立场、政治方向，提高政治站位；大局意识要求从全局高度、用长远眼光观察形势、分析问题，切实把党和国家的利益放在首位，始终站在党和国家的事业全局考虑问题；核心意识要求维护习近平同志党中央的核心、全党的核心地位；看齐意识要求党的各级组织、全体党员特别是高级干部都要向党中央看齐，向党的理论和路线方针政策看齐，向党中央决策部署看齐。在阐释看齐意识时，习近平引用毛泽东在党的七大预备会议上的一段名言来佐证。毛泽东说："要知道，一个队伍经常是不大整齐的，所以就要常常喊看齐，向左看齐，向右看齐，向中看齐。我们要向中央基准看齐，向大会基准看齐。看齐是原则，有

---

① 《习近平谈治国理政》第2卷，外文出版社2017年版，第154-155页。
② 《习近平谈治国理政》第2卷，外文出版社2017年版，第181页。

偏差是实际生活,有了偏差,就喊看齐。"① 这是毛泽东在革命时期对看齐意识的诠释和表达。习近平认为:"看齐是原则,有偏差是实际生活。这是很深刻的道理。"②

维护党中央权威和集中统一领导要求全党严格执行重大问题请示报告制度。全国人大常委会、国务院、全国政协,中央纪律检查委员会,最高人民法院、最高人民检察院,中央和国家机关各部门,各人民团体,各省、自治区、直辖市,其党组织要定期向党中央报告工作。研究涉及全局的重大事项或做出重大决定要及时向党中央请示报告,执行党中央重要决定的情况要专题报告。重大问题请示报告制度,体现了对中央权威的尊重,是实现党的集中统一领导的应然要求。

维护中央权威和集中统一领导需要澄清一些误解和偏见。习近平指出,全党只有党中央权威、只有向党中央看齐,各地区各部门各方面都必须维护党中央权威、向党中央看齐。"这个逻辑不能层层推下去。层层提权威、要看齐,这在政治上是错误的、甚至是有害的";"层层都喊维护自己的权威,层层都喊向自己看齐,党中央权威、向党中央看齐就会被虚化、弱化"。③ 因此,不能层层提权威,不能层层喊看齐,权威是指党中央的权威,看齐是指向党中央看齐。

二、严格遵守政治纪律和政治规矩

党的纪律和规矩是党生存发展的基石,也是维护党的团结统一的保障。在所有党的纪律和规矩中,居于首要地位的是政治纪律和政治规矩,它们关系全党的政治方向、政治立场、政治言论和政治行动。习近平指出:"政治纪律和政治规矩是党最根本、最重要的纪律,遵守政治纪律和政治规矩是遵守党的全部纪律的基础。"④

严格遵守政治纪律和政治规矩是中国共产党生存发展之道。政治纪律和政治规矩对于中国共产党而言是刚性的约束,是彰显党的性质的重要标识。中国共产党历来重视政治纪律和政治规矩。党的一大通过的纲

---

① 《毛泽东文集》第3卷,人民出版社1996年版,第297-298页。
② 《习近平谈治国理政》第2卷,外文出版社2017年版,第157页。
③ 《十八大以来重要文献选编》下,中央文献出版社2018年版,第588页。
④ 《习近平谈治国理政》第2卷,外文出版社2017年版,第181页。

领明确指出,党员必须"承认本党纲领和政策","在党处于秘密状态时,党的重要主张和党员身份应保守秘密","党员除非迫于法律,不经党的特许,不得担任政府官员或国会议员"。① 这些纪律既是政治规矩,也是政治纪律。在其后的革命斗争实践中,中国共产党逐渐制定、完善了党的各项政治规矩和政治纪律。1938年11月,党的六届六中全会审议通过《关于中央委员会工作规则与纪律的决定》《关于各级党部工作规则与纪律的决定》,强调"个人服从组织,少数服从多数,下级服从上级,全党服从中央,党的一切工作由中央集中领导"②。"四个服从"是维护党的团结统一、维护党中央权威最基本的政治规矩和政治纪律。1941年7月1日中央政治局通过的《中共中央关于增强党性的决定》强调:"要在全党加强纪律的教育,因为统一纪律,是革命胜利的必要条件。要严格遵守个人服从组织,少数服从多数,下级服从上级,全党服从中央的基本原则。无论是普通党员和干部党员,都必须如此。"③ 将纪律教育纳入党性修养的范畴,表明了严明政治纪律在党内政治生活中的地位。正因为如此,"严格遵守党的纪律"写入了《关于党内政治生活的若干准则》,成为党内政治生活运行的基本规范。④ 基于历史经验,习近平指出:"党的纪律是刚性约束,政治纪律更是全党在政治方向、政治立场、政治言论、政治行动方面必须遵守的刚性约束。"⑤ 如果党的政治纪律成了摆设,就会形成"破窗效应",使党的章程、原则、制度、部署丧失严肃性和权威性,就会沦为各取所需、各行其是的"私人俱乐部"。

习近平在阐释严格遵守政治纪律和政治规矩问题时,借鉴了西方政党的经验。他说:"现代政党都是有政治纪律要求的,没有政治上的规矩不能成其为政党。就是西方国家,主要政党在政治方面也是有严格约束的,政党的重要成员必须拥护本党的政治主张、政策主张,包括本党的意识形态。""对那些在政治上行动上与本党离心离德的党员,西方

---

① 《建党以来重要文献选编》第1册,中央文献出版社2011年版,第1、2页。
② 《建党以来重要文献选编》第15册,中央文献出版社2011年版,第773页。
③ 《建党以来重要文献选编》第18册,中央文献出版社2011年版,第445页。
④ 参见《三中全会以来重要文献选编》上,人民出版社1982年版,第419页。
⑤ 《习近平谈治国理政》第2卷,外文出版社2017年版,第151页。

国家政党也是要执行纪律的，甚至给予开除处分。"① 通过政治纪律维系政党的存在和发展，具有普遍意义。在习近平看来，苏联解体、苏联共产党丧失执政地位，一个重要原因是"政治纪律被动摇了，谁都可以言所欲言、为所欲为"②。有鉴于此，习近平强调政治规矩、政治纪律对于中国共产党生存发展的重要性。

遵守党的政治纪律和政治规矩，最核心的就是坚持党的领导，坚持党的基本理论、基本路线、基本方略。在十八届中央纪委五次全会上，习近平提出，遵守政治纪律和政治规矩，重点要做到五个方面：维护党中央权威，维护党的团结，遵循组织程序，服从组织决定，管好亲属和身边工作人员。③ 前四个方面是坚持党的领导的要求。党的基本理论、基本路线、基本方略关系党的大局，坚持党的基本理论、基本路线、基本方略是严格遵守政治纪律和政治规矩的要求。其中，党的基本路线是党和国家的生命线、人民的幸福线，是党内政治生活运行的政治保障。偏离党的基本路线，党内政治生活的"政治"就要出问题；坚持党的基本路线，党内政治生活才能在正确的轨道上运行。正因为如此，《关于新形势下党内政治生活的若干准则》将"坚持党的基本路线"纳入党内政治生活的基本规范，强调党在社会主义初级阶段的基本路线是"党内政治生活正常开展的根本保证"，任何时候都不能有丝毫偏离和动摇，"全党必须坚决捍卫党的基本路线"，"考察识别干部特别是高级干部必须首先看是否坚定不移贯彻党的基本路线"。④

严格遵守政治纪律和政治规矩要从遵守和维护党章入手。党章是党的总章程，集中体现了党的性质和宗旨、党的理论和路线方针政策、党的重要主张，规定了党的重要制度、体制机制和党的纪律，是全党必须共同遵守的根本行为规范。党章是党的根本大法，是全党必须遵循的总规矩，遵守党章是党员应尽的义务。习近平要求每一个共产党员特别是

---

① 《十八大以来重要文献选编》上，中央文献出版社 2014 年版，第 133 页。
② 《十八大以来重要文献选编》上，中央文献出版社 2014 年版，第 134 页。
③ 参见《十八大以来重要文献选编》中，中央文献出版社 2016 年版，第 350–351 页。
④ 《十八大以来重要文献选编》下，中央文献出版社 2018 年版，第 422、423 页。

领导干部"牢固树立党章意识,自觉用党章规范自己的一言一行"①。党员干部自觉遵守和维护党章,是严明政治纪律和政治规矩的基础和起点。

维护党的政治纪律和政治规矩需要监督。为使严格遵守政治纪律和政治规矩落到实处,维护党的政治纪律和政治规矩的严肃性,习近平提出,"党的各级纪律检查机关要把维护党的政治纪律放在首位,确保全党在思想上政治上行动上同党中央保持高度一致"②。除各级纪律检查机关的监督外,中央巡视组也将政治纪律和政治规矩的执行作为巡视的重要内容。

三、严肃党内政治生活

有政党就有政党生活,政党生活既是政党生机和活力的展现,也是促进政党生存和发展的力量。一般而言,政党生活包括政治生活、组织生活、文化生活等方面,其中政治生活是核心,组织生活、文化生活表征政治生活的状况,服务于政治生活。从狭义而言,党内政治生活是各级党组织、党员按照党章、准则及党的各项规章制度进行的政治活动的总和。党内政治生活的主体是各级党组织、党员,党内政治生活的依据是党章党规,党内政治生活的空间是党内,党内政治生活的性质是"政治",党内政治生活的载体是活动。从广义来说,党内生活都具有政治性,党内生活都属于政治生活的范畴。

党内政治生活是党实现自我革命的重要途径。为实现党内的团结统一,党内政治生活运行过程中需要开展批评和自我批评,通过批评和自我批评激浊扬清,解决党内存在的问题,保证党的健康发展。习近平指出:"批评和自我批评是我们党的优良传统,是增强党组织战斗力、维护党的团结统一的有效武器。"③ 事实上,只有开展批评和自我批评,才能坚定理想信念,消除思想观念上存在的误区;只有开展批评和自我批评,才能严明党的政治纪律,矫正违反党的政治规矩、政治纪律的言

---

① 《习近平总书记重要讲话文章选编》,中央文献出版社、党建读物出版社 2016 年版,第 22 页。
② 《习近平谈治国理政》,外文出版社 2014 年版,第 395 页。
③ 《十八大以来重要文献选编》上,中央文献出版社 2014 年版,第 316 页。

行；只有开展批评和自我批评，激浊扬清，才能赋予党的组织生活生机与活力；只有开展批评和自我批评，才能净化党内政治生态，保持清正廉洁的政治本色。《关于新形势下党内政治生活的若干准则》强调："批评和自我批评是我们党强身治病、保持肌体健康的锐利武器，也是加强和规范党内政治生活的重要手段。"① 针对当前党内政治生活存在的个人主义、分散主义、自由主义、好人主义等问题，《关于新形势下党内政治生活的若干准则》凸显了批评和自我批评在党内政治生活运行中的意义。习近平指出："严格党内政治生活是我们党增强自我净化、自我完善、自我革新、自我提高能力的重要途径。"②

党内政治生活是发扬党内民主、解决党内矛盾的途径。党内政治生活能否正常运行，取决于党内民主的状况，党内民主的发展程度、发展水平是党内政治生活运行的氛围和土壤。从历史上看，红军长征过程中，党内政治生活之所以能实现由非常态向常态的转变，正是因为遵义会议前后充分发扬了党内民主，认清了"左"倾错误的表现与危害；延安时期，整风运动的顺利开展，党内政治生活质量的提升，与党内民主的成长相伴随。具体来说，作为党内政治生活基本规范的批评与自我批评，与党内民主的发展状况紧密相连。有了充分的党内民主，领导干部特别是高级干部能倾听各种不同意见，从谏如流，才能开展批评与自我批评；如果党内民主得不到发展，批评与自我批评无法展开，党内政治生活也就难以正常运行。又如，党的组织生活能否正常开展，有赖于党内民主的发展状况，民主生活会、民主评议党员，都奠基于党内民主发展之上，没有党内民主的发展，也就无民主生活会、民主评议党员可言。再如，对权力运行的制约和监督，是党内政治生活运行的准则之一。党内民主充分发展之后，才能营造监督环境、畅通监督渠道，才有可能实现对权力运行的制约和监督。否则，对权力运行的制约和监督无从下手。正因为如此，《关于新形势下党内政治生活的若干准则》强调："党内民主是党的生命，是党内政治生活积极健康的重要基础。"③

---

① 《十八大以来重要文献选编》下，中央文献出版社2018年版，第435页。
② 《习近平关于全面从严治党论述摘编》，中央文献出版社2016年版，第30页。
③ 《十八大以来重要文献选编》下，中央文献出版社2018年版，第430页。

对于党内政治生活运行而言,党内民主是不可或缺的。习近平指出:"抓住了严格党内政治生活这个关键点,也就抓住了解决党内矛盾和问题的钥匙。"①

党内政治生活是党组织教育管理党员和党员进行党性锻炼的主要平台。党员理想信念的确立,党员纪律意识、规矩意识、维护党中央权威意识的形成,党员民主意识、民主精神、民主能力的养成,党员群众立场、群众观点、群众感情的涵养,党员批评与自我批评意识、能力的提升,都离不开党内教育。而党内教育需要借助党的组织生活来实施,党的组织生活开展的过程,也是实施党员教育的过程,通过党的组织生活净化党员的思想、道德,提升党员的素养、能力,把握党内政治生活的准则。同时,党的组织生活开展的过程,也是对党员实施管理的过程。每个党员无论职务高低,都要参加党的组织生活。通过参加党的组织生活实时把握党员的思想动态、行为倾向,实现对党员的跟踪和管理。党性是党内政治生活运行的基础,党内政治生活运行的过程也是党性修养的过程。借助"三会一课",党员可明白党性修养的要求、途径,提升党性修养的自觉;借助民主评议党员,党员对照党章规定的党员标准和入党誓词,联系个人实际进行党性分析,认清自己的弱点和不足,并设法弥补和改正,以强化党员意识、增强党的观念、提高党性修养。党的组织生活是党员党性修养、党性锻炼的平台,经历党的组织生活锤炼,党员的党性修养才能得到升华。习近平指出:"有什么样的党内政治生活,就有什么样的党员、干部作风。一个班子强不强、有没有战斗力,同有没有严肃认真的党内政治生活密切相关;一个领导干部强不强、威信高不高,也同是否经过严肃认真的党内政治生活锻炼密切相关。"②

严肃党内政治生活是继承党的优良传统的需要。中国共产党在开展政治生活过程中形成的优良传统,成为党内政治生活的基本准则。习近平指出:"开展严肃认真的党内政治生活,是我们党的优良传统。我们党从成立之日起,就高度重视党内政治生活,在长期实践中逐步形成了以实事求是、理论联系实际、密切联系群众、批评和自我批评、民主集

---

① 《习近平关于全面从严治党论述摘编》,中央文献出版社2016年版,第30页。
② 《十八大以来重要文献选编》中,中央文献出版社2016年版,第95-96页。

中制、严明党的纪律等为主要内容的党内政治生活基本规范。"① 新时代严肃党内政治生活，是继承和弘扬党的优良传统的需要。

基于对党内政治生活功能、作用的定位和判断，党的十八大以来，以习近平同志为核心的党中央把严肃党内政治生活摆在突出位置来抓。习近平在党的群众路线教育实践活动总结大会上指出，"从严治党必须从党内政治生活严起"，并提出了"严肃党内政治生活"的任务。② 在庆祝中国共产党成立95周年大会上，习近平强调，"严肃党内政治生活是全面从严治党的基础。党要管党，首先要从党内政治生活管起；从严治党，首先要从党内政治生活严起"③。这就进一步阐明了严肃党内政治生活在全面从严治党中的地位。

严肃党内政治生活的内容。习近平指出，加强思想教育和理论武装，是党内政治生活的首要任务，是保证全党步调一致的前提；纪律严明是加强和规范党内政治生活的内在要求和重要保证；选人用人是党内政治生活的风向标，用人上的不正之风和腐败现象对政治生活危害最烈，端正用人导向是严肃党内政治生活的治本之策；党的组织生活是党内政治生活的重要内容和载体，是党组织对党员进行教育管理监督的重要形式。④ 这里既规定了党内政治生活的内容，也揭示了党内政治生活运行的内在逻辑。在此基础上，习近平进一步强调，"严肃党内政治生活是一篇大文章。其中最重要的是围绕坚持党的政治路线、思想路线、组织路线、群众路线，坚持和完善民主集中制、严格党的组织生活等重点内容，集中解决好突出问题"⑤。这是对严肃党内政治生活重点的界定。

严肃党内政治生活的途径。严肃党内政治生活需要多方施策，既需要思想觉悟的提升，也需要通过建章立制，强化制度的硬约束。习近平指出，"严肃党内政治生活，必须坚持激浊和扬清两手抓，让党内正能

---

① 《习近平关于全面从严治党论述摘编》，中央文献出版社2016年版，第37页。
② 《十八大以来重要文献选编》中，中央文献出版社2016年版，第95页。
③ 《十八大以来重要文献选编》下，中央文献出版社2018年版，第355页。
④ 《十八大以来重要文献选编》下，中央文献出版社2018年版，第457－459页。
⑤ 《习近平关于全面从严治党论述摘编》，中央文献出版社2016年版，第40页。

量充沛,让歪风邪气无所遁形"①。激浊,首先要铲除腐败这个最致命的"污染源",下大力拔"烂树"、治"病树"、正"歪树";扬清,关键是扬选人用人之清、党内关系之清,让党内关系全面回归正常化、纯洁化。激浊和扬清两手抓,是严肃党内政治生活的治本之策。

增强党内政治生活的政治性、时代性、原则性、战斗性。政治性是党内政治生活的基本属性,不讲政治,就失去了政治生活的本意;党内政治生活的方式方法、内容载体与时俱进,富有时代气息,才能解决新时代党内政治生活面临的突出问题;党内政治生活具有原则性、战斗性,直面问题、不回避问题,才能解决党内存在的矛盾,增进党的团结统一。习近平在党的群众路线教育实践活动总结大会上指出,"提高党内政治生活的政治性、原则性、战斗性,使党内政治生活真正起到教育改造提高党员、干部的作用"②。此后,对于党内政治生活又增加了时代性的要求,以适应新时代对党内政治生活的需要。在庆祝中国共产党成立95周年大会上,习近平指出,"我们要加强和规范党内政治生活,严肃党的政治纪律和政治规矩,增强党内政治生活的政治性、时代性、原则性、战斗性,全面净化党内政治生态"③。如此,形成了关于党内政治生活"四性"的话语,并贯穿党内政治生活的实践。

四、营造良好政治生态

政治生态就是党内的政治环境,既是党风、政风、社会风气的综合体现,也是党员干部党性、觉悟、作风的综合体现。营造良好政治生态是党的政治建设的基础性工作,也是全面从严治党的重要内容。党的十八大以来,在全面从严治党的过程中,中国共产党十分重视政治生态建设,并取得了明显成效。习近平指出:"营造良好政治生态是一项长期任务,必须作为党的政治建设的基础性、经常性工作,浚其源、涵其林,养正气、固根本,锲而不舍、久久为功。"④ 政治生态建设的基础性、长期性、经常性,表明了政治生态建设在全面从严治党过程中的

---

① 《习近平关于全面从严治党论述摘编》,中央文献出版社2016年版,第41页。
② 《十八大以来重要文献选编》中,中央文献出版社2016年版,第96页。
③ 《十八大以来重要文献选编》下,中央文献出版社2018年版,第355页。
④ 《十九大以来重要文献选编》上,中央文献出版社2019年版,第539页。

地位。

政治生态决定从政环境。有什么样的政治生态，就有什么样的从政环境，从政环境关系党员干部干事创业的心情、方式与效率，甚至决定事业的成败。习近平指出："做好各方面工作，必须有一个良好政治生态。政治生态污浊，从政环境就恶劣；政治生态清明，从政环境就优良。"① 政治生态清明，才有清爽的政商关系、同志关系；政治生态污浊，就会滋生权欲熏心、阳奉阴违、结党营私、团团伙伙、拉帮结派等一系列问题。政治生态不是朦胧含混、虚无缥缈的，相反，政治生态是具体现实的，如同自然生态一样是可透视、可检查、可量化的。习近平对当前政治生态存在的问题进行了严厉批评。2014 年 10 月，习近平在党的十八届四中全会第二次全体会议上指出："一些人无视党的政治纪律和政治规矩，为了自己的所谓仕途，为了自己的所谓影响力，搞任人唯亲、排斥异己的有之，搞团团伙伙、拉帮结派的有之，搞匿名诬告、制造谣言的有之，搞收买人心、拉动选票的有之，搞封官许愿、弹冠相庆的有之，搞自行其是、阳奉阴违的有之，搞尾大不掉、妄议中央的也有之。"② "七个有之"是对政治生态存在问题的集中概括。2016 年 1 月，习近平在十八届中央纪委六次全会上，再次批评了党内政治生态存在的问题。比如，有的地方和部门正气不彰、邪气不祛；"明规矩"名存实亡，"潜规则"大行其道；求真务实、埋头苦干的受到排挤，好大喜功、急功近利的如鱼得水。"这种风气不纠正、不扭转，对干部队伍杀伤力很大。"③ 正因为如此，习近平强调政治生态建设的重要性。

政治生态影响社会生态。社会生态是政治生态的晴雨表，政治生态的状况通过社会生态反映出来。比如，一个地方群众信访反映的问题多、群体性事件不断，土地征用、房屋拆迁、工程建设、矿产开发、扶贫资金分配等领域群众意见强烈，一般都是政治生态出了问题。政治生态影响社会风气，政治规则影响社会规则，政治公平影响社会公平。习近平指出："政治生态好，人心就顺、正气就足；政治生态不好，就会

---

① 《习近平关于全面从严治党论述摘编》，中央文献出版社 2016 年版，第 33 页。
② 《十八大以来重要文献选编》下，中央文献出版社 2018 年版，第 456 页。
③ 《习近平谈治国理政》第 2 卷，外文出版社 2017 年版，第 167 页。

第一章　把党的政治建设摆在首位

人心涣散、弊病丛生。"①

政治生态关系党的生死存亡。政治生态表征党的形象，关系党的路线方针政策的贯彻执行，关系党的政治建设、思想建设、组织建设、作风建设的效果，关系党的制度的执行力。政治生态污浊，损害党的形象、党的威信，危及党的生存和发展。习近平指出："严肃党内政治生活、净化党内政治生态，是党的建设中带有根本性、基础性的问题，关乎党的团结统一，关乎党的生死存亡。"②将政治生态与党的生死存亡直接联系起来，进一步彰显了政治生态建设的重要性。习近平还指出："政治生态是检验我们管党治党是否有力的重要标尺。"③政治生态映射全面从严治党的效果，政治生态的优化意味着全面从严治党的力度和效度，成为评价全面从严治党的尺度。

党内政治生态污染容易修复难。党内政治生态与自然环境一样，需要精心呵护，污染容易，修复甚难。习近平指出："政治生态和自然生态一样，稍不注意，就很容易受到污染，一旦出现问题，再想恢复就要付出很大代价。"④政治生态的修复，同自然生态的修复一样，需要长久的过程，需要多方施策。习近平指出："净化政治生态同修复自然生态一样，绝非一朝一夕之功，需要综合施策、协同推进。"⑤

为营造良好政治生态，习近平提出标本兼治。所谓治标，就是解决当前政治生态存在的突出问题；所谓治本，就是加强和规范党内政治生活，发展积极健康的党内政治文化。习近平还指出："党风和社会风气的根本好转，良好政治生态的营造，要靠全党上下不懈努力。"⑥

将党内政治生态提到前所未有的高度来认识和谋划，是习近平全面从严治党重要论述的特色之一。

---

① 习近平：《在第十八届中央纪律检查委员会第六次全体会议上的讲话》，载《人民日报》2016年5月3日。
② 《习近平关于全面从严治党论述摘编》，中央文献出版社2016年版，第37页。
③ 《习近平李克强张德江俞正声刘云山张高丽分别参加全国人大会议一些代表团审议》，载《人民日报》2017年3月9日。
④ 《习近平关于全面从严治党论述摘编》，中央文献出版社2016年版，第33页。
⑤ 《习近平谈治国理政》第2卷，外文出版社2017年版，第167页。
⑥ 习近平：《在纪念胡耀邦同志诞辰100周年座谈会上的讲话》，载《人民日报》2015年11月21日。

五、发展积极健康的党内政治文化

党内政治文化既是党内政治生活的灵魂，也是党内政治生态形成的基础，直接关系政党形象的建构，对于社会文化发展具有引领、示范、净化作用。可以说，推进党内政治文化建设，既是全面从严治党的内在要求，也是全面从严治党的紧要任务。党的十八大以来，在全面从严治党的过程中，中国共产党高度重视党内政治文化建设，党内政治文化建设取得明显进展。为什么要加强党内政治文化建设？如何加强党内政治文化建设？习近平对比进行了阐释和说明。

党内政治文化是党内政治生活的灵魂。习近平在党的十八届六中全会第二次全体会议上指出："党内政治生活、政治生态、政治文化是相辅相成的，政治文化是政治生活的灵魂，对政治生态具有潜移默化的影响。"① 这里说明了党内政治生活、政治生态、政治文化三者之间的关系。其中，党内政治生活的运行建立在党内政治文化的基础之上，党内政治文化是党内政治生活的灵魂。党内政治生活的运行基于党内政治生活准则，党内政治生活准则由一系列政治规矩、政治规范构成，这些政治规矩、政治规范本身就是党内政治文化的重要内容。党的十八届六中全会通过的《关于新形势下党内政治生活的若干准则》所规定的基本内容，如坚定理想信念、坚持党的基本路线、坚决维护党中央权威、严明党的政治纪律等12个方面，是党内政治文化构成的基本要素，成为党内政治文化的核心内容。同时，文化是制度的灵魂，离开文化的价值支撑，制度就会偏离正确方向；制度是文化的载体，离开制度的规定和约束，文化就无法落地生根。党内政治生活准则作为一种制度要发挥规范、约束党员行为的作用，取决于党内政治文化的状况，有良好的党内政治文化，党内政治生活准则才能发挥作用。否则，再完善的准则也难以规范、约束党员行为，党内政治文化构成党内各项制度协调、整合的桥梁和纽带。良好党内政治文化的重要表征，就是党员对党内政治文化有一种敬畏感、忠诚感，思想上高度认同党内政治文化的内容，行动上自觉践行党内政治文化的规定。如此，才能发挥党内政治文化对于党员

---

① 《十八大以来重要文献选编》下，中央文献出版社2018年版，第458页。

的规范、约束作用。

党内政治文化直接影响党内政治生态。党内政治生态是党内政治生活运行的结果,党内政治文化直接影响党内政治生态。习近平在十九届中央政治局第六次集体学习时强调:"以良好政治文化涵养风清气正的政治生态。"[①] 党内政治文化本质上是一套价值观念和行为规范,犹如流动的空气,是影响党内政治生态的大环境,既时刻影响党员干部的价值取向和行为方式,又从根本上影响党内政治生态状况。可以说,党内政治文化是党内政治生态成长的土壤,有什么样的党内政治文化,就有什么样的党内政治生态,党内政治生态是党内政治文化的外显和表达。同时,党内政治生态的形成需要多方面的支撑,党内政治文化是其中最为重要的方面。这是因为,党内政治生态取决于党员干部的行为表现,党员干部是否具有坚定的理想信念,能否维护党中央权威、严守党的政治纪律、保持同人民群众的血肉联系、坚持正确的选人用人导向、保持清正廉洁的政治本色,直接关系党的政治生态,而这些行为表现与党内政治文化密切相关。没有党内政治文化做支撑,难有党员干部规范的政治行为,也就无法形成良好的政治生态。党内政治文化是否积极向上,直接关系党内政治生态是否风清气正。腐败现象是恶化党内政治生态的毒瘤,消除腐败有赖于制度规定、法律完善和铁腕反腐,党内政治文化也有助于遏制腐败现象的蔓延。制度、法律不是万能的,再完备的制度、法律也难免存在漏洞。借助党内政治文化的熏陶作用、激励作用、规制作用,有利于不想腐、不能腐、不敢腐机制作用的发挥。党内政治文化有利于抵制和消解关系学、厚黑学、官场术、"潜规则"等庸俗政治文化对党内政治生态的消极影响,净化党内政治生态。

发展党内政治文化的重点是弘扬共产党人的价值观。共产党人的价值观是党内政治文化的核心。习近平在党的十八届六中全会第二次全体会议上指出:"要注重加强党内政治文化建设,倡导和弘扬忠诚老实、光明坦荡、公道正派、实事求是、艰苦奋斗、清正廉洁等价值观,旗帜鲜明抵制和反对关系学、厚黑学、官场术、'潜规则'等庸俗腐朽的政

---

① 《十九大以来重要文献选编》上,中央文献出版社2019年版,第540页。

治文化,不断培厚良好政治生态的土壤。"① 这里开始从党内政治文化建设的角度提出共产党人的价值观。2017年3月,中共中央办公厅印发的《关于推进"两学一做"学习教育常态化制度化的意见》明确要求,大力弘扬忠诚老实、光明坦荡、公道正派、实事求是、艰苦奋斗、清正廉洁等共产党人的价值观。在此基础上,习近平在党的十九大报告中进一步将共产党人的价值观概括为16个字,即忠诚老实、公道正派、实事求是、清正廉洁。这些价值观是中国共产党在长期实践中形成的,是党员、干部必须遵循的价值理念和行为规范。习近平在十九届中共中央政治局第六次集体学习时强调,"要加强党内政治文化建设,让党所倡导的理想信念、价值理念、优良传统深入党员、干部思想和心灵。要弘扬社会主义核心价值观,弘扬和践行忠诚老实、公道正派、实事求是、清正廉洁等价值观"②。如此,共产党人价值观的内容基本确立。

发展党内政治文化需要融通多种文化。文化发展有其自身规律,既要继承前人创造的优秀文化成果,又要适应时代发展的要求,党内政治文化的建设自然也不例外。2017年6月,习近平在山西考察工作时提出:"要融通党的优良传统、中华优秀传统文化、革命文化、社会主义先进文化,建设正气充盈的党内政治文化,努力实现党内政治生态风清气正。"③ 这里明确了党内政治文化建设的资源与路径,党内政治文化建设要融通党的优良传统、中华优秀传统文化、革命文化、社会主义先进文化,在此基础上进行创造和创新。

发展党内政治文化必须破除圈子文化、码头文化。圈子文化是基于个人主义、利己主义形成的畸形文化;码头文化实质上是一种帮派文化,其直接表现就是所谓的江湖义气。习近平在多个场合对圈子文化、码头文化的表现、危害提出批评。他在十八届中央纪委三次全会上指出:"有的干部信奉拉帮结派的'圈子文化',整天琢磨拉关系、找门路,分析某某是谁的人,某某是谁提拔的,该同谁搞搞关系、套套近乎,看看能抱上谁的大腿。有的领导干部喜欢当家长式的人物,希望别

---

① 《十八大以来重要文献选编》下,中央文献出版社2018年版,第458页。
② 《十九大以来重要文献选编》上,中央文献出版社2019年版,第539–540页。
③ 《扎扎实实做好改革发展稳定各项工作　为党的十九大胜利召开营造良好环境》,载《人民日报》2017年6月24日。

人都唯命是从，认为对自己百依百顺的就是好干部，而对别人、对群众怎么样可以不闻不问，弄得党内生活很不正常。"在这次会议上，习近平重申："党内决不能搞封建依附那一套，决不能搞小山头、小圈子、小团伙那一套，决不能搞门客、门宦、门附那一套，搞这种东西总有一天会出事！"① 圈子文化、码头文化在党内大行其道，积极的、健康的党内政治文化就难以建立起来。

总之，党的政治建设面临多方面的任务，推进党的政治建设，既是全面从严治党的内在要求，也是全面从严治党的重要任务。

第三节 推进党的政治建设的路径

围绕党的政治建设面临的问题任务和党的政治建设的内在规律，习近平提出了坚持问题导向、以政治建设作为党的建设的统领、强化党员干部的党性锻炼和党性修养、强化党的各级组织和干部的责任担当等推进党的政治建设的路径。

一、坚持问题导向

问题导向是习近平治国理政的显著特点，推进党的政治建设也主张从问题入手。他说，解决党内政治生活存在的突出矛盾和问题，"要注重解决那些量大面广、表现突出的问题"，特别是"要着力解决政治性强、破坏力大的问题"。② 习近平还指出："党内政治生活因素复杂，具体到一个地方、一个部门、一个单位，问题各不相同。直面问题是勇气，解决问题是水平。要坚持有什么问题就解决什么问题，什么问题难就重点解决什么问题，什么问题突出就着力攻克什么问题，无论解决什么问题，都要综合分析、举一反三，使每项措施、每次努力都有利于加强和规范党内政治生活，有利于净化党内政治生态。"③ 具体问题具体分析，具体问题具体施策，这是解决党内政治生活矛盾和问题的方

---

① 《十八大以来重要文献选编》上，中央文献出版社2014年版，第769-770页。
② 《习近平谈治国理政》第2卷，外文出版社2017年版，第183页。
③ 《习近平谈治国理政》第2卷，外文出版社2017年版，第184页。

法论。

正因为如此,《关于新形势下党内政治生活的若干准则》聚焦党内政治生活庸俗化、随意化、平淡化等突出问题,认为"这些问题,严重侵蚀党的思想道德基础,严重破坏党的团结和集中统一,严重损害党内政治生态和党的形象,严重影响党和人民事业发展"[①]。《关于新形势下党内政治生活的若干准则》提出的坚定理想信念、坚持党的基本路线、坚决维护党中央权威、严明党的政治纪律、保持党同人民群众的血肉联系、坚持民主集中制原则、发扬党内民主和保障党员权利、坚持正确选人用人导向、严格党的组织生活制度、开展批评与自我批评、加强对权力运行的制约和监督、保持清正廉洁的政治本色,都具有针对性和问题意识。这些规定对党内政治生活运行的基础、目标、规范、载体、保障进行了顶层设计和系统谋划,形成了党内政治生活准则的基本框架。

二、以政治建设作为党的建设的统领

党的十九大报告强调"以党的政治建设为统领",突出强调了党的政治建设与党的其他建设之间统领与被统领的关系。统领就是统率引领,也就是党的思想建设、组织建设、作风建设、纪律建设、制度建设和反腐败斗争都要向党的政治建设看齐,都要具有鲜明的政治意识,遵循正确的政治方向,设定明确的政治目标,以体现党的政治建设要求,服务于党的政治建设。

在党的建设总体布局中,党的政治建设是根和魂,是党的各方面建设的"主心骨",是党的各方面建设方向一致、有序衔接、融为一体的根本保证。以政治建设统领思想建设,要求把坚定理想信念,维护党中央权威,强化政治意识、大局意识、核心意识、看齐意识的教育放在首位;以政治建设统领组织建设,要求把政治标准作为选人用人的第一标准,着重考察干部的政治立场、政治觉悟、政治能力;以政治建设统领作风建设,要求着力弘扬共产党人的价值观,破除形式主义、官僚主义、享乐主义和奢靡之风;以政治建设统领纪律建设,要求把严守政治规矩和政治纪律放在第一位,强化政治规矩和政治纪律的权威性和约束

[①]《十八大以来重要文献选编》下,中央文献出版社2018年版,第419页。

力；以政治建设统领制度建设，要求把关系政治方向、政治立场、政治行为的制度放在首位；以政治建设统领反腐败斗争，要求强化政治巡视，通过反腐败斗争的压倒性胜利保持政治上的先进性和纯洁性。

三、强化党员干部的党性锻炼和党性修养

对于党的政治建设而言，党员干部的党性锻炼和党性修养是基础性的，通过党性锻炼和党性修养提升政治素养和政治能力，是党的政治建设的基础性工作。2017年2月13日，习近平在省部级主要领导干部学习贯彻党的十八届六中全会精神专题研讨班开班式上的讲话指出："党的高级干部要注重提高政治能力，牢固树立政治理想，正确把握政治方向，坚定站稳政治立场，严格遵守政治纪律，加强政治历练，积累政治经验，自觉把讲政治贯穿于党性锻炼全过程，使自己的政治能力与担任的领导职责相匹配。"[①] 这里强调了党性锻炼过程中政治方面的要求。

理论修养是党性修养的基石。政治觉悟、政治能力需要理论素养支撑，没有一定理论水平就难有政治上的清醒与敏锐。习近平多次强调理论学习的重要性，要求党员干部掌握马克思主义立场、观点、方法，用现代科学知识武装自己。2015年12月，习近平在中央政治局"三严三实"专题民主生活会上的讲话指出："政治上的坚定源于理论上的清醒。要自觉加强理论学习，掌握马克思主义立场、观点、方法，同时要用各种科学知识把自己更好武装起来，增强政治敏锐性和政治鉴别力。"[②]

政治能力是党性锻炼的重要内容。习近平在党的十九届一中全会上的讲话指出："要注重提高政治能力，特别是把握方向、把握大势、把握全局的能力和保持政治定力、驾驭政治局面、防范政治风险的能力。"[③] 这里既界定了政治能力的内容，也说明了提升政治能力的重要性。2018年6月，在十九届中央政治局第六次集体学习时，习近平再

[①] 《以解决突出问题为突破口和主抓手 推动党的十八届六中全会精神落到实处》，载《人民日报》2017年2月14日。

[②] 《对照检查践行"三严三实"情况 讨论研究加强党风廉政建设措施》，载《人民日报》2015年12月30日。

[③] 习近平：《在党的十九届一中全会上的讲话》，载《求是》2018年第1期。

次强调:"党的政治建设落实到干部队伍建设上,就要不断提高各级领导干部特别是高级干部把握方向、把握大势、把握全局的能力,辨别政治是非、保持政治定力、驾驭政治局面、防范政治风险的能力。提高政治能力,很重要的一条就是要善于从政治上分析问题、解决问题。"①党的各级领导干部政治能力的提高,对于推进党的政治建设具有重要意义。

四、强化党的各级组织和干部担负政治建设的责任

推进党的政治建设,需要融汇各方面力量,党的各级组织、领导干部特别是高级干部要自觉担负政治建设的责任。

就党的各级组织而言,习近平提出:"党的各级组织要自觉担负起执行和维护政治纪律的责任,加强对党员遵守政治纪律的教育。对大是大非问题要有坚定立场,对背离党性的言行要有鲜明态度,不能听之任之、置身事外。发现违反政治纪律的苗头性倾向性问题要及时提醒和纠正,对违反政治纪律的行为要坚决制止。党的各级纪律检查机关要把维护党的政治纪律放在首位,加强对政治纪律执行情况的监督检查。"②这里明确了各级党组织执行维护政治纪律之责、教育党员之责、纠正制止之责;规定了纪律检查机关的监督检查之责。

就党的领导干部而言,习近平要求各级领导干部特别是高级干部要在党的政治生活中做表率和示范,切实担负党的政治建设的责任。从党内领导干部特别是高级干部发生的腐败案件来看,其起因是政治纪律和政治规矩没有守住,政治立场和政治方向发生偏差。有鉴于此,《关于新形势下党内政治生活的若干准则》强调:"新形势下加强和规范党内政治生活,重点是各级领导机关和领导干部,关键是高级干部特别是中央委员会、中央政治局、中央政治局常务委员会的组成人员。高级干部特别是中央领导层组成人员必须以身作则,模范遵守党章党规,严守党的政治纪律和政治规矩,坚持不忘初心、继续前进,坚持率先垂范、以

---

① 《十九大以来重要文献选编》上,中央文献出版社2019年版,第541页。
② 《十八大以来重要文献选编》上,中央文献出版社2014年版,第134页。

上率下，为全党全社会作出示范。"① 这里对党的高级干部在党内政治生活中应该发挥的作用提出了明确要求。2017年1月，习近平在十八届中央纪委七次全会上指出："党的高级干部要做严肃党内政治生活的表率，始终把握正确政治方向，坚持政治立场和政治原则，遵守政治纪律和政治规矩，坚守正道、弘扬正气，坚持原则、敢抓敢管。增强政治意识、大局意识、核心意识、看齐意识，最终要落脚在看齐上。党的高级干部要自觉经常同党中央对表，校准自己的思想和行动。各级领导干部要自觉站在党和国家大局上想问题、办事情，把党中央大政方针不折不扣落实到位。"② 这是为贯彻《关于新形势下党内政治生活的若干准则》对党的高级干部提出的要求。2017年12月，习近平在中央政治局民主生活会上的讲话再次强调："中央政治局的同志要把维护党中央权威和集中统一领导作为明确的政治准则和根本的政治要求，在思想上高度认同，政治上坚决维护，组织上自觉服从，行动上紧紧跟随，在政治立场、政治方向、政治原则、政治道路上同党中央保持高度一致，自觉维护党中央权威。这是对大家党性的考验，也是根本的政治纪律和政治规矩。"③ 字里行间，透出了习近平对中央政治局同志的期待和要求。2018年6月，在十九届中央政治局第六次集体学习时，习近平要求各级领导干部特别是高级干部"炼就一双政治慧眼，不畏浮云遮望眼，切实担负起党和人民赋予的政治责任"④。

总之，"把党的政治建设摆在首位"丰富和发展了马克思主义建党理论，实现了党的建设总体布局的突破和创新，对于推进全面从严治党的实践具有长远指导意义。

---

① 《十八大以来重要文献选编》下，中央文献出版社2018年版，第420页。
② 《全面贯彻落实党的十八届六中全会精神　增强全面从严治党系统性创造性实效性》，载《人民日报》2017年1月7日。
③ 《中共中央政治局召开民主生活会》，载《人民日报》2017年12月27日。
④ 《十九大以来重要文献选编》上，中央文献出版社2019年版，第541页。

第二章　坚定党员干部的理想信念

从思想上建党，是我们党的传统和优势。思想建党的关键，是党员干部树立崇高的理想信念。党的十九大报告强调："革命理想高于天。共产主义远大理想和中国特色社会主义共同理想，是中国共产党人的精神支柱和政治灵魂，也是保持党的团结统一的思想基础。要把坚定理想信念作为党的思想建设的首要任务，教育引导全党牢记党的宗旨，挺起共产党人的精神脊梁，解决好世界观、人生观、价值观这个'总开关'问题，自觉做共产主义远大理想和中国特色社会主义共同理想的坚定信仰者和忠实实践者。"① 党的十八大以来，习近平对党员干部的理想信念提出了一系列重要观点和论断，形成了系统的、创新性的理想信念理论，我们要认真学习领会，内化于心，外化于行，铸牢坚守信仰的铜墙铁壁。

第一节　理想信念是共产党人的精神之钙

"信仰是人对自己和社会未来的期许，是人安身立命的终极关怀，是对描述未来生活的一种思想、理论和行为模式的信赖。"② 理想信念是共产党人对信仰的特有称谓。党的十九大报告指出："中国共产党一经成立，就把实现共产主义作为党的最高理想和最终目标，义无反顾肩负起实现中华民族伟大复兴的历史使命。"③ 共产党人以信仰立身。邓

---

　① 习近平：《决胜全面建成小康社会　夺取新时代中国特色社会主义伟大胜利——在中国共产党第十九次全国代表大会上的报告》，人民出版社2017年版，第63页。
　② 刘建荣：《马克思主义信仰的精神实质》，载《哲学研究》2013年第1期。
　③ 习近平：《决胜全面建成小康社会　夺取新时代中国特色社会主义伟大胜利——在中国共产党第十九次全国代表大会上的报告》，人民出版社2017年版，第13页。

小平同志曾讲："过去我们党无论怎样弱小，无论遇到什么困难，一直有强大的战斗力，因为我们有马克思主义和共产主义的信念。有了共同的理想，也就有了铁的纪律。无论过去、现在和将来，这都是我们的真正优势。"① 习近平将理想信念形象地称为"精神之钙"，严肃告诫全体党员干部："没有理想信念，理想信念不坚定，精神上就会'缺钙'，就会得'软骨病'。"②

一、理想信念是共产党人安身立命的根本

习近平强调："坚定理想信念，坚守共产党人精神追求，始终是共产党人安身立命的根本。"③ "安身立命的根本"这个表述，生动地说明理想信念对共产党人的极端重要性。

"马克思主义就是我们共产党人的'真经'。"④ 马克思主义是中国共产党的指导思想，是共产党人的信仰，其基本原理、基本方法、理论品格、理论旨趣依然具有当代价值。"理想信念的坚定，来自思想理论的坚定。认识真理，掌握真理，信仰真理，捍卫真理，是坚定理想信念的精神前提。"⑤ 马克思主义是共产党人的"真经"，马克思主义的科学性、真理性，是共产主义理想科学性、真理性的基础。在2016年5月17日召开的哲学社会科学工作座谈会上，习近平对马克思主义的科学性、真理性做了细致阐述："马克思主义尽管诞生在一个半多世纪之前，但历史和现实都证明它是科学的理论，迄今依然有着强大生命力。马克思主义深刻揭示了自然界、人类社会、人类思维发展的普遍规律，为人类社会发展进步指明了方向；马克思主义坚持实现人民解放、维护人民利益的立场，以实现人的自由而全面的发展和全人类解放为己任，反映了人类对理想社会的美好憧憬；马克思主义揭示了事物的本质、内在联系及发展规律，是'伟大的认识工具'，是人们观察世界、分析问题的有力思想武器；马克思主义具有鲜明的实践品格，不仅致力于科学'解

---

① 《邓小平文选》第3卷，人民出版社1993年版，第144页。
② 《习近平谈治国理政》，外文出版社2014年版，第15页。
③ 《习近平谈治国理政》，外文出版社2014年版，第15页。
④ 习近平：《在全国党校工作会议上的讲话》，载《求是》2016年第9期。
⑤ 《习近平谈治国理政》第2卷，外文出版社2017年版，第50页。

释世界'，而且致力于积极'改变世界'。在人类思想史上，还没有一种理论像马克思主义那样对人类文明进步产生了如此广泛而巨大的影响。"① 共产党人坚持自己的理想信念，本质上是为真理而斗争。

"理想信念是共产党人的政治灵魂。"② 灵魂是生命的统领和支柱，没有灵魂，生命就是一堆没有意义的肉体。习近平用"政治灵魂"一词，深刻指出了理想信念对共产党人的极端重要性。理想信念之所以是共产党人的政治灵魂，一是因为对马克思主义的信仰，对共产主义和社会主义的信念，对党和人民的忠诚，是共产党人的"根本"，"没有了这些，就是无本之木"③，中国共产党人开创的整个道路、理论和制度的逻辑关系就难以厘清，也失去了依据；二是因为理想信念是党员干部的"总开关"，具有守门把关管总的重要作用，"总开关"失灵，就难以"真正做到对马克思主义虔诚而执着、至信而深厚"④；三是因为理想信念是"共产党人经受住任何考验的精神支柱"⑤，支柱垮塌，党员干部的政治生命将不复存在，最终危及党的生命。

理想信念是共产党人的"压舱石"。2016年10月，习近平在党的十八届六中全会第二次全体会议上谈到党内政治生活存在的问题时，语重心长地指出："党内政治生活出现这样那样的问题，根子还是一些党员、干部理想信念这个'压舱石'发生了动摇，世界观、人生观、价值观这个'总开关'出现了松动。"⑥ 习近平用"压舱石"这个词，生动地说明了理想信念对党员干部人生和事业发展的特殊意义。心中有磐石，脚底定生根；信念多坚毅，品行自崇高。党员干部理想信念坚定，就有了安身立命的本钱，就能够在复杂的形势和众多的诱惑面前保持定力，就不会失去灵魂、迷失方向。

---

① 习近平：《在哲学社会科学工作座谈会上的讲话》，载《人民日报》2016年5月19日。
② 《习近平谈治国理政》，外文出版社2014年版，第15页。
③ 《习近平总书记重要讲话文章选编》，中央文献出版社、党建读物出版社2016年版，第132页。
④ 《十八大以来重要文献选编》中，中央文献出版社2016年版，第321页。
⑤ 《习近平谈治国理政》，外文出版社2014年版，第15页。
⑥ 习近平：《在党的十八届六中全会第二次全体会议上的讲话》，载《求是》2017年第1期。

二、理想信念是共产党人不竭动力的源泉

理想指引人生方向,信念决定事业成败。习近平熟读党史,思考深刻,他多次讲陈望道翻译《共产党宣言》的故事,讲信仰的味道、信仰的感召、信仰的力量。习近平强调:"在我们党九十多年的历史中,一代又一代共产党人为了追求民族独立和人民解放,不惜流血牺牲,靠的就是一种信仰,为的就是一个理想"①;因为,"心中有信仰,脚下有力量"②。

理想信念之所以是共产党人不竭动力的源泉,是基于物质与精神的辩证关系。习近平历来强调历史唯物主义和辩证唯物主义:"辩证唯物主义并不否认意识对物质的反作用,而是认为这种反作用有时是十分巨大的。我们党始终把思想建设放在党的建设第一位,强调'革命理想高于天',就是精神变物质、物质变精神的辩证法。"③ 2016年1月12日,在第十八届中央纪律检查委员会第六次全体会议上的讲话中,习近平引用中国传统哲学名言,对物质与精神的辩证关系做了生动诠释:"'身之主宰便是心';'不能胜寸心,安能胜苍穹'。'本'在人心,内心净化、志向高远便力量无穷。"④

理想信念时刻提醒我们来自哪里、到哪里去,督促我们继续前进。"理想因其远大而为理想,信念因其执着而为信念。"⑤ 自中国共产党成立那一天起,理想信念就是中国共产党人矢志不渝的追求,深深烙在每一代共产党人的心上。理想信念告诉我们从哪里来,要到哪里去,我们现在应该以什么样的精神,做些什么。正如习近平在庆祝中国共产党成立95周年大会上的讲话中所指出的:"我们党已经走过了95年的历程,但我们要永远保持建党时中国共产党人的奋斗精神,永远保持对人民的

---

① 《十八大以来重要文献选编》上,中央文献出版社2014年版,第116页。
② 《习近平谈治国理政》第2卷,外文出版社2017年版,第49页。
③ 《坚持运用辩证唯物主义世界观方法论,提高解决我国改革发展基本问题本领》,载《人民日报》2015年1月25日。
④ 习近平:《在第十八届中央纪律检查委员会第六次全体会议上的讲话》,载《人民日报》2016年5月3日。
⑤ 习近平:《在庆祝中国共产党成立95周年大会上的讲话》,载《人民日报》2016年7月2日。

赤子之心。一切向前走，都不能忘记走过的路；走得再远、走到再光辉的未来，也不能忘记走过的过去，不能忘记为什么出发。面向未来，面对挑战，全党同志一定要不忘初心、继续前进。"① "初心"是党的十九大的重要主题，党的十九大报告指出："不忘初心，方得始终。中国共产党人的初心和使命，就是为中国人民谋幸福，为中华民族谋复兴。这个初心和使命是激励中国共产党人不断前进的根本动力。"②

理想信念是锻造党员干部的强大武器，能够"造就一支具有铁一般信仰、铁一般信念、铁一般纪律、铁一般担当的干部队伍"③。党员干部理想信念坚定，精神上就不会"缺钙"，党性修养就高，就有更大的人生格局，更高的政治站位，更勇敢的事业担当。理想信念坚定，内心世界就更加强大，就能够在政治上经得起各种风浪考验，在政治方向、政治立场、政治言论、政治行为方面守好规矩，不会走偏走岔；就能够在经济上有免疫力、抵抗力，顶得住金钱的诱惑，顶得住享乐主义、奢靡之风的侵袭，保持共产党人的凛然正气；就能够在美色面前保持清醒和自律，时时提醒自己对党的承诺、对家庭的责任，谨守道德伦理。没有理想信念这个强大武器，锻造一支铁一般信仰、铁一般信念、铁一般纪律、铁一般担当的干部队伍，只能是空话。

理想信念能够产生强大的精神动力，早已被我们党苦难辉煌的历史所证明。中国共产党的历史，就是一部以理想信念改造主观世界和客观世界的历史。2016年10月21日，在纪念红军长征胜利80周年大会上，习近平讲述了长征中理想信念的非凡故事。在红一方面军二万五千里的征途上，平均每300米就有一名红军牺牲；长征这条红飘带，是无数红军的鲜血染成的。"长征胜利启示我们：心中有信仰，脚下有力量。没有牢不可破的理想信念，没有崇高理想信念的有力支撑，要取得长征胜利是不可想象的。"④ 历史证明，理想信念是我们党战胜艰难险阻的重

---

① 习近平：《在庆祝中国共产党成立95周年大会上的讲话》，载《人民日报》2016年7月2日。

② 习近平：《决胜全面建成小康社会，夺取新时代中国特色社会主义伟大胜利——在中国共产党第十九次全国代表大会上的报告》，人民出版社2017年版，第1页。

③ 习近平：《在全国党校工作会议上的讲话》，载《求是》2016年第9期。

④ 《习近平谈治国理政》第2卷，外文出版社2017年版，第49页。

要法宝,是共产党人无往不胜的"秘密武器"。

三、理想信念动摇是最危险的动摇

习近平强调:"理想信念动摇是最危险的动摇,理想信念滑坡是最危险的滑坡。一个政党的衰落,往往从理想信念的丧失或缺失开始。"① 这个论断,是对全党的深刻警示。

理想信念动摇性质恶劣。习近平对理想信念有着精准的功能定位。他强调,对马克思主义的信仰,对共产主义和社会主义的信念,是党的"根本",是党的理论、道路、制度的"逻辑关系"所在,是共产党人的"政治灵魂""精神之钙""总开关""压舱石",是共产党人的"初心"所在、"免疫力"的源泉,是共产党人战胜艰难险阻的动力源泉和重要法宝。换言之,理想信念动摇,意味着我们党的"本"动摇了,"灵魂"丧失了,"软骨病"患上了,"总开关"失灵了,"压舱石"移位了,"初心"丢弃了,"免疫力"没有了,"动力来源"弱化了,"法宝"不灵了,"两面人"产生了。一句话,我们党"金刚不坏之身"没有了。

理想信念动摇影响深远。理想信念直接关系党内政治生活、党内政治生态、党内政治文化,直接关系到党的作风和形象,是管根本、管长远的。理想信念的动摇不仅影响当下,更会留下长期隐患。对党员干部个人来讲,审视腐败干部的落马轨迹,不难发现,理想信念动摇有一定的规律:都是从小节开始,没有防微杜渐,思想上的小疙瘩演变成现实中的大跟头;都有一个逐渐累积的过程,温水煮青蛙,不知不觉中丧失信仰,成为贪腐分子。可以说,理想信念动摇、滑坡的结果,是党员干部的自我毁灭。对党组织来讲,党员干部理想信念动摇的累积和蔓延,带来的将是党内政治生态的恶化、党内政治生活的异化、党员干部作风的劣化。长此以往,结果将是党组织大面积的溃烂,党的长期执政能力、执政基础将产生根本性的动摇。

理想信念动摇危害巨大。对党员干部来讲,"动摇了信仰,背离了

---

① 《习近平谈治国理政》第 2 卷,外文出版社 2017 年版,第 34 页。

党性,丢掉了宗旨,就可能在'围猎'中被人捕获"①。一些党员干部由于信念动摇、信仰缺失、精神缺"钙",在权力、金钱和美色面前全面溃败,政治上变质、经济上贪婪、道德上堕落、生活上腐化,蜕变为人民的罪人,自己也招致毁灭。对党组织来讲,理想信念动摇是衰落的前兆,不及时治理纠正,结果将是党组织失去存在的价值,被人民和历史所抛弃。堡垒最容易从内部攻破,丧失理想信念、蜕化变质的党员干部,很可能演变为分裂党组织、摧毁党组织、葬送党的执政地位的"先锋"。研究表明:"苏联走向解体的命运是以思想上的分化和信仰上的混乱为开端的。苏联共产党在信仰上的异化和分裂,使其丧失了团结、统一的思想基础。信仰危机是苏联解体的重要原因之一。其中,苏共高层领导集团特别是领袖人物对马克思主义信仰的背弃、认同并迷恋西方资本主义是苏联解体的关键性因素;普通党员、干部和群众的信仰危机,是苏联解体的必要条件和社会基础。"② 苏东剧变殷鉴不远,仍然要深刻警醒。

第二节 将共同理想和远大理想统一起来

中国共产党是最高理想与共同理想的统一论者。实现共产主义远大理想作为党的最高纲领,始终不变。共同理想是党根据一定时期的实际所确定的基本纲领,在现阶段,就是建设中国特色社会主义,这是我们党团结带领人民群众努力奋斗的旗帜。每一个共产党人,都要做远大理想和共同理想的坚定信仰者和实践者,在思想认识上永葆远大理想,在具体行动上追求共同理想,做到有机统一。

一、坚定对马克思主义的信仰

"马克思主义的另一个名词就是共产主义。"③ 我们党是用马克思主

---

① 习近平:《在第十八届中央纪律检查委员会第六次全体会议上的讲话》,载《人民日报》2016年5月3日。
② 蔡文鹏:《信仰危机与苏联的命运》,社会科学文献出版社2012年版,第198页。
③ 《邓小平文选》第3卷,人民出版社1993年版,第137页。

义武装起来的政党，马克思主义是共产党人理想信念的灵魂，"我们党以马克思主义为立党之本"，① 对马克思主义的信仰，是共产党人理想信念的根基；坚定对马克思主义的信仰，才能坚定对共产主义信仰和社会主义信念，成为一个合格的共产党员。

一段时期以来，我国社会思潮鱼龙混杂，社会上出现了质疑马克思主义甚至公开反对马克思主义的论调。"有的公然指责马克思主义为异端邪说；有的说马克思主义是19世纪工业革命的产物，早已过时；有的说马克思主义是革命学说、批判理论，搞社会主义建设用不上；有的说当今时代思想多元，指导思想不能只有一家；有的说市场经济讲竞争，指导思想也要竞争等。"② 一些党员干部受到不正确社会思潮的影响，也开始怀疑马克思主义，动摇对马克思主义的信仰；一些党员干部成为"两面人"，当面讲马列主义，背后迷信鬼神。如何坚定党员干部对马克思主义的信仰，抵御错误思想的侵袭，是必须面对和解决的一个重大问题。

坚定对马克思主义的信仰，要深刻认识马克思主义的极端重要性。马克思主义是立党立国的根本指导思想，是共产党人理论上的清醒剂、思想上的强心针。习近平强调："坚定的理想信念，必须建立在对马克思主义的深刻理解之上，建立在对历史规律的深刻把握之上。"③ "无数事实证明，对共产党员来说，只有理论上清醒才能有政治上清醒，只有理论上坚定才能有政治上坚定。"④ 他进一步指出："背离或放弃马克思主义，我们党就会失去灵魂、迷失方向。在坚持马克思主义指导地位这一根本问题上，我们必须坚定不移，任何时候任何情况下都不能有丝毫动摇。"⑤ 这些论断揭示了马克思主义指导地位的重要意义，揭示了深刻认识马克思主义对树立马克思主义信仰的重要性。

坚定对马克思主义的信仰，要深刻认识马克思主义的科学性、真理

---

① 《习近平总书记重要讲话文章选编》，中央文献出版社、党建读物出版社2016年版，第132页。
② 程恩富、谭劲松：《巩固马克思主义立党立国的指导地位》，载《红旗文稿》2016年第18期。
③ 《习近平谈治国理政》第2卷，外文出版社2017年版，第35页。
④ 习近平：《办公厅工作要做到"五个坚持"》，载《秘书工作》2014年第6期。
⑤ 《习近平谈治国理政》第2卷，外文出版社2017年版，第33页。

性。马克思主义的科学性、真理性，表现在其基本原理、方法的科学性、真理性。习近平在纪念马克思诞辰200周年大会上的讲话中指出："马克思的思想理论源于那个时代又超越了那个时代，既是那个时代精神的精华又是整个人类精神的精华。"① 马克思主义具有巨大真理威力和强大生命力，对人类认识世界、改造世界、推动社会进步仍然具有不可替代的作用。

坚定对马克思主义的信仰，要深刻认识马克思主义的发展性。马克思主义是方法，而不是教条。马克思主义从诞生之日起，它的创始人就赋予它与时俱进的品质。马克思主义在中国的实践，就是一部理论创新发展的历史：毛泽东思想、邓小平理论、"三个代表"重要思想、科学发展观、习近平新时代中国特色社会主义思想，都是马克思主义中国化、时代化的伟大成果，是马克思主义在中国的重大发展。习近平强调："科学社会主义基本原则不能丢，丢了就不是社会主义。同时，科学社会主义也绝不是一成不变的教条。我说过，当代中国的伟大社会变革，不是简单延续我国历史文化的母版，不是简单套用马克思主义经典作家设想的模板，不是其他国家社会主义实践的再版，也不是国外现代化发展的翻版。社会主义并没有定于一尊、一成不变的套路，只有把科学社会主义基本原则同本国具体实际、历史文化传统、时代要求紧密结合起来，在实践中不断探索总结，才能把蓝图变为美好现实。"②

坚定对马克思主义的信仰，要深刻认识马克思主义的强大力量。习近平在庆祝中国共产党成立95周年大会上指出："95年来，中国共产党之所以能够完成近代以来各种政治力量不可能完成的艰巨任务，就在于始终把马克思主义这一科学理论作为自己的行动指南，并坚持在实践中不断丰富和发展马克思主义。这使我们党得以摆脱以往一切政治力量追求自身特殊利益的局限，以唯物辩证的科学精神、无私无畏的博大胸怀领导和推动中国革命、建设、改革，不断坚持真理、修正错误。"③

---

① 习近平：《在纪念马克思诞辰200周年大会上的讲话》，载《人民日报》2018年5月5日。
② 习近平：《在纪念马克思诞辰200周年大会上的讲话》，载《人民日报》2018年5月5日。
③ 《习近平谈治国理政》第2卷，外文出版社2017年版，第33页。

这段话对马克思主义改造世界的伟大力量做了最好的阐述，也是坚定马克思主义信仰的最好阐述。

二、坚定对共产主义的信念

习近平指出："中国共产党之所以叫共产党，就是因为从成立之日起我们党就把共产主义确立为远大理想。"① 在共产党人的词典里，共产主义实际上具有多重含义：从思想理论来讲，共产主义是一套科学的理论体系；从社会发展来讲，共产主义是以实现人的自由而全面的发展和全人类解放为目的的理想社会形态，是共产党人为之奋斗的最高理想和最终目标；从价值观念来讲，共产主义是共产党人的道德理想，是必须遵守的价值伦理规范。所有这些，都是共产主义信念的重要内涵和要素。

一段时期以来，在各种因素影响下，一些人对共产主义产生了怀疑，以消极悲观、揶揄讽刺的腔调来谈论共产主义，比较典型的有所谓"共产主义虚无缥缈论""共产主义口号欺骗论"。一些党员干部疏于学习，政治立场不坚定，跟着这些错误言论起舞。一些党员干部只是将共产主义作为口号，需要时随口喊喊，既不真懂，也不真信，更不践行，严重影响党的形象。一段时期以来，党内严重的腐败问题引起百姓和普通党员的不满，一些人讽刺说腐败的党员干部率先进入了共产主义，严重影响共产主义的声誉。邓小平指出："没有共产主义思想，没有共产主义道德，怎么能建设社会主义？党和政府愈是实行各项经济改革和对外开放的政策，党员尤其是党的高级负责干部，就愈要高度重视、愈要身体力行共产主义思想和共产主义道德。否则，我们自己在精神上解除了武装，还怎么能教育青年，还怎么能领导国家和人民建设社会主义！"② 概言之，坚定共产主义理想信念，共产党才有存在的根基，才有团结带领人民共同奋斗的资格。

坚定共产主义信念，首先要正确认识共产主义。共产主义是科学性和价值性的统一、理论性与实践性的统一、目标性和动力性的统一。从

---

① 《习近平谈治国理政》第2卷，外文出版社2017年版，第34页。
② 《邓小平文选》第2卷，人民出版社1994年版，第367页。

科学性的角度讲，共产主义揭示了人类社会发展的客观规律，我们坚信共产主义社会一定会到来；从价值性的角度讲，共产主义是一种崇高的价值追求、至善的道德规范，能够有效提升社会和人的思想道德境界；从理论性的角度讲，共产主义是马克思主义的另外一种称呼，是一种思想体系，既具有科学性，也具有开放性和发展性；从实践性的角度讲，共产主义的实现，是一个艰苦奋斗的过程，它不是宿命论；从目标性的角度讲，共产主义是人类崇高的理想，只有在社会主义社会充分发展和高度发达的基础上才能实现，它的实现是一个长期的过程，现在还不具备实现的条件；从动力性的角度讲，共产主义信念、共产主义道德本身又是实现共产主义社会的动力源泉，离开了共产主义本身的因素，它也不可能实现；从功能性的角度讲，共产主义是共产党人的"定力"所在，有了共产主义信念，才能在政治立场上、道德操守上保持定力，做到拒腐防变。作为共产党员，我们要清楚认识到，割裂其中的任何一对关系，对共产主义的认识都会产生误解甚至曲解，甚至会产生严重错误。

坚定共产主义信念，要敢于大声宣讲共产主义。一段时期以来，不仅是社会上，连一些党员干部都感觉共产主义太遥远，不愿意提共产主义，甚至忌讳讲共产主义，让社会上的一些错误思想乘虚而入。习近平就此指出："社会主义是共产主义的初级阶段，共产主义是我们的最高理想。我们现在做的是社会主义初级阶段的事情，但不能忘记初衷，不能忘了我们的最高奋斗目标。在这个问题上，不要含糊其词、语焉不详。含糊其词、语焉不详是理想信念模糊甚至动摇的一种表现。"① 共产党人对于共产主义必须大声讲出来，表现出我们的自信和坚定。

坚定共产主义信念，要旗帜鲜明批判各种错误思想。针对各种错误思想，要敢于亮出思想之剑，旗帜鲜明地指出其谬误，予以批驳和批判。比如，对于"共产主义渺茫论"，习近平就做了有力批驳："共产主义决不是'土豆烧牛肉'那么简单，不可能唾手可得、一蹴而就，但我们不能因为实现共产主义理想是一个漫长的过程，就认为那是虚无

---

① 《习近平总书记重要讲话文章选编》，中央文献出版社、党建读物出版社2016年版，第338页。

缥缈的海市蜃楼,就不去做一个忠诚的共产党员。革命理想高于天。实现共产主义是我们共产党人的最高理想,而这个最高理想是需要一代又一代人接力奋斗的。"① 敢于亮剑,才能排除各种错误思潮对共产主义理想的干扰。

三、坚定对中国特色社会主义的信心

一段时间以来,由于各种因素的影响,一些人对中国特色社会主义提出了质疑。有人从"左"的方面批评中国特色社会主义,说中国特色社会主义背离了马克思主义和社会主义,是"中国特色资本主义""中国修正主义""国家资本主义""新官僚资本主义",他们主张开历史的倒车,回到旧的道路和体制中去。有人从右的方面攻击中国特色社会主义,认为中国特色社会主义没有前途,长远看终究会失败。这些来自"左"和右的思想在国内都有一定的市场,对党员干部产生了消极影响。

道路问题是关系党和国家的事业兴衰成败第一位的问题,中国走什么路、举什么旗至关重要。产生"左"和右的错误思想观念的原因,主要是一些人对什么是社会主义、怎样建设社会主义没有客观认识,思维模式还停留在过去的传统社会主义模式上,仍然将经典作家的个别具体论断和苏联模式视为判断社会主义的唯一标准,没有真正做到解放思想、实事求是、求真务实;另一些人则将西方资本主义模式视为人类社会"唯一正确"的发展模式,没有全面正确理解人类社会发展规律、社会主义建设规律和党的执政规律,不能做到理论上的清醒。正如习近平批评的,这些人马克思主义的"'真经'没念好,总想着'西天取经'",结果肯定是"贻误大事"②。实践证明,"回头路"是"死路",改旗易帜是"邪路",都会导致党和国家事业失败。

习近平在多次讲话中,从不同角度进行阐述,厘清了社会上有关中国特色社会主义的错误认识。作为共产党员,我们要认真学习领会习近平的有关论述,做到理论上的清醒和坚定。

---

① 《习近平总书记重要讲话文章选编》,中央文献出版社、党建读物出版社 2016 年版,第241-242页。
② 习近平:《在全国党校工作会议上的讲话》,载《求是》2016 年第 9 期。

坚定对中国特色社会主义的信心，要正确认识中国特色社会主义和马克思主义、科学社会主义的关系。正确认识中国特色社会主义与马克思主义、科学社会主义的关系，是树立中国特色社会主义信念的重要前提。一些人对中国特色社会主义持有怀疑，一个原因是对马克思主义、科学社会主义本身存有偏见；另一个原因是对中国特色社会主义与马克思主义、科学社会主义的关系存有误解。习近平对此做了细致的分析和论述。就第一个问题，习近平指出："事实一再告诉我们，马克思、恩格斯关于资本主义社会基本矛盾的分析没有过时，关于资本主义必然消亡、社会主义必然胜利的历史唯物主义观点也没有过时。这是社会历史发展不可逆转的总趋势……"① 就第二个问题，习近平旗帜鲜明地指出："中国特色社会主义是社会主义而不是其他什么主义。"② "在当代中国，坚持和发展中国特色社会主义，就是真正坚持社会主义。"③ 对那些对中国特色社会主义还有疑虑的人来说，这些话无疑是当头棒喝，是一副很好的清醒剂、一支有效的强心针。

坚定对中国特色社会主义的信心，要正确认识中国特色社会主义与中国现代化的关系。中国特色社会主义是中国共产党带领全国人民，历经千辛万苦、付出各种代价、接力探索取得的，是实现我国社会主义现代化、创造人民美好生活的必由之路，舍此之外，别无他途。中国改革开放40多年来的发展成果充分证明，中国特色社会主义具有强大的生命力。党的十九大对中国特色社会主义现代化做出了新的规划：到2035年，基本实现社会主义现代化，邓小平提出的"三步走"目标将提前15年全面完成；到21世纪中叶，把我国建成富强民主文明和谐美丽的社会主义现代化强国。"实践充分证明，中国特色社会主义是中国共产党和中国人民团结的旗帜、奋进的旗帜、胜利的旗帜。我们要全面建成小康社会、加快推进社会主义现代化、实现中华民族伟大复兴，必须始终高举中国特色社会主义伟大旗帜，坚定不移坚持和发展中国特色社会主义。"④

---

① 《十八大以来重要文献选编》上，中央文献出版社2014年版，第117页。
② 《十八大以来重要文献选编》上，中央文献出版社2014年版，第109页。
③ 《十八大以来重要文献选编》上，中央文献出版社2014年版，第74-75页。
④ 《十八大以来重要文献选编》上，中央文献出版社2014年版，第74页。

第二章　坚定党员干部的理想信念

坚定对中国特色社会主义的信心，要正确理解远大理想和共同理想的辩证关系。共产主义是我们的远大理想，共产主义的实现是一个长期的过程，也是一个现实的过程，我们正在进行的社会主义现代化事业，就是在通往共产主义。习近平曾经引用陈云的话说："共产主义遥遥有期，社会主义就是共产主义的第一阶段。"① 这说明，中国特色社会主义共同理想与共产主义远大理想是辩证统一的：理解了共产主义远大理想，才能正确认识和实践中国特色社会主义共同理想；理解和实践了中国特色社会主义共同理想，才能正确认识和实现共产主义远大理想。正如习近平指出的，"把践行中国特色社会主义共同理想和坚定共产主义远大理想统一起来"，才能"坚决抵制抛弃社会主义的各种错误主张，自觉纠正超越阶段的错误观念和政策措施"②。

坚定对中国特色社会主义的信心，要正确认识中国特色社会主义实践取得的成就和面临的挑战。改革开放以来，我国的发展成就有目共睹，综合国力和国际地位快速上升，社会主要矛盾已经转化为人民日益增长的美好生活需要和不平衡不充分发展之间的矛盾。但是，我们不能忘记，我国仍处于并将长期处于社会主义初级阶段的基本国情没有变，我国是世界最大发展中国家的国际地位没有变。我国发展过程中出现的新情况新问题很多，面临的挑战前所未有。共产党人始终强调实事求是，对我国发展过程中存在的问题必须诚实面对，不能漠视，更不能否认，但也不能只看问题，不看成就，或者将成就的取得作为错误的归因，得出错误的结论。比如，一些党员干部理想信念丧失，违纪违法，必须按照党纪国法予以严惩；不过，这些党肌体上的"毒瘤"没有到影响党的性质、社会性质的严重程度。我们党历来重视自身的肌体健康，强调及时清除"毒瘤"，对腐败分子毫不手软予以惩戒。党的十八大以来，我们党深入推进全面从严治党，持续保持高压态势，对腐败零容忍，猛药去疴、刮骨疗毒，坚决铲除腐败这个最致命的"污染源"，"不敢腐的目标初步实现，不能腐的笼子越扎越牢，不想腐的堤坝正在

---

① 习近平：《在纪念陈云同志诞辰110周年座谈会上的讲话》，载《人民日报》2015年6月13日。

② 《十八大以来重要文献选编》上，中央文献出版社2014年版，第76页。

构筑,反腐败斗争压倒性态势已经形成并巩固发展"①。这些问题的解决,就是中国特色社会主义的新发展。概言之,作为党员干部,我们应当做的,是始终坚持实事求是的思想路线,全面正确看待成绩和问题,不断坚定中国特色社会主义道路自信、理论自信、制度自信、文化自信。

第三节 不断深化理想信念建设

共产党以理想信念立身,对共产党人来讲,理想信念更是须臾不可离。党员干部的理想信念建设,既靠教育,也靠制度。我们党从成立那一天起,就强调在思想上建党,把思想教育放在党的建设的基础地位,正如习近平强调的:"要把理想信念教育作为思想建设的战略任务,保持全党在理想追求上的政治定力"②。制度具有导向性、稳定性和长远性,理想信念的建设同样离不开制度。要通过完善有效管用的制度,推动理想信念建设由"软约束"向"硬标准"转变,把理想信念建设抓紧抓实抓好。

一、提高马克思主义理论素养

"理想信念的坚定,来自思想理论的坚定。"③ 马克思主义是共产党人的"理论武装"和"看家本领",是理想信念"定力"的理论基础。习近平指出:"理论修养是干部综合素质的核心,理论上的成熟是政治上成熟的基础,政治上的坚定源于理论上的清醒。从一定意义上说,掌握马克思主义理论的深度,决定着政治敏感的程度、思维视野的广度、思想境界的高度。"④ 对党员领导干部来讲,"马克思主义理论素养是领导干部的必备素质,是保持政治坚定的思想基础,缺乏马克思主义理论

---

① 习近平:《决胜全面建成小康社会 夺取新时代中国特色社会主义伟大胜利——在中国共产党第十九次全国代表大会上的报告》,人民出版社2017年版,第8页。
② 《习近平谈治国理政》第2卷,外文出版社2017年版,第35页。
③ 《习近平谈治国理政》第2卷,外文出版社2017年版,第50页。
④ 《习近平总书记重要讲话文章选编》,中央文献出版社、党建读物出版社2016年版,第339页。

素养，就不可能成为合格的领导干部"①。

提高马克思主义理论素养，要原原本本阅读马克思主义经典著作。习近平高度重视马克思主义经典著作的阅读，特别强调三个方面：一是强调马克思主义经典著作蕴藏的价值。习近平指出："马克思主义经典著作中所阐发的基本原理，始终是指导中国革命、建设、改革的强大思想武器，是中国共产党人宝贵的精神财富。""马克思主义经典著作作为人类文明的瑰宝，体现着经典作家所汲取的人类过去和现在的丰富思想成果，以及攀登科学理论高峰的不懈追求和艰辛历程，为了解决中国革命、建设、改革问题，就要向马克思主义经典著作请教。"② 二是强调注重学习的过程，做到真学。习近平介绍了自己阅读马克思主义经典著作的体验：阅读经典著作，本身就是增长知识、开阔眼界、增加思想深度和训练思维方式的过程，就是培养高瞻远瞩的战略洞察力和脚踏实地的工作作风的过程，它会使我们在潜移默化中受到马克思主义经典作家崇高风范和人格力量的熏陶，从而实现自己思想境界和道德情操的升华。③ 三是强调学习的重点是学习和掌握马克思主义立场观点方法，解决中国问题。习近平引用邓小平的话，强调我们"主要的是要用马克思主义的立场、观点、方法来分析问题，解决问题。马克思主义的活的灵魂，就是具体地分析具体情况。马列主义、毛泽东思想如果不同实际情况相结合，就没有生命力了"，同时指出"这是对待马克思主义的基本态度问题"④。学习和掌握正确的世界观和正确的方法论，始终是我们党思想建设的重大任务。

提高马克思主义理论素养，要认真学习中国化马克思主义的理论成果，特别是党的最新理论成果。"马克思主义中国化，就是把马克思主义基本原理同中国具体实际和时代特征结合起来，运用马克思主义的立场、观点、方法研究和解决中国革命、建设、改革中的实际问题，坚持

---

① 转引自韩庆祥：《领导干部修炼内功的"心学"》，载《学习时报》2016年4月25日。
② 转引自韩庆祥：《领导干部修炼内功的"心学"》，载《学习时报》2016年4月25日。
③ 参见晓文《认真学习马克思主义经典著作，不断推进中国特色社会主义事业》，载《学习时报》2011年5月16日。
④ 习近平：《学习和掌握马克思主义立场观点方法是深入学习中国特色社会主义理论的根本要求》，载《学习时报》2010年3月8日。

和发展马克思主义；就是运用中国人民喜闻乐见的民族语言来阐述马克思主义理论，揭示中国革命、建设、改革的规律，使之成为具有中国风格、中国气派的马克思主义。"① 马克思主义中国化的理论表现和理论成果，是毛泽东思想和中国特色社会主义理论体系，我们必须认真学习，汲取理论营养。习近平新时代中国特色社会主义思想是马克思主义中国化的最新成果，是中国特色社会主义理论体系的重要组成部分，是当代中国马克思主义、21世纪马克思主义，是全党全国人民为实现中华民族伟大复兴而奋斗的行动指南。习近平新时代中国特色社会主义思想提出了一系列新思想、新论断，明确了新时代中国特色社会主义发展的新目标、新方略、新举措，开辟了马克思主义中国化的新境界。认真学习领会习近平新时代中国特色社会主义思想，是新时代党的思想建设的重要任务，是理想信念建设的根本要求。

　　提高马克思主义理论素养，要加强调查研究。书本学习不同调查研究相结合，闭门造车，产生的是本本主义、教条主义，而不是科学的马克思主义，用以指导实践，后患无穷；用以理想信念建设，没有根基还会走错方向。我们党的历史上，在这方面吃过大亏。习近平不仅对调查研究身体力行，也有非常深入的理论论述和精辟的理论见解。2011年11月16日，习近平在中央党校秋季学期第二批入学学员开学典礼上，就调查研究工作做了集中阐述。第一，调查研究不仅是一种工作方法，而且是关系党和人民事业得失成败的大问题。重视调查研究，是我们党在革命、建设、改革各个历史时期做好领导工作的重要传家宝。领导干部要经常走出机关，深入实际、深入基层、深入群众，进行各种形式和类型的调查研究，深切了解群众的需求、愿望和创造精神、实践经验。第二，要学习和掌握正确方法，努力提高调查研究水平和成效。调查研究必须坚持实事求是的原则，树立求真务实的作风，具有追求真理、修正错误的勇气。衡量调查研究搞得好不好，关键要看调查研究的实效，看调研成果的运用，看能不能把问题解决好。第三，要建立和完善制度，保证调查研究经常化。坚持和完善先调研后决策的重要决策调研论

---

① 习近平：《大力推进中国特色社会主义理论体系的学习和研究》，载《求是》2008年第7期。

证制度，领导机关、领导干部的调研工作制度等，推动调查研究真正成为各级领导干部自觉的经常性活动。①

二、深刻把握历史发展规律

理性才能自信，自信才能坚定。理想信念要做到自信、理性，必须建立在科学理论基础上，特别是对历史发展规律的科学认识上。正如习近平强调的："中国共产党人的理想信念，建立在马克思主义科学真理的基础之上，建立在马克思主义揭示的人类社会发展规律的基础之上，建立在为最广大人民谋利益的崇高价值的基础之上。我们坚定，是因为我们追求的是真理。我们坚定，是因为我们遵循的是规律。我们坚定，是因为我们代表的是最广大人民根本利益。"②

第一，深化对共产党执政规律的认识。习近平对共产党的执政规律提出了一系列系统性、创新性的论述，进一步深化了对共产党执政规律的认识。

——必须始终把马克思主义作为治国理政的行动指南，在实践中不断丰富和发展马克思主义。习近平强调，马克思主义是共产党的"思想灵魂"，是共产党人的"理论武装""看家本领"，"背离或放弃马克思主义，我们党就会失去灵魂、迷失方向"③。习近平指出，马克思主义必须中国化、时代化，当代中国的马克思主义就是中国特色社会主义，"中国特色社会主义，是科学社会主义理论逻辑和中国社会历史发展逻辑的辩证统一，是根植于中国大地、反映中国人民意愿、适应中国和时代发展进步要求的科学社会主义"④。

——政党和政权的前途命运最终取决于人心向背，执政和发展必须以人民为中心。习近平强调，"江山就是人民，人民就是江山"⑤。习近平告诫全党："一个政党，一个政权，其前途和命运最终取决于人心向

---

① 参见习近平《谈谈调查研究》，载《学习时报》2011年11月21日。
② 《习近平谈治国理政》第2卷，外文出版社2017年版，第50页。
③ 《习近平谈治国理政》第2卷，外文出版社2017年版，第33页。
④ 《习近平谈治国理政》，外文出版社2014年版，第21页。
⑤ 习近平：《在党史学习教育动员大会上的讲话》，载《求是》2021年第7期。

背。如果我们脱离群众、失去人民拥护和支持，最终也会走向失败"①，警示全党要"着力解决好'其兴也勃焉，其亡也忽焉'的历史性课题"。② 中国共产党能否超越"历史周期律"，立于不败之地，关键在于能否坚持人民主体地位，珍惜、用好人民给予的权力，解决好让人民监督权力这个问题，在于能否坚持全心全意为人民服务的宗旨，落实好"以人民为中心"的发展思想，始终保持同人民群众的血肉联系。

——"党和人民事业发展到什么阶段，党的建设就要推进到什么阶段。"③ 党的建设必须与治国理政实际、党和人民事业发展相适应，这是加强党的建设必须把握的基本规律。如果党的建设落后于治国理政的要求，落后于事业发展的需要，党存在的价值就会打折扣，甚至被历史无情抛弃。习近平强调，我们党始终面临着"赶考"的问题，要交出好的答卷，必须着力化解两个挑战。一是化解"本领不足、本领恐慌、本领落后"的挑战。每一位党员干部都要把学习放在第一位，"都要努力增强本领，都要一刻不停地增强本领。只有全党本领不断增强了，'两个一百年'的奋斗目标才能实现，中华民族伟大复兴的中国梦才能梦想成真"④。党的十九大报告强调，党员干部必须不断增强学习本领、政治领导本领、改革创新本领、科学发展本领、依法执政本领、群众工作本领、狠抓落实本领、驾驭风险本领。⑤ 二是管党治党"宽松软"、消极腐败滋生的问题。习近平严词警告全党："大量事实告诉我们，腐败问题愈演愈烈，最终必然亡党亡国。我们要警醒啊！近年来我们党内发生的严重违纪违法案件，性质非常恶劣，政治影响极坏，令人触目惊心。"⑥ 党的十八大以来，以习近平同志为核心的党中央提出了从严治党规律论、从严治党责任论、思想建党和制度治党结合论、作风建设永远在路上论等一系列具体理论，形成了系统的管党治党理论，将马克思

---

① 《十八大以来重要文献选编》上，中央文献出版社2014年版，第81页。
② 《十八大以来重要文献选编》上，中央文献出版社2014年版，第701页。
③ 《习近平谈治国理政》第2卷，外文出版社2017年版，第43页。
④ 《习近平总书记重要讲话文章选编》，中央文献出版社、党建读物出版社2016年版，第32页。
⑤ 参见习近平《决胜全面建成小康社会 夺取新时代中国特色社会主义伟大胜利——在中国共产党第十九次全国代表大会上的报告》，人民出版社2017年版，第68页。
⑥ 《十八大以来重要文献选编》上，中央文献出版社2014年版，第81页。

主义党的建设理论提高到了一个新水平。

第二,深化对社会主义建设规律的认识。学习掌握社会主义建设规律,才能坚定中国特色社会主义信念,做到共产主义理想的坚定。党的十八大以来,以习近平同志为核心的党中央对社会主义建设规律大胆探索,提出了一系列理论论述,为党员干部的理想信念建设提供了重要的理论支持。以下选择三个方面扼要论述。

——党的全面领导论。习近平强调:"中国共产党的领导是中国特色社会主义最本质的特征","坚持中国共产党这一坚强的领导核心,是中华民族的命运所系"。[①] 党的十九大提出的"14个坚持"中,坚持党对一切工作的领导是第一个坚持,地位之重要,可见一斑。中国共产党的领导是全面的,党政军民学,东西南北中,党是领导一切的,一切组织、各个领域、各个方面都必须自觉接受和坚持党的领导。

——新发展理念。习近平提出了"以人民为中心"的发展思想,"把人民放在心中最高位置,坚持一切为了人民、一切依靠人民,为人民过上更加美好生活而矢志奋斗"[②]。并提出了"创新、协调、绿色、开放、共享"的发展理念和统筹发展与安全等重要论断,集中反映了我们党对经济社会发展规律认识的深化,拓展和丰富了马克思主义发展观,抓住了当今世界现代化的主脉,揭示了新时代我国社会主义现代化建设的新特点、新规律,不仅是我国经济社会发展的科学指针,也具有世界性的意义。

——对我国两个历史时期的科学认识。一段时期以来,社会上对改革开放前和改革开放后两个时期的关系有激烈的争论。一些人认为,改革开放的成功,说明我们以前的路走错了;一些人则认为,改革开放背离了马克思主义和社会主义,必须回到改革开放前的道路上去。不能科学地分析改革开放前和改革开放后两个时期的关系,就不能正确认识社会主义建设的规律,不利于道路自信、理论自信、制度自信、文化自信的建立。习近平站在社会主义建设规律的高度,提出了"两个互不否定"的论断,既化解了争论,又深化了对社会主义建设规律的认识。他

[①] 《十八大以来重要文献选编》中,中央文献出版社2016年版,第54页。
[②] 《习近平谈治国理政》第2卷,外文出版社2017年版,第52页。

指出，改革开放前和改革开放后两个历史时期是两个相互联系又有重大区别的时期，但本质上都是我们党领导人民进行社会主义建设的实践探索，不能用改革开放后的历史时期否定改革开放前的历史时期，也不能用改革开放前的历史时期否定改革开放后的历史时期。要坚持实事求是的思想路线，分清主流和支流，坚持真理，修正错误，发扬经验，吸取教训，在这个基础上，把党和人民事业继续推向前进。①

第三，深化对人类社会发展规律的认识。习近平对人类社会发展规律有很多精辟论述，学习领会这些论述，对党员干部坚定理想信念具有重要意义。

——马克思主义科学揭示了人类社会发展规律。习近平指出："马克思、恩格斯关于资本主义社会基本矛盾的分析没有过时，关于资本主义必然消亡、社会主义必然胜利的历史唯物主义观点也没有过时。这是社会历史发展不可逆转的总趋势。"② 通过对历史发展的分析，习近平强调："从世界社会主义 500 年的大视野来看，我们依然处在马克思主义所指明的历史时代。这是我们对马克思主义保持坚定信心、对社会主义保持必胜信念的科学根据。"③

——理性看待当代资本主义。对资本主义出现的新问题新特点及其发展走向，习近平高度关注。他认为，资本主义仍然具有自我调节能力，资本主义最终消亡、社会主义最终胜利，是一个很长的历史过程，初级阶段的社会主义还必须同生产力发达的资本主义长期合作和斗争，社会主义还必须学习借鉴资本主义创造的有益的文明成果，也必须面对与西方发达国家的长处比较而被指责的现实，"我们必须有很强的战略定力，坚决抵制抛弃社会主义的各种错误主张，自觉纠正超越阶段的错误观念"④。习近平特别关注和研究当代世界马克思主义思潮。2017 年 9 月 29 日，中共中央政治局就当代世界马克思主义思潮及其影响进行了集体学习。习近平在学习会上指出，当前世界格局正处在加快演变的

---

① 参见《十八大以来重要文献选编》上，中央文献出版社 2014 年版，第 112 页。
② 《十八大以来重要文献选编》上，中央文献出版社 2014 年版，第 117 页。
③ 《深刻认识马克思主义时代意义和现实意义 继续推进马克思主义中国化时代化大众化》，载《人民日报》2017 年 9 月 30 日。
④ 《十八大以来重要文献选编》上，中央文献出版社 2014 年版，第 117 页。

历史进程之中，产生了大量深刻复杂的现实问题，提出了大量亟待回答的理论课题，特别是资本主义正处在深刻的调整之中，当代世界马克思主义思潮对此有深入的研究。对国外马克思主义研究新成果，我们要密切关注和研究，有分析、有鉴别，既不能采取一概排斥的态度，也不能搞全盘照搬。①

——党员干部要认真学习历史，特别是"四史"。历史规律蕴含在历史进程中，学习历史知识，研究历史的发展进程，才能更好地认识人类社会发展规律，提高理论水平，增强思想定力。习近平认为："领导干部学习和了解历史，不仅可以拓宽知识面，吸收前人在修身处事、治国理政等方面的经验和智慧，而且可以清晰地认识社会历史发展规律。历史知识丰富了，眼界和胸襟就可以大为开阔，精神境界就可以大为提高，思维层次和领导水平就可以提升到一个新境界。"② 习近平高度重视"四史"（党史、新中国史、改革开放史、社会主义发展史）的学习教育，他用"必修课""教科书""营养剂""清醒剂"等词汇，生动概括"四史"对党的事业和党员干部思想修养的重要意义。2021年是中国共产党成立100周年，习近平强调："广大党员要以学习党的历史为重点，做到知史爱党、知史爱国，在学习领悟中坚定理想信念，在奋发有为中践行初心命。"③ 2021年6月26日，十九届中央政治局举行第31次集体学习，这是中央政治局带头开展党史学习教育的一项重要安排。习近平在集体学习中强调，回望百年党史，千千万万共产党人为了理想信念不惜抛头颅、洒鲜血，红色资源是我们党艰辛而辉煌奋斗历程的见证，我们要用好红色资源赓续红色血脉，从党的百年奋斗史中感悟真理的力量，用党在百年奋斗中形成的伟大精神滋养自己、激励自己。④ "四史"特别是党史蕴含着丰富的红色文化资源，是我们党最为宝贵的精神财富，用好"四史"资源特别是党史资源，对党员干部的理想信念教育至关重要。

---

① 参见《深刻认识马克思主义时代意义和现实意义 继续推进马克思主义中国化时代化大众化》，载《人民日报》2017年9月30日。
② 《习近平总书记重要讲话文章选编》，中央文献出版社、党建读物出版社2016年版，第341页。
③ 习近平：《在党史学习教育动员大会上的讲话》，载《求是》2021年第7期。
④ 参见《用好红色资源赓续红色血脉 努力创造无愧于历史和人民的新业绩》，载《人民日报》2021年6月27日。

三、强化制度约束

教育和制度相辅相成，制度具有引导性、稳定性、长远性，理想信念教育离不开制度从严，制度从严了，理想信念教育才能严起来。习近平强调："从严治党靠教育，也靠制度，二者一柔一刚，要同向发力、同时发力。"①

明确理想信念建设的标准。没有或提不出客观的标准，就会给理想信念建设带来难题：一方面，理想信念建设"宽松软"，严不起来；另一方面，出现了不少"两面人""两面派"，当面一套，背后一套。针对这种情况，习近平认为，和平年代检验党员干部的理想信念虽然有难度，但并不是说没有客观标准，他明确指出："衡量一名共产党员、一名领导干部是否具有共产主义远大理想，是有客观标准的，那就要看他能否坚持全心全意为人民服务的根本宗旨，能否吃苦在前、享受在后，能否勤奋工作、廉洁奉公，能否为理想而奋不顾身去拼搏、去奋斗、去献出自己的全部精力乃至生命。一切迷惘迟疑的观点，一切及时行乐的思想，一切贪图私利的行为，一切无所作为的作风，都是与此格格不入的。"② 在2013年6月召开的全国组织工作会议上，习近平提出，和平年代检验一个党员干部的理想信念是否坚定不移，"主要是看干部能否在重大政治考验面前有政治定力，是否能树立牢固的宗旨意识，是否能对工作极端负责，是否能做到吃苦在前、享受在后，是否能在急难险重任务面前勇挑重担，是否能经得起权力、金钱、美色的诱惑"③。此外，习近平还特别强调："衡量干部是否有理想信念，关键是看是否对党忠诚。"④ 综合习近平的论述，衡量党员干部理想信念是否坚定的标准主要是：①是否对党忠诚；②是否具有政治定力；③能否坚持全心全意为人民服务；④能否保持艰苦奋斗的作风；⑤能否抵抗诱惑，廉洁奉公；⑥关键时刻在急难险重任务面前能否豁得出去。把习近平关于党员干部理想信念的标准进一步细化为可操作的指标，理想信念教育的内容就明确了，措施就扎实了。

---

① 《十八大以来重要文献选编》中，中央文献出版社2016年版，第94页。
② 《十八大以来重要文献选编》上，中央文献出版社2014年版，第109页。
③ 《十八大以来重要文献选编》上，中央文献出版社2014年版，第340页。
④ 《习近平谈治国理政》第3卷，外文出版社2020年版，第519页。

加强制度机制的指引。一方面，要用制度明确底线。习近平历来强调底线思维，"只要能守住做人、处事、用权、交友的底线，就能守住党和人民交给自己的政治责任，守住自己的政治生命线，守住正确的人生价值观"①。党中央强调"把纪律和规矩挺在法律前面"，强调纪在法前，纪严于法，要求树立党纪底线。中央八项规定、《关于新形势下党内政治生活的若干准则》《中国共产党廉洁自律准则》《中国共产党党内监督条例》《中国共产党纪律处分条例》《中国共产党问责条例》等党内法规，无不是将党员干部思想行为、做人做事的底线进一步明确，也为党员干部理想信念建设提供了有效指引。另一方面，要构建常态化的教育机制。习近平强调："思想认识问题一时解决了，不等于永远解决。就像房间需要经常打扫一样，思想上的灰尘也要经常打扫。"② 经常打扫思想上的灰尘，需要常态化的教育机制。党的十八大以来，中央在理想信念教育常态化方面进行了探索，提出了要求。中央下发了《关于推进"两学一做"学习教育常态化制度化的意见》，要求将思想教育、理想信念教育融入日常、抓在经常，推动集中性教育向经常性教育延伸。实践证明，这些常态化的机制和措施，对坚定理想信念有良好的效果。

强化违纪责任的追究。理想信念建设既要用正面的教育赋予能量，又要以责任追究的方式加以震慑。习近平指出，很多问题不是我们没有制度，而是以为定了制度、有了规章就万事大吉，制度没有得到真正执行，制度的刚性没有真正体现，"正是这样的简单化和片面性，使一些本来可以落实的制度得不到落实、一些本来可以避免的问题不断发生"③。党的十八大以来，党中央在科学制定完善党内法规、解决"牛栏关猫"问题的同时，强化制度的执行也在同步进行，对有政治问题的党员干部严肃查处，对有贪腐、作风问题的党员干部铁腕惩处，通过主体责任和监督责任，对党内"老好人"现象进行治理，成效卓著。实践证明，动员千遍，不如问责一次，加强党员干部的理想信念建设，必须亮出制度之剑，强化责任追究。

---

① 《十八大以来重要文献选编》上，中央文献出版社 2014 年版，第 138 页。
② 《十八大以来重要文献选编》中，中央文献出版社 2016 年版，第 95 页。
③ 《十八大以来重要文献选编》中，中央文献出版社 2016 年版，第 94 页。

第三章　坚决做到"两个维护"

"两个维护"是指坚决维护习近平总书记党中央的核心、全党的核心地位，坚决维护党中央权威和集中统一领导。"两个维护"的内容是相辅相成、内在统一的，核心是政治权威问题。从政治学理论的角度讲，权威是组织运作的核心要素，服从权威、维护权威是政治组织的内在要求。中国共产党是一个有着高度纪律要求、强调权威的政党，"两个维护"是中国共产党最为重要的政治纪律和政治规矩，是党的政治建设首要任务，也是中国共产党的优良政治传统和独特政治优势。

第一节 "两个维护"是方向性、原则性问题

《中共中央关于加强党的政治建设的意见》强调，"坚持和加强党的全面领导最重要的是坚决维护党中央权威和集中统一领导；坚决维护党中央权威和集中统领导，最关键的是坚决维护习近平总书记党中央的核心、全党的核心地位。"这是因为，"两个维护"，维护的是党的"大脑"和"中枢"，这是党的根本政治要求和组织原则要求，是关系党的领导和党的建设的原则性、方向性问题。

一、"两个维护"是党的根本原则

习近平强调："维护党中央权威，决不是一般问题和个人的事，而是方向性、原则性问题，是党性，是大局。"[①] "两个维护"，是党的建设的重要规律，是党的建设的首要任务，是每一个党组织、每一位党员的光荣义务。

[①] 《习近平总书记重要讲话文章选编》，中央文献出版社、党建读物出版社2016年版，第346页。

"两个维护",是党的组织制度和领导制度的核心要求。"民主集中制,是领导班子的根本工作制度,是党的根本组织制度和领导制度,也是中国特色社会主义民主政治的鲜明特点。"① 民主集中制是集中指导下的民主和民主基础上的集中的辩证统一、有机结合,党中央权威是民主集中制顺利实施的前提,也是民主集中制有效落实的结果。只有领袖的核心地位得到维护,党中央有了足够的权威,每一个党组织和党员干部自觉服从党的核心和党中央权威,党内民主才能有序开展和真正实现,个人主义、自由主义、宗派主义、无政府主义才没有滋生蔓延的机会和空间;只有党的核心和党中央有了足够的权威,有效的集中才能够形成,才能够避免议而不决、决而不行的情况,党才有足够的力量阔步前进。正如习近平指出的,"坚持和加强党的全面领导,首先要维护党中央权威和集中统一领导。"②

"两个维护"是党最高政治纪律和最大政治规矩。党的政治纪律和政治规矩,是指对各级党组织和党员的政治思想、政治活动和政治行为的根本要求,是各级党组织和党员在政治生活中必须遵守的行为准则。各级党组织和党员,必须在政治原则、政治立场、政治观点和路线、方针、政策上,同党中央保持高度一致,这是我们党第一位的政治纪律、政治规矩。习近平强调:"维护中央权威,贯彻党的理论和路线方针政策,是政治纪律,是绝对不能违反的。"③ 党的十九大刚刚闭幕,2017年10月27日,十九届中共中央政治局召开会议,研究部署学习宣传贯彻党的十九大精神,审议通过了《中共中央政治局关于加强和维护党中央集中统一领导的若干规定》等重要文件。会议强调,党中央集中统一领导是党的领导的最高原则,加强和维护党中央集中统一领导是全党共同的政治责任,首先是中央领导层的政治责任。中央政治局要带头树立政治意识、大局意识、核心意识、看齐意识,全面落实党的十九大关于加强和维护党中央集中统一领导的各项要求,自觉在以习近平同志为核

---

① 《习近平总书记重要讲话文章选编》,中央文献出版社、党建读物出版社2016年版,第83页。
② 《习近平谈治国理政》第3卷,外文出版社2020年版,第84页。
③ 《习近平总书记重要讲话文章选编》,中央文献出版社、党建读物出版社2016年版,第84页。

心的党中央集中统一领导下履行职责、开展工作,坚决维护习近平作为党中央的核心、全党的核心的地位。① 从会议召开和文件通过的时间节点可以看出,"两个维护"这个政治纪律、政治规矩,在我们党的纪律和规矩中的地位是多么高,对我们党领导新时代中国特色社会主义建设多么重要!

"两个维护"是党性修养的根本要求和底线准则。共产党的党性,是鲜明的阶级性和人民性,是理论上和实践上的先进性、纯洁性和严格的纪律性。对党员个体来讲,"党性是党员干部立身、立业、立言、立德的基石"②。党性的内容和要求很多,其中最根本的是讲政治。讲政治的核心和关键,是"严守政治纪律,在政治方向、政治立场、政治言论、政治行为方面守好规矩,自觉坚持党的领导,自觉同党中央保持高度一致,自觉维护党中央权威,党中央提倡的坚决响应,党中央决定的坚决照办,党中央禁止的坚决杜绝"③。王岐山强调:"全面从严治党、严肃党内政治生活,要把党的政治建设摆在首位,旗帜鲜明讲政治,培育对党忠诚的品格。"④ 严守政治纪律、政治规矩,特别是对党忠诚,坚决维护党中央权威,服从党中央集中统一领导,是每一个共产党人党性修养的根本要求,是每一个共产党人不可逾越的底线。

二、"两个维护"关系党和国家的前途命运

"两个维护",不仅事关党的建设成败,而且事关党和国家的事业成败、命运前途。正如习近平强调的,坚决维护党中央权威、保证全党令行禁止,是党和国家前途命运所系,是全国各族人民根本利益所在。⑤

---

① 参见《习近平主持中共中央政治局会议,部署学习宣传贯彻党的十九大精神》,载《人民日报》2017年10月28日。
② 《习近平总书记重要讲话文章选编》,中央文献出版社、党建读物出版社2016年版,第87页。
③ 《习近平总书记重要讲话文章选编》,中央文献出版社、党建读物出版社2016年版,第242页。
④ 王岐山:《开启新时代,踏上新征程》,载《人民日报》2017年11月7日。
⑤ 参见《习近平在省部级主要领导干部学习贯彻十八届六中全会精神专题研讨班开班式上发表重要讲话》,载《人民日报》2017年2月14日。

第三章　坚决维护党中央权威

这是党中央和核心的地位功能决定的。"党中央是大脑和中枢,党中央必须有定于一尊、一锤定音的权威,这样才能'如身使臂,如臂使指,叱咤变化,无有留难,则天下之势一矣'。"① 党中央处在党最高的位置,是党的领导决策核心,承担着党最为重要的职责功能,是党和国家正常运转、良性发展的关键要素。党中央崇高的地位和最为重要的功能,一方面要求党中央必须具有最高权威,以最高权威来保障党中央的地位,保障党中央职责的履行;另一方面也是党中央最高权威的集中体现,因为其地位崇高、职责关键,所以具有最高权威。试想,如果党中央没有权威,那党中央的核心地位如何体现?党组织的有效运作如何保障?党的团结统一如何维护?党中央的职责和功能如何履行?

这是党中央和核心的权威价值决定的。权威的本质性功能是"确保一个联合起来的群体的联合行动"②。组织是联合行动的群体,权威是组织成员联合行动的基础和保障,没有权威,群体的团结统一、一致行动是不可能的。权威是决策的基础和核心,没有权威,就不可能有科学有效的决策。权威是群体和组织凝聚力、战斗力的重要来源,没有权威,群体和组织就没有了主心骨,凝聚力、战斗力就成了空话。权威是对组织成员进行监督和约束的重要手段和力量,心中有权威,自觉服从权威的要求,思想底线、行为底线失守的可能性就会小很多;如果失守了,组织也能够及时进行监督和纠正。权威是降低组织运作成本、提高组织运行效率的重要手段和保障,组织成员自觉服从权威,组织内部的分歧、纷争就能够降到最低,组织的协调成本就会大大减少,组织的运作就会更加顺畅有效。中国共产党作为现代政治组织,党的权威特别是党中央的权威,在决策、凝聚、行动、监督以及组织运作成本方面的价值更加突出,意义更为重大。正如栗战书指出的:"坚持党的领导,首先是坚持党中央集中统一领导;维护党的权威,首先是维护党中央权威。"③ 党中央有权威,党中央的核心、党的核心有权威,才能把9100多万名党员和460多万个基层党组织牢固凝聚起来,进而把全国各族人

---

① 《习近平谈治国理政》第3卷,外文出版社2020年版,第86页。
② [法] 耶夫·西蒙著,吴彦译:《权威的性质与功能》,商务印书馆2015年版,第14页。
③ 栗战书:《坚决维护党中央权威》,载《人民日报》2016年11月15日。

民紧密团结起来,形成万众一心、无坚不摧的磅礴力量。

这是党和国家伟大事业发展的要求决定的。习近平多次强调,维护党中央权威和集中统一领导,"关系党、民族、国家前途命运"①。中国特色社会主义是改革开放以来党的全部理论和实践的主题,是党和人民历尽千辛万苦、付出巨大代价取得的根本成就,是实现社会主义现代化、创造人民美好生活的必由之路。当前,我国已经进入中国特色社会主义新时代,推进中国特色社会主义伟大事业有了更加坚实牢固的基础,但也面临着复杂严峻的困难和挑战。有效发挥基础和优势,有力应对重大挑战、抵御重大风险、克服重大阻力、解决重大矛盾,必须依靠全党、全国人民的力量。能够将全党、全国各族人民团结动员起来为伟大事业奋斗的,只有党中央。必须赋予党中央足够的权威,每一个党组织、每一个党员自觉服从和维护党中央权威,伟大事业才有坚强的领导,才能不断推进、如期实现。正如邓小平强调的:改革要成功,就必须有领导有秩序地进行。没有这一条,就是乱哄哄,各行其是,怎么行呢?不能搞"你有政策我有对策",不能搞违背中央政策的"对策",这话讲了几年了。党中央、国务院没有权威,局势就控制不住。我们要定一个方针,就是要在中央统一领导下深化改革。② 习近平警告:"如果党中央没有权威,党的理论和路线方针政策可以随意不执行,大家各自为政、各行其是,想干什么就干什么,想不干什么就不干什么,党就会变成一盘散沙,就会成为自行其是的'私人俱乐部',党的领导就会成为一句空话。"③

三、"两个维护"是历史经验的深刻总结

90多年来,我们党积累了丰富的党建工作经验,其中第一位的经验是,必须坚决维护党中央权威。正如习近平强调的,党的历史、新中国发展的历史都告诉我们,要治理好我们这个大党、治理好我们这个大

---

① 《习近平总书记重要讲话文章选编》,中央文献出版社、党建读物出版社2016年版,第346页。
② 参见《邓小平文选》第3卷,人民出版社1993年版,第277–278页。
③ 《习近平谈治国理政》第2卷,外文出版社2017年版,第21页。

国，保证党的团结和集中统一至关重要，维护党中央权威至关重要。①

回顾我们党的历史，延安时期是中国革命实现历史性跨越的时期，奠定了党夺取新民主主义革命胜利的基础。革命实现历史性跨越的基础，是党的建设实现了跨越性发展，特别是形成了以毛泽东为核心的党中央。经过延安整风的洗礼，以毛泽东为核心的党中央建立起了强有力的权威，广大党员自觉拥护、坚决维护党中央的权威，我们党成为团结统一、坚强有力的群体，延安出现了全新的气象。到延安访问的美军观察团对延安的团结奋斗的新气象赞叹不已，美军观察团军官谢伟思说："我们走进了一个不同的国度，遇到了一群不同的人民。毛泽东和其他领导人受到广泛的尊敬。他们平易近人，没有人在他们面前奴颜婢膝。他们经常和大众打成一片。重庆官场上常见的保镖、宪兵、奢靡浮华，在这儿一概全无。"② 邓小平曾讲，没有毛主席，至少我们中国人民还要在黑暗中摸索更长的时间。这既是对毛泽东丰功伟绩的高度概括，又充分说明维护党中央权威的极端重要性。

历史的发展并非一帆风顺，延安时期也出现过不尊重党中央权威、不服从党中央命令，使革命事业遭到重大挫折的事件。1941年1月，皖南新四军军部直属部队等9000余人，在叶挺、项英率领下北移。1月6日，当部队到达皖南泾县茂林地区时，遭到国民党7个师约8万人的突然袭击。新四军与国民党军队激战七昼夜，终因众寡悬殊，弹尽粮绝，除2000余人分散突围外，少数被俘，大部壮烈牺牲，军长叶挺被俘，副军长兼政委项英、参谋长周子昆突围后遇难，政治部主任袁国平牺牲。这就是震惊中外的"皖南事变"。"皖南事变"是国民党蓄意制造的，但与新四军副军长兼政委项英也有重要关系。党中央早就确定了新四军向东、向北发展的指导思想，屡次致电项英，提出"皖南军部以速移苏南为宜"，但项英从一开始就不积极，犹豫不决，对中央的命令拖延不办。项英与新四军军长叶挺的矛盾也尽人皆知，毛泽东曾多次致电项英，提醒项英"对新四军的政治领导不能改变，但应尊重叶挺的地

---

① 参见《对照贯彻落实党的十八届六中全会精神，研究加强党内政治生活和党内监督措施》，载《人民日报》2016年12月28日。
② 转引自叶孝慎《我看见：中国抗战的真正希望》，上海人民出版社2015年版，第191页。

位和作用",但项英始终有抵触情绪,处理不好与叶挺的关系。1941年7月1日,中共中央制定下发了《关于增强党性的决定》,对项英进行了严厉批评,指出"项英反抗中央的机会主义所引起的皖南失败,便是明显的历史教训",要求"巩固党的主要工作是要求全党党员,尤其是干部党员更加增强自己党性的锻炼,把个人利益服从于全党的利益,把个别党的组成部分的利益服从于全党的利益,使全党能够团结得像一个人一样","要严格遵守个人服从组织,少数服从多数,下级服从上级,全党服从中央的基本原则。无论是普通党员还是干部党员,都必须如此"。①

党的十八大以来,以习近平同志为核心的党中央,胸怀强烈的历史责任和使命担当精神,革故鼎新,励精图治,校正了党和国家的航向,推动中国特色社会主义进入新时代。取得这个成就最重要的原因,是有党中央的坚强领导、有好的总书记作为党的领导核心。

习近平强调:"维护党中央权威和集中统一领导,是我国革命、建设、改革的重要经验,是一个成熟的马克思主义执政党的重大建党原则。"② 历史告诉我们,没有形成成熟的党中央和坚强的核心,就不能建立有效的权威,党的事业就会遭遇挫折;历史告诉我们,有了成熟的党中央和坚强的核心,但它的权威得不到维护和服从,党的事业同样会遭遇挫折;历史告诉我们,拥有成熟的党中央和坚强的核心,党中央和核心的权威得到坚决拥护,我们党的事业就有了可靠保障。

四、"两个维护"是肃清各种无组织、无纪律现象的现实需要

党没有核心,中央没有权威,就会"山头蜂起""诸侯争霸",危害党的团结统一,削弱党的凝聚力、战斗力,侵蚀党的执政根基,危及党的执政地位。一段时期以来,在党的政治生活中,无视中央权威,不遵守党的纪律和规矩的现象普遍存在,有的还很严重。具体来说,有的领导干部存在比较突出的个人主义、分散主义、自由主义、本位主义思

---

① 参见《中共中央文件选集》第13册,中共中央党校出版社1991年版,第145、144、147页。
② 《习近平谈治国理政》第3卷,外文出版社2020年版,第84页。

想,不遵守党的政治纪律、政治规矩,不能自觉做到服从党中央领导;有的领导干部在重大原则问题和大是大非面前立场摇摆、态度暧昧,没有同中央保持一致,有的甚至搞上有政策、下有对策,有令不行、有禁不止,在贯彻执行中央的决策部署上打折扣;有些地方和部门把本地区本部门的利益当成最高利益,对中央的方针政策和决策部署各取所需,合意的执行,不合意的就不执行;有的党员干部把自己主政或分管的地方或部门当成"独立王国""私人领地",对中央的大政方针政策和决策部署阳奉阴违,搞变相抵制;有的党员干部在党内培植私人势力,搞小山头、小圈子、小团伙,搞各种非组织派别活动;等等。这些现象的产生,既是党中央权威没有得到自觉维护的表现,也是党中央权威遭到损害的结果。

对党中央权威、党的长期执政危害最大的是政治腐败,必须时刻警惕,严厉惩处。王岐山警告:"政治腐败是最大的腐败,一是结成利益集团,妄图窃取党和国家权力;二是山头主义宗派主义搞非组织活动,破坏党的集中统一。进行具有许多新的历史特点的伟大斗争,重要方面就是,惩治腐败'打虎'、'拍蝇'冲着利益集团去,防止其攫取政治权力、改变党的性质;严肃党内政治生活冲着山头主义和宗派主义去,消弭政治隐患。"①

"两个维护"是整治和肃清党内各种无组织、无纪律现象的锋利武器。党的十八大以来,以习近平同志为核心的党中央,坚决维护党中央权威和集中统一领导,严明党的政治纪律和政治规矩,层层压实管党治党政治责任,对党内各种无组织、无纪律现象进行了有效整肃,风气为之一变。党的十九大强调:"保证全党服从中央,坚持党中央权威和集中统一领导,是党的政治建设的首要任务。"② 要在取得的成绩的基础上,进一步严明政治纪律和政治规矩,坚决维护党中央权威和集中统一领导,决不允许自行其是、各自为政、有令不行、有禁不止,确保党中央政令畅通。

---

① 王岐山:《开启新时代,踏上新征程》,载《人民日报》2017年11月7日。
② 习近平:《决胜全面建成小康社会 夺取新时代中国特色社会主义伟大胜利——在中国共产党第十九次全国代表大会上的报告》,人民出版社2017年版,第62页。

第二节　强化"四个意识"

"四个意识"是指政治意识、大局意识、核心意识、看齐意识。"四个意识"是一个有机整体，集中体现了党中央对党员干部的政治要求，也是衡量党员干部思想政治素质的重要标尺。政治意识是大局意识、核心意识、看齐意识的基础；大局意识决定着政治意识、核心意识、看齐意识能够达到的高度；核心意识对政治意识、大局意识、看齐意识发挥着定标、聚焦的作用；看齐意识是培养政治意识、大局意识、核心意识的动力所在。"四个意识"必须统一贯彻，才能确保方向和立场正确坚定，确保局部和整体协调一致，确保全党集中统一，确保队伍整齐有力。党的十九大再次强调："必须增强政治意识、大局意识、核心意识、看齐意识，自觉维护党中央权威和集中统一领导，自觉在思想上政治上行动上同党中央保持高度一致"[①]。

一、强化政治意识，做政治上的明白人

政治意识，是党员干部在政治信仰、政治立场、政治方向上的思想认识和情感投入，突出表现为关键时刻、紧要关头是否具有强烈的政治敏锐性，是否具有强大的政治定力，是否能够坚持正确的政治立场和政治方向。具体来说，就是要"坚守党的政治属性，始终不能忘记中国共产党是中国工人阶级的先锋队，同时是中国人民和中华民族的先锋队；坚定党的政治立场，始终不能忘记全心全意为人民服务的根本宗旨；坚定党的理想信念，始终不能忘记共产主义的远大理想和中国特色社会主义的共同理想；坚持党的政治地位，始终确保党是中国特色社会主义的坚强领导核心；严格遵守党的政治纪律和政治规矩，始终把党章作为全党必须共同遵循的根本大法和总规矩，把党的各种规章制度作为自己的行为规范和规则"[②]。其中，坚持正确的政治意识，始终与党中央保持

[①] 习近平：《决胜全面建成小康社会　夺取新时代中国特色社会主义伟大胜利——在中国共产党第十九次全国代表大会上的报告》，人民出版社2017年版，第20页。

[②] 金民卿：《深刻领会增强"四个意识"的内涵和意义》，载《先锋》2016年第8期。

政治上的高度一致，是党员干部第一位的要求。习近平强调："作为党的干部，不论在什么地方、在哪个岗位上工作，都要增强党性立场和政治意识，经得起风浪考验，不能在政治方向上走岔了、走偏了。"①

强化政治意识，首先要把准政治方向，站稳政治立场。共产党人的政治方向，就是对马克思主义的信仰、对共产主义的远大理想的坚守和对中国特色社会主义的信念。讲理想、讲党性，要大张旗鼓地讲，理直气壮地讲，坚持不懈地讲，不能躲躲闪闪、含糊其词，否则很难想象关键时刻怎么能够把握好、坚持住政治方向。共产党人的政治立场就是忠诚于党、忠诚于人民，作为共产党人，任何时候都必须站在党的立场、人民的立场上想问题、干工作，为党分忧，为人民利益奋斗。在重大问题上，共产党员必须立场鲜明，方向正确，勇于担当。如果在这个根本问题上没有明确观点、立场和方向，那就是政治上不合格，就丧失了作为党员、干部最起码的资格。

强化政治意识，前提是提高理论素养，增强政治定力。互联网时代，意识形态领域的多元性愈加明显，不同的理论观点、话语体系交流交锋，各种社会思潮相互激荡。在互联网舆论场上，理论观点层出不穷，迷惑性、批判性的观点随处可见，敌对性的观点大量存在。西方国家变换花样输出"颜色革命"，企图通过意识形态领域的斗争，动摇马克思主义的指导地位，动摇党员干部的理想信念。敌对势力不停散布各种有害信息，歪曲事实、混淆是非，企图抹黑中国共产党的领导，丑化社会主义制度，扰乱中国的人心，削弱党的执政基础。党员干部不是生活在真空中，也在随时随地受到各种思想舆论的影响。习近平强调："对共产党人来说，只有理论上清醒才能有政治上清醒，只有理论上坚定才能政治上坚定。"② 党员干部头脑必须要不断提高马克思主义的理论修养，特别是认真学习领会习近平新时代中国特色社会主义思想，以思想武装来增强思想鉴别力，提高政治定力。

强化政治意识，关键是严明政治纪律，严守政治规矩。政治意识需

---

① 《习近平总书记重要讲话文章选编》，中央文献出版社、党建读物出版社2016年版，第242页。
② 习近平：《办公厅工作要做到"五个坚持"》，载《秘书工作》2014年第6期。

要党的纪律和制度来规范和保障，需要监督执纪来提醒和震慑。在党的纪律中，政治纪律是第一位的纪律，是其他纪律的基础和保障。如果政治纪律成了摆设，就会形成"破窗效应"，党的章程、原则、制度、部署就会丧失严肃性和权威性，党的经济纪律、组织纪律、廉洁纪律、群众纪律、工作纪律和生活纪律就会成为摆设，党组织就会沦为各取所需、自行其是的"私人俱乐部"。习近平就此强调："政治纪律和政治规矩这根弦不能松，腐败问题是腐败问题，政治问题是政治问题，不能只讲腐败问题、不讲政治问题。干部在政治上出问题，对党的危害不亚于腐败问题，有的甚至比腐败问题更严重。在政治问题上，任何人同样不能越过红线，越过了就要严肃追究其政治责任。有些事情在政治上是绝不能做的，做了就要付出代价，谁都不能拿政治纪律和政治规矩当儿戏。"①

二、强化大局意识，自觉在大局下想问题做工作

"不谋全局者，不足以谋一域；不谋万世者，不足以谋一时。"我们党历来强调，党员干部必须要培养大局意识，登高望远，在高处思考问题、分析问题。

大局意识，就是全体党员要确立正确的大局观，准确把握党的工作大局和中心工作，站在党和国家的大局上思考和处理问题，自觉认识、服从和维护大局，以大局指导自己的思想行为。大局意识是共产党员思想站位和能力素质的重要体现。习近平要求，党员干部要"自觉在大局下思考、在大局下行动，在围绕中心、服务大局中找到坐标、找准定位，做到服从服务于党和国家大局不错位、党和人民需要时不缺位"②。

提高政治站位，服从发展大局。大局意识与政治站位密切相关。政治站位高，才能登高望远，大局意识才能强，才能自觉服从党和国家发展大局。当前，党和国家的发展大局，就是认真学习贯彻落实党的十九大精神和习近平新时代中国特色社会主义思想，决胜全面建成小康社

---

① 《习近平总书记重要讲话文章选编》，中央文献出版社、党建读物出版社2016年版，第225-226页。
② 《习近平总书记重要讲话文章选编》，中央文献出版社、党建读物出版社2016年版，第435页。

会，开启全面建设社会主义现代化国家新征程，确保"两个一百年"目标如期实现；就是着眼于新时代社会主要矛盾，坚持以人民为中心的发展思想，坚持创新、协调、绿色、开放、共享的新发展理念，协调推进"五位一体"建设布局和"四个全面"战略布局，完善和发展中国特色社会主义制度、推进国家治理体系和治理能力现代化。我们要按照党的十九大精神所要求的政治站位，围绕十九大确定的发展大局，想问题、做工作。

增强分析能力，精准分析大局。"理论修养是干部综合素质的核心，理论上的成熟是政治上成熟的基础。可以这样说，学习和掌握理论的深度，直接影响甚至决定着一个领导干部的政治敏感程度、思维视野广度和思想境界高度。"① 具备足够的能力，才能科学认识大局，精准分析大局，合理把握大局。改革开放已经进入第43个年头，我国既取得了令世人瞩目的成就，也面临诸多矛盾，新问题新挑战还在不断出现。面对错综复杂的局面，一些领导干部进退维谷，既不知从何着手，也不知如何着手。常言说："纲举目张。"这种情况的出现，一个重要原因就是抓不住"纲"，缺乏对大局的分析思维，精准把握大局的能力不足。把握大局，科学的方法就是马克思主义。要从马克思主义的立场出发，学习运用历史唯物主义和辩证唯物主义的思想方法，特别是要学习掌握矛盾分析的方法，在各种复杂的矛盾结构中科学把握主要矛盾和矛盾的主要方面，有效处理主次矛盾，要善于分析把握主要矛盾和矛盾的主要方面，以化解主要矛盾带动其他矛盾的解决；同时，注意矛盾的发展变化，以发展的眼光、系统的眼光看待矛盾，分析矛盾，科学把握大局。

找准自身定位，有效服务大局。大局不是抽象的，而是具体的，它要落实到党员干部的本职工作中，落实到党员干部的具体行为上。这就要求我们深入分析大局和本职工作的关系，在相互关系中找到坐标，找准定位，让本职工作有效融入大局，为党和国家事业做出应有贡献。一方面，要站在大局的高度，以大局为动力和依归，推动本职工作的开展。比如，2016年2月19日，习近平在党的新闻舆论工作座谈会上讲

---

① 习近平：《勤学善思，学以致用，提高战略思考和政治决断能力》，载《学习时报》2012年9月10日。

道,新闻媒体贯彻落实大局意识,就是要做到"政治家办报","新闻舆论单位领导班子和当家人要有很强的政治敏锐性和政治鉴别力,不仅要做业务专家,而且要有政治家的头脑,有政治眼光和政治智慧,善于从政治上看问题,善于把政治导向、政治要求体现到工作中去"①。另一方面,要克服本位主义,树立"一盘棋"思想。在改革发展中,树立大局意识,必须努力克服狭隘的本位主义和利益藩篱,必要时还要舍得牺牲部门利益。正如习近平所强调的:"改革哪有不触动现有职能、权限、利益的?需要触动的就要敢于触动,各方面都要服从大局。各部门各方面一定要增强大局意识,自觉在大局下思考、在大局下行动,跳出部门框框,做到相互支持、相互配合。"②

三、强化核心意识,自觉服从核心、维护核心

核心意识,就是每一个党员、每一个干部都要有自觉的党的观念和党员意识,更加紧密地团结在以习近平同志为核心的党中央周围,更加坚定地维护习近平同志党中央的核心、全党的核心地位,保障党中央定于一尊、一锤定音的权威,做到全党有令即行,有禁即止。

党的核心意义重大。从理论维度讲,坚强有力的核心,是中央权威的基础,是政治组织有效运转的关键。从历史经验看,形成坚强有力的核心,是马克思主义政党政治上真正成熟的重要标志。从党和国家事业的现实发展看,核心是我们党凝聚力、战斗力的基础和保障,坚强的领导集体和强有力的领导核心,是党和国家事业健康发展的领路人,在事业遇到危难之际,他能够力挽狂澜,化危为机;在发展出现航向偏离之时,他能够帮助校正航向,重回正轨。对我们党来说,在中国特色社会主义进入新时代,治国理政担子更重、难度更大的情况下,更需要核心带领全党全国人民进行伟大斗争、建设伟大工程、推进伟大事业、实现伟大梦想。

一方面,要不断深化对核心的认识。思想上的认同来自理论上的清

---

① 《习近平总书记重要讲话文章选编》,中央文献出版社、党建读物出版社2016年版,第435页。

② 《十八大以来重要文献选编》中,中央文献出版社2016年版,第192页。

醒和坚定。对广大党员干部来讲，强化核心意识，必须不断深化对核心的思想认识，真正做到对核心的自觉认同。一是要正确认识我们党打造领导核心的传统。打造坚强有力的领导核心，是我们党的优良传统，也是我们党正反两方面历史经验的总结。纵观我们党的历史，核心始终具有不可替代的重要作用。正如邓小平指出的："任何一个领导集体都要有一个核心，没有核心的领导是靠不住的。第一代领导集体的核心是毛主席。因为有毛主席作领导核心，'文化大革命'就没有把共产党打倒。第二代实际上我是核心。因为有这个核心，即使发生了两个领导人的变动，都没有影响我们党的领导，党的领导始终是稳定的。"① 二是要正确认识党的核心的形成过程。"习近平是在长期革命实践中、在新的伟大斗争中、在人民群众中成长起来的我们党的领袖、人民的领袖，具有马克思主义政治家非凡的政治智慧、高超的领导能力、强大的人格魅力。""党的十九大把习近平作为党中央的核心、全党的核心地位写入党章，这是党和国家之幸、人民之幸、中华民族之幸。"② 三是要正确认识核心的重大意义。正如习近平指出的："坚持党中央集中统一领导，确立和维护党的领导核心，是全党全国各族人民的共同愿望，是推进全面从严治党、提高党的创造力凝聚力战斗力的迫切要求，是保持党和国家事业发展正确方向的根本保证。"③ 前文对此已有论述，此处不赘。

另一方面，要自觉服从和维护核心。核心意识既要体现在思想上，更要落到实处，特别是落实到行动上。一是在组织上坚决服从核心。坚决做到个人服从组织、少数服从多数、下级组织服从上级组织、全党各个组织和全体党员服从党的全国代表大会和中央委员会，特别是要做到全党服从中央，这是增强核心意识的关键。要与党中央同心同德，自觉服从党的安排，自觉服从组织决定，执行组织决议，决不与组织讨价还价、我行我素，更不能当"两面人"、耍"两面派"。二是在行动上坚决听从核心。每一位党员、干部都要把思想认同变为行动自觉，更加紧

---

① 《邓小平文选》第3卷，人民出版社1993年版，第310页。
② 《习近平新时代中国特色社会主义思想三十讲》，学习出版社2018年版，第78页。
③ 《十八大以来重要文献选编》下，中央文献出版社2018年版，第411－412页。

密地团结在以习近平同志为核心的党中央周围,更加坚定地维护以习近平同志为核心的党中央权威。坚决执行以习近平同志为核心的党中央的决策部署,结合本地区、本部门实际和自身工作职责贯彻落实,把在党言党、在党为党作为己任,把爱党、忧党、兴党、护党落实到工作的各个环节和方方面面。三是对各种非议核心、恶意曲解核心的言论敢于发声、敢于亮剑。当前,社会上仍然有一些非议、质疑核心的言行,作为党员干部,要敢于亮明立场,敢于发声。对存在误解的,要予以解释和澄清;对恶意歪曲的,要坚决批评和纠正。

四、强化看齐意识,时刻警醒、及时纠偏

"看齐"思想源于毛泽东。1945 年,毛泽东在党的七大预备会议上,就如何贯彻七大精神,提出要向党中央看齐,向七大精神看齐。在 2015 年 12 月 11 日至 12 日召开的全国党校工作会议上,习近平再一次强调要"强化看齐意识"。总的来说,习近平是根据我们党的历史经验,从当前我们党的实际情况特别是面临的问题和挑战出发,再一次提出和强调看齐意识,并赋予其新的时代内涵和要求。

看齐意识,就是全体党员、干部要自觉以高标准严格要求自己,向党中央看齐,向党的领袖看齐,向党的决策看齐,跟上步伐,保持一致,确立标准,不能偏离。看齐意识内涵丰富,指向明确。第一,看齐内含着标准,看齐是向党订立的标准看齐。我们党的标准就是党中央、党的核心、党的理论和路线方针政策,党组织和党员干部必须向这些标准看齐。标准明确了,看齐就有方向和目标了。习近平强调,党员干部想问题、做工作,"要首先自觉同党的基本理论、基本路线、基本方略对标对表,同党中央决策对标对表,提高政治站位,把准政治方向"[①]。第二,看齐内含着警醒和纠偏。警醒和纠偏的方式是经常喊看齐。1945 年,在党的七大预备会议上,毛泽东形象地说:"党这个军队同人民的其他军队比较有许多特点,它是先进的部队,是有组织的先进部队,比较别的组织更有组织性,更加严密,更加统一,共同为着一个目标奋斗。一个军队,要有统一纪律,要听号令:立正,稍息,向左看,向右

---

① 《习近平谈治国理政》第 3 卷,外文出版社 2020 年版,第 99 页。

看,开步走,瞄准放。不然敌人在前面,一个往东放,一个往西放,是要被敌人消灭的。""要知道,一个队伍经常是不大整齐的,所以就要常常喊看齐,向左看齐,向右看齐,向中间看齐,我们要向中央基准看齐,向大会基准看齐。看齐是原则,有偏差是实际生活,有了偏差,就喊看齐。"习近平强调:"经常喊看齐是我们党加强自身建设的规律和经验。只有经常喊看齐,只有各级党组织都经常喊看齐,才能时刻警醒、及时纠偏,使全党始终保持整齐昂扬的奋进状态。"①

对我们党来说,看齐意义重大。看齐是我们党重要的政治规矩,看齐意识是共产党员应有的政治觉悟。看齐是保持正确政治立场、政治方向的保障,坚决听从指挥,向党中央、党的核心、党的理论和路线方针政策看齐,就不会在政治上犯糊涂。看齐是保证党的团结统一的重要工具,经常喊看齐,能够预防可能出现的偏差,随时纠正存在的偏离,党的团结统一就有了坚强保障。看齐是维护党中央权威的重要武器,向党中央、党的核心看齐,是维护党中央、服从党中央的集中体现。看齐是纠正党组织和党员干部身上存在错误的重要手段,党中央以看齐要求广大党组织和党员干部,党组织和党员干部自觉以看齐要求自己,就能够及时打扫思想上的灰尘,消除行为上的偏差。看齐是我们党力量的重要来源,步调一致,团结一心,我们党就拥有向伟大梦想进军的强大力量。

有学者指出,今天,党员看齐的难度,已不是找不到目标,而在于愿不愿看齐、会不会看齐。有的党员对政治纪律和政治规矩心知肚明,但仍然口无遮拦,只图一时掌声,不顾党的形象;有的领导干部明知正风肃纪的大势,不是主动让权力"进笼",而是琢磨如何"破窗";有的领导干部说起改革头头是道,真刀真枪时却只想动别人碗里的肉,不想动自己盘里的菜;有的领导干部在利益面前忘记了步调一致,选择了我行我素,忘记了以身作则,选择了言行不一,甚至走出队列而浑然不觉。② 因此,强化看齐意识的重点,一是要解决愿不愿看齐的问题,二是要解决会不会看齐的问题。

---

① 习近平:《在全国党校工作会议上的讲话》,载《求是》2016年第9期。
② 参见辛士红《让"看齐"意识更强些》,载《人民日报》2016年1月5日。

从党性锤炼、思想教育、强化监督等方面入手，化解愿不愿看齐的问题。看齐是党性的要求，加强党性修养是管党治党的治本之策，可以从源头上化解愿不愿看齐的问题。党性修养贵在知行合一，党员干部要将看齐意识作为党性原则的重要组成部分，落实到自己的言行中去，并以这些准则作为镜子，经常对照检查，摒弃思想中一切与此不一致的东西，在增强自己的党性修养的过程中，树立和巩固看齐意识。思想教育是改变党员干部不愿意看齐、看齐意识不强的重要手段，习近平在中央党校的讲话中说："不断把领导干部集中到党校来学习培训，一个重要目的就是帮助大家向党中央看齐。"① 改变党员干部不愿意看齐的问题，还需要外部的监督甚至问责。在中央决策部署的落实中，不能与中央看齐的，要通过函询、通报、调整工作岗位、党纪政纪处分等方式，予以监督和纠正，能够形成震慑效应，改变地方党组织和党员干部不愿意看齐的问题。党的十八大以来，以监督甚至问责的方式，纠正党员干部身上不利于看齐的习惯，推动党员干部看齐意识的树立，效果明显。

从方法手段的针对性入手，化解会不会看齐的问题。一是经常教育。教育既能够解决愿不愿意看齐的问题，也能够通过告知党员干部看齐的标准，帮助党员干部掌握看齐的方法，化解会不会看齐的问题。二是经常提醒。这是我们党解决看齐问题的优良传统。上级党组织经常向下级党组织喊看齐，党组织经常向党员干部喊看齐，喊口令帮助党员干部掌握步调节奏，及时提醒党员干部偏差所在，予以纠正。三是树立榜样。发现榜样、树立榜样、向榜样学习，是我们党推进工作的传统方法。要通过榜样的模范带头作用和现身说法，告知党员干部看齐的意义和方法，有效帮助化解部分党员干部不会看齐的问题。

第三节　"两个维护"的具体要求

"两个维护"是具体的，要求同党中央保持高度一致，消除危害党中央权威的"主义"和"文化"，完善和落实维护党中央权威的有关

---

① 习近平：《在全国党校工作会议上的讲话》，载《求是》2016年第9期。

制度。

一、同党中央保持高度一致

同党中央保持高度一致，做到对党忠诚，是"两个维护"的核心要求。习近平强调："同党中央保持一致不是一个空洞的口号，而是一个重大的政治原则。在指导思想和路线方针政策以及关系全局的重大原则问题上，全党必须在思想上政治上行动上同党中央保持高度一致。"①

在思想上同党中央保持高度一致。思想上时刻同党中央保持高度一致，是对党员干部的基本要求，也是党员干部在政治上、行动上与党中央保持高度一致的前提。指导思想是一个政党的旗帜，当前最重要的，是深入学习党的十九大精神，特别是要深入学习习近平新时代中国特色社会主义思想，在指导思想上与党中央保持高度一致。习近平新时代中国特色社会主义思想，宣示了我们党举什么旗、走什么路、以什么样的精神状态、担负什么样的历史使命、实现什么样的奋斗目标等重大政治问题，是我们党新时代的政治宣言和行动纲领。习近平新时代中国特色社会主义思想，是马克思主义中国化的最新成果，为我们走好新时代的长征路、建设社会主义现代化强国、实现中华民族伟大复兴的中国梦，提供了强大的思想武器和行动指南。每一位共产党员，都要在第一时间认真学习党的最新理论成果，深刻领会其精神实质和丰富内涵，做到深学笃信，学以致用，用以促学，不断提高改造客观世界和主观世界的能力。

在政治上同党中央保持高度一致。旗帜鲜明讲政治是我们党突出的特点和优势。在政治上同党中央保持高度一致，是维护党中央权威的关键。要坚定执行党的政治路线，特别是党在社会主义初级阶段的基本路线，维护好党和国家这一条生命线、人民群众这一条幸福线。要严格遵守政治纪律和政治规矩，在政治立场、政治方向、政治原则、政治道路上同党中央保持高度一致，党中央提倡的坚决响应、党中央决定的坚决执行、党中央禁止的坚决不做。政治上同党中央保持高度一致的根本和关键，是坚决维护习近平作为党中央的核心、全党的核心地位。要充分

---

① 《十八大以来重要文献选编》上，中央文献出版社2014年版，第132页。

认识习近平的核心地位是在领导和推进伟大斗争、伟大事业、伟大工程的进程中形成的,是全党的选择、人民的选择、历史的选择,切实把坚决维护习近平的核心地位作为最大的政治、最大的大局、最大的规矩,使维护核心成为思想和行动自觉。

在行动上同党中央保持高度一致。行动是最好的承诺。同党中央保持高度一致,必须体现在行动上。第一,必须行有所止。知道自己行为的界限在哪里,绝对不能违反中央要求和党章党规党纪的规定,绝不能出现言行越界的情况,做到有令即行、有禁即止。正如习近平所言:"党中央权威,全党都必须自觉维护,并具体体现到自己的全部工作中去,决不能表面上喊着同党中央保持一致、实际上没当回事,更不能违背中央大政方针各自为政、自行其是。"① 第二,必须有所行动。认真落实中央的路线方针政策,勇于担当,勇于开拓,以实际行动为党工作、为党分忧、为民谋利。当前,在行动上同党中央保持高度一致,就是要立足本职岗位,按照党的十九大确定的"两个一百年"、建设社会主义现代化强国、实现中华民族伟大复兴中国梦的宏伟目标,坚持以人民为中心的发展思想,忘我工作,不断进取,取得实实在在的发展成效。第三,必须以上率下。领导机关和领导干部要发挥带头作用,各级领导首先在言行上同中央保持高度一致,只有这样,才能更好地做到层层压实,督促和确保全体党员干部同中央保持高度一致。第四,必须做好本职工作。"两个维护"不是抽象的,直接体现在做好本职工作上,与党中央保持高度一致也直接体现在做好本职工作上。正如习近平所言,"如果连本职工作都没做好,不担当不作为,把党组织交给的'责任田'撂荒了甚至弄丢了,那就根本谈不上'两个维护'!"②

二、消除危害"两个维护"的"主义"和"文化"

党内各种非马克思主义的所谓"主义""文化",是侵害党的肌体健康、危害党中央权威的毒瘤。习近平曾经概括过党内存在的"七个有之",就是党内非马克思主义的"主义""文化"的具体体现,严重危

---

① 《十八大以来重要文献选编》中,中央文献出版社2016年版,第96页。
② 《习近平谈治国理政》第3卷,外文出版社2020年版,第100页。

害党中央权威,任其滋生蔓延,后果极其严重。党的十九大报告就此强调:"要弘扬忠诚老实、公道正派、实事求是、清正廉洁等价值观,坚决防止和反对个人主义、分散主义、自由主义、本位主义、好人主义,坚决防止和反对宗派主义、圈子文化、码头文化,坚决反对搞两面派、做两面人。"①

个人主义、分散主义、自由主义、本位主义、好人主义具有较多的共性,相互交织。个人主义是一种把自己凌驾于党组织之上,把个人利益凌驾于党的整体利益之上,为达个人目的不惜损害党的集中统一,损害党的执政基础的错误思想。分散主义是一种无组织、无纪律的错误倾向,严重违反"下级服从上级、全党服从中央"原则,对党和国家的方针政策,你说你的、我干我的,合意的就执行、不合意的就不执行,甚至进行抵制,阳奉阴违,搞"上有政策下有对策"。自由主义漠视集体原则,无视组织纪律,搞无原则的放任,特别是一些领导干部目无法纪、不讲规矩,不把任何人、任何组织放在眼里,想说什么就说什么,想干什么就干什么,严重危害党的集中统一和步调一致。本位主义就是俗称的"屁股决定脑袋",考虑问题时以小团体为中心,无论利弊得失都站在局部的、自我本位的立场上,在执行中央决策时,有利于本地区、本单位的就落实,要求本地区、本单位做出牺牲的就搁置和反对。② 好人主义是一种放弃党性原则,当"老好人"的错误思想,好人主义热衷于"一团和气",想当八面玲珑的"好好先生",在大是大非面前不讲原则、不论是非,在关键时刻不愿负责、不敢担当,对错误的思想和行为不批评、不制止、不斗争。

宗派主义、圈子文化、码头文化,是我们党内存在的腐朽落后的封建派性文化。宗派主义也称山头主义,是一些党员干部身上存在的一种以宗派利益为出发点的思想和行为。圈子文化指在政治上结成"小圈子",是搞亲亲疏疏、团团伙伙,拉山头、搞宗派,结党营私、谋取私利的现象。码头文化,是指一些党员干部为了不正当的个人目的,对一

---

① 习近平:《决胜全面建成小康社会 夺取新时代中国特色社会主义伟大胜利——在中国共产党第十九次全国代表大会上的报告》,人民出版社2017年版,第63页。
② 参见石平《反对"四个主义",坚决维护党中央权威》,载《求是》2017年第1期。

些高级干部"拜码头",搞政治攀附、人身依附的现象。宗派主义、圈子文化、码头文化最突出的,是以利禄相勾结,以升迁相依附,结党营私、拉帮结派、搞"独立王国",搞任人唯亲、封官许愿、人身依附、弹冠相庆,搞党同伐异、阳奉阴违,搞利益输送、贪污受贿、徇私枉法。宗派主义、圈子文化、码头文化是腐朽的封建思想,在我国有较为深厚的历史土壤。习近平严肃指出:"党内决不能搞封建依附那一套,决不能搞小山头、小圈子、小团伙那一套,决不能搞门客、门宦、门附那一套,搞这种东西总有一天会出事!"①

"两面派""两面人",形象地说,就是说一套、做一套,台上一套、台下一套,当面一套、背后一套,人前是人、人后是鬼,口是心非、表里不一。"两面派""两面人"丧失了为人做事的基本道德准则,是国之"妖孽"。近年来被查处的党员干部中,"两面派""两面人"占有相当比例,有些还是党的高级干部。从媒体对一些"两面派""两面人"的报道来看,如广州市原市委书记万庆良、济南市原市委书记王敏等是典型代表,腐败程度极为严重,社会影响极其恶劣,政治危害十分可怕。对此,习近平强调:"口是心非的'两面人',对党和人民事业危害很大,必须及时把他们辨别出来、清除出去。"②

维护党中央权威,加强党的政治建设,必须坚决抵制和纠正个人主义、分散主义、自由主义、本位主义、好人主义,坚决防止和反对宗派主义、圈子文化、码头文化,坚决反对和惩处"两面派""两面人"。对党员干部来说,要在三个方面下功夫。

一是认清本质。"五个主义"本质上是资产阶级、小资产阶级思想,是非马克思主义的和反马克思主义的错误思想,宗派主义、圈子文化、码头文化是腐朽落后的封建思想,"两面派""两面人"丧失了作为人的基本政治品格和道德品质。这里略举几例。比如,自由主义在我们党的历史上曾经有比较大的影响,延安整风时期,毛泽东专门列举了自由主义的11种表现,指出自由主义的非马克思主义、反马克思主义

---

① 《十八大以来重要文献选编》上,中央文献出版社2014年版,第770页。
② 习近平:《在第十八届中央纪律检查委员会第六次全体会议上的讲话》,载《人民日报》2016年5月3日。

的性质,要求把自由主义从我们党清除出去。近年来,在西方自由主义思潮的影响下,部分党员干部身上的自由主义思想有所抬头,有的党员干部身上还很严重,必须加以批评和纠正。又如,本位主义思潮是一种典型的小资产阶级思想,坐井观天,只见树木,不见森林,是小资产阶级眼界狭隘、自我利益作祟的表现,与无产阶级政党讲政治、讲大局的要求相悖。再如,圈子文化、码头文化是党内政治生态的毒瘤,破坏党中央权威、危害党的团结统一的杀手。

二是认识危害。"五个主义"一旦发作,上害党和国家,中害党员干部,下害人民群众。比如,以个人利益为最高追求的个人主义一旦膨胀,将会置党纪国法于不顾,不仅党员干部个人会走向违法违纪的深渊,受到严厉惩处,党和人民的利益也会受到损害,十八大以来众多落马的党员干部就是例子。又如,好人主义本意是想当好人,你好我好大家好,但这种"好"却是害人的"好",不是真正地为党好、为党员干部好、为人民群众好。好人主义看似想做好人,不得罪人,客观上却往往是既害了党,又害了人。再如"两面派""两面人",本想以两面性来保身求荣,结果却是丧失了政治品格和基本道德,最终身败名裂,人所不齿。

三是自我检查。我们党历来强调在思想上建党,思想建设是党的建设的基础,党规党纪对党员干部的思想建设也做了具体规定。党的十八大以来,习近平根据新的情况变化,以问题对导向,对如何认识和根除个人主义、分散主义、自由主义、本位主义、好人主义、宗派主义、圈子文化、码头文化和"两面派""两面人"现象,做了许多有针对性的分析论述,提出了针对性的具体要求。我们要按照习近平的要求,对照党规党纪,对自己的思想和行为进行认真对照检查,有则改之,无则加勉。

三、完善和落实"两个维护"的制度机制

党的建设既靠思想,也靠制度。制度更具稳定性、长期性,能够给人预期和指引,在维护党中央权威这个重大问题上,制度不可缺少。要根据全面从严治党不断深入的需要,进一步完善相关的党内法规制度,让法规制度更加科学简便可行,让法规制度更有效地落实落地,让法规

制度更加有用管用，为维护党中央权威提供强有力的制度保障。

完善和落实民主集中制的各项制度。民主集中制是党中央权威的制度基础，维护党中央权威，民主集中制是基本遵循。党的十八大以来，党中央在民主集中制的制度建设上不断探索。党章是党的基本遵循，民主集中制作为党的根本组织制度，党章对此做了细致的规定，每一个党组织和党员干部都要尊崇党章，严格遵循党章规定的民主集中制要求。2014年8月29日，十八届中共中央政治局审议通过了《深化党的建设制度改革实施方案》，强调党的组织制度改革的重点，是坚持和完善民主集中制、严格党内生活，进一步健全和完善党内民主制度体系。党的十九大把民主集中制作为党的政治建设的基础性内容，提出要进一步完善和落实民主集中制的各项制度，坚持民主基础上的集中和集中指导下的民主相结合，既充分发扬民主，又善于集中统一。2017年10月27日，十九届中共中央政治局召开会议，审议通过了《中共中央政治局关于加强和维护党中央集中统一领导的若干规定》。这些制度规定，都是在党章基础上，对民主集中制的进一步细化，对维护党中央权威具有积极作用，必须认真贯彻落实。

健全和落实向党中央报告制度。请示报告是我们党的一项重要制度，是党中央权威和党的集中统一的重要制度保障。1948年9月，党中央在西柏坡召开中央政治局扩大会议，一个重要议题就是建立请示报告制度，明确党的下级组织的代表大会、委员会及代表会议的重要决议，必须呈报党的上级组织批准以后方准执行；各级党的领导机关，必须将不同意见的争论，及时地、真实地向上级报告，其中重要的争论必须报告党中央。请示报告制度的建立，对保证党的集中统一领导和解放战争的胜利，起到了积极的作用。党的十八大以来，针对管党治党出现的种种问题，特别是服从和维护党中央权威上存在的问题，习近平强调要加强和落实请示报告制度，特别是向党中央报告制度。2014年1月14日召开的十八届中央纪委三次会议上，习近平明确要求："作为干部特别是领导干部，在涉及重大问题、重要事项时按规定向组织请示报告，这是必须遵守的规矩，也是检验一名干部合格不合格的试金石。连这点做不到，还是一个合格的领导干部吗？""请示报告不是小事，不要满不在乎，这些年来一些干部出事就出在这个上面。""对不请示报告的干部，党组织要格外注意，可能就是要出问题的前兆。"① 习近平要求，不仅领导干部分管领域的工作事项要向党委报告，省部级领导干部离婚、再婚、身边人出现重大问题也要报告。2016年10月27日，党的十八届六中全会通过了《关于新形势下党内政治生活的若干准则》，明确要求"全党必须严格执行重大问题请示报告制度"。2017年，中央印发《领导干部报告个人有关事项规定》；2019年，中央印发《中国共产党重大事项请示报告条例》，党的请示报告制度不断完善。各级党组织、每一位党员干部都要按照中央的要求，不折不扣落实好请示报告制度。

严明政治纪律和政治规矩。维护党中央权威、同党中央保持高度一致，是我们党最大的政治纪律和政治规矩，必须认真执行。各级党组织要按照党的政治纪律、政治规矩的制度要求，特别是按照《关于新形势下党内政治生活的若干准则》《中国共产党纪律处分条例》等党内法规的要求，坚持正面倡导，严格落实负面清单，强化制度对党员干部政治思想、政治行为的引导，加强党性锻炼，筑牢思想堤坝，绝不触碰和逾越政治底线，永葆共产党人政治本色。

---

① 《十八大以来重要文献选编》上，中央文献出版社2014年版，第767、768页。

第四章　严明党的纪律和规矩

"不以规矩，不能成方圆。"纪律和规矩是党的生命，没有纪律和规矩，党就缺乏凝聚力、向心力和战斗力，就会失去先进性和纯洁性。加强党的长期执政能力建设必须严明党的纪律和规矩。习近平指出，"我们党是靠革命理想和铁的纪律组织起来的马克思主义政党，纪律严明是党的光荣传统和独特优势"，"如果不严明党的纪律，党的凝聚力和战斗力就会大大削弱，党的领导能力和执政能力就会大大削弱"。① 因此，严明党的纪律和规矩，把纪律挺在前面，就能使党永远立于不败之地、始终成为中国特色社会主义事业的坚强领导核心，这是全面从严治党的重要内容。

第一节　加强纪律建设是全面从严治党的治本之策

从严治党，关键在"治"、要害在"严"、核心在于严明纪律。习近平指出："党要管党、从严治党，靠什么管，凭什么治？就要靠严明纪律。"② 没有严明的纪律做保障，从严治党就无从谈起。全面从严治党必须把纪律挺在前面，把党规党纪立起来、严起来，做到有纪可依、执纪必严、违纪必究。要做到这点首先必须做到有纪律有规矩。

一、有纪律有规矩，有利于真管真治

全面从严治党关键在"治"，要真管真治，就要有纪律有规矩。2014 年 1 月 20 日，习近平在党的群众路线教育实践活动第一批总结暨

---

① 《十八大以来重要文献选编》上，中央文献出版社 2014 年版，第 131 页。
② 《十八大以来重要文献选编》上，中央文献出版社 2014 年版，第 764 页。

第四章　严明党的纪律和规矩

第二批部署会议上指出："执行党的纪律不能有任何含糊,不能让党纪党规成为'纸老虎'、'稻草人',造成'破窗效应'。凡是违反党章和党的纪律特别是政治纪律、组织纪律、财经纪律的行为,都不能放过,更不能放纵。"① 纪律和规矩对于一个政党来说是规范和约束成员的准绳。有纪律有规矩就是要求各级党员在纪律和规矩面前一律平等,党内不允许有不受纪律规矩约束的特殊党员,必须用"铁一般的纪律"维护党的团结统一。

有纪律有规矩,是真管真治的前提。马克思曾经说过:"我们现在必须完全保持党的纪律,否则一切都会陷入污泥之中。"毛泽东指出:"纪律是执行路线的保证。"邓小平指出:"我们这么大一个国家,怎样才能团结起来、组织起来呢? 一靠理想,二靠纪律。组织起来就有力量。没有理想,没有纪律,就会像旧中国那样一盘散沙,那我们的革命怎么能够成功? 我们的建设怎么能够成功?"习近平指出:"纪律不严,从严治党就无从谈起。"② 这些都强调管党治党的前提是加强党的纪律建设。党的十九大报告明确提出要加强党的"纪律建设",并特别强调政治纪律和政治规矩建设,是真管真治的核心所在。正如党的十九大报告指出:"全党要坚定执行党的政治路线,严格遵守政治纪律和政治规矩,在政治立场、政治方向、政治原则、政治道路上同党中央保持高度一致。"③ 可见,有纪律有规矩是真管真治的重要前提。

有纪律有规矩,是真管真治的依据。党章、党规、党纪是管党治党的基本依据。2012 年 11 月 20 日,习近平在《人民日报》发表的《认真学习党章,严格遵守党章》一文指出:"党章是党的总章程,集中体现了党的性质和宗旨、党的理论和路线方针政策、党的重要主张,规定了党的重要制度和体制机制,是全党必须共同遵守的根本行为规范。"④党章是真管真治的总规矩,全党的总遵循。党纪党规是具体要求。"欲

---

① 《习近平关于党风廉政建设和反腐败斗争论述摘编》,中央文献出版社、中国方正出版社 2015 年版,第 44 页。
② 习近平:《在党的群众路线教育实践活动总结大会上的讲话》,载《人民日报》2014 年 10 月 9 日。
③ 习近平:《决胜全面建成小康社会　夺取新时代中国特色社会主义伟大胜利——在中国共产党第十九次全国代表大会上的报告》,人民出版社 2017 年版,第 62 页。
④ 习近平:《认真学习党章,严格遵守党章》,载《人民日报》2012 年 11 月 20 日。

知平直,则必准绳。"纪律严明是加强和规范党内政治生活的内在要求和重要保证,要强化党纪党规约束,扎紧制度的笼子。习近平指出:"从严治党,最根本的就是要使全党各级组织和全体党员、干部都按照党内政治生活准则和党的各项规定办事。"① "党的纪律是全党必须遵守的行为准则,严格遵守和坚决维护纪律是做合格党员、干部的基本条件。"② 因而,有纪律有规矩是真管真治的依据。

有纪律有规矩,是真管真治的保证。有令必行,有禁必止。有纪律有规矩就有了准绳,就有了管党治党的标准。没有纪律没有规矩,犹如"无源之水、无本之木",没有了准绳和标准,管党治党就缺乏标准,就难以实现真管真治。毛泽东说过,"加强纪律性,革命无不胜",鲜明地指出了纪律和规矩对管党治党的重要意义。习近平指出:"干部出问题,都是因为纪律的突破。必须严明党的纪律,党的各项纪律都要严。遵守党的纪律是无条件的,要说到做到,有纪必执,有违必查,而不能合意的就执行,不合意的就不执行,不能把纪律作为一个软约束或是束之高阁的一纸空文。"③ "党的规矩,党组织和党员、干部必须遵照执行,不能搞特殊、有例外。各级党组织要敢抓敢管,使纪律真正成为带电的高压线。"④ 因此,只有做到有纪律有规矩,才能保证管党治党的真管真治。

总之,有纪律有规矩,是管党治党的标准,是真管真治的前提、依据和保证,有利于真管真治。对于党组织来说,首先就要"立规矩",特别是党章、党规、党纪的修改和完善,从"立规"层面加强纪律建设。对于广大党员干部来说,要始终如一地保持清醒的政治头脑,心系人民群众,怀抱家国天下,时刻不忘自警、自省、自律,以高尚的道德品质、规范的行为举止、坚定的政治信仰,努力鞭策、塑造自己,做到时时"守纪律",处处"讲规矩",用心做事,干净做人,为实现中华

---

① 习近平:《在党的群众路线教育实践活动总结大会上的讲话》,载《人民日报》2014年10月9日。
② 习近平:《在党的群众路线教育实践活动总结大会上的讲话》,载《人民日报》2014年10月9日。
③ 《十八大以来重要文献选编》上,中央文献出版社2014年版,第764页。
④ 《十八大以来重要文献选编》上,中央文献出版社2014年版,第770页。

民族伟大复兴的中国梦做出自己应有的贡献!

二、有纪律有规矩,有利于严管严治

世间事,做于细,成于严。全面从严治党要害在"严",就是要严管严治,首先必须要做到有纪律有规矩。2013年1月22日,习近平在十八届中央纪委二次全会上指出:"新的历史条件下,我们党要团结带领人民全面建成小康社会、基本实现现代化,同样要靠铁的纪律保证。党面临的形势越复杂、肩负的任务越艰巨,就越要加强纪律建设,越要维护党的团结统一,确保全党统一意志、统一行动、步调一致前进。"① 因此,要做到严管严治,首先必须加强纪律建设,做到有纪律有规矩,有铁一般的纪律、铁一般的规矩。

没有铁的纪律和规矩保证,就很容易形成违纪违法的恶劣政治生态。2016年1月12日,习近平在中共第十八届中央纪律检查委员会第六次全体会议上指出:"政治生态好,人心就顺、正气就足;政治生态不好,就会人心涣散、弊病丛生。当前有的地方和部门正气不彰、邪气不祛;'明规矩'名存实亡,'潜规则'大行其道;求真务实、埋头苦干的受到排挤,好大喜功、急功近利的如鱼得水。这种风气不纠正、不扭转,对干部队伍杀伤力很大。"② 中共十八届六中全会通过的《关于新形势下党内政治生活的若干准则》指出:"一个时期以来,党内政治生活中也出现了一些突出问题,主要是:在一些党员、干部包括高级干部中,理想信念不坚定、对党不忠诚、纪律松弛、脱离群众、独断专行、弄虚作假、庸懒无为,个人主义、分散主义、自由主义、好人主义、宗派主义、山头主义、拜金主义不同程度存在,形式主义、官僚主义、享乐主义和奢靡之风问题突出,任人唯亲、跑官要官、买官卖官、拉票贿选现象屡禁不止,滥用权力、贪污受贿、腐化堕落、违法乱纪等现象滋生蔓延。特别是高级干部中极少数人政治野心膨胀、权欲熏心,搞阳奉阴违、结党营私、团团伙伙、拉帮结派、谋取权位等政治阴谋活

---

① 《十八大以来重要文献选编》上,中央文献出版社2014年版,第131页。
② 《习近平谈治国理政》第2卷,外文出版社2017年版,第167页。

动。"① 这些问题几乎都会直指一个问题：党的纪律和规矩哪去了？解决党内存在的这些问题首先要有严格的纪律和规矩，没有纪律和规矩或者有纪律有规矩得不到有效执行就会造成这样的严重后果。习近平明确指出："组织纪律松弛已经成为党的一大忧患。组织观念、组织程序、组织纪律都要严起来。不严起来，就是一盘散沙。"② 因此，不仅仅要有纪律有规矩，还要严管严治，才能明规矩，破潜规则。2014年10月23日，习近平在中共十八届四中全会第二次全体会议上指出："要完善党内法规制定体制机制，注重党内法规同国家法律的衔接和协调，构建以党章为根本、若干配套党内法规为支撑的党内法规制度体系，提高党内法规执行力。党章等党规对党员的要求比法律要求更高，党员不仅要严格遵守法律法规，而且要严格遵守党章等党规，对自己提出更高要求。"③ 这段话明确指出了完善和执行党章党规党纪的重要意义。

严管严治首先需要严纪严规，党纪严于国法。把纪律和规矩挺在前面，就是要将纪律和规矩挺在法律之前，立起来、严起来，执行到位，防止"牛栏关猫"。中国共产党是肩负神圣使命的马克思主义执政党，党员是有着特殊政治使命的公民。法律体现国家意志，是全体公民必须遵循的底线；党规党纪对党员的要求如果和普通公民的要求一样，那就意味着党员和公民一样，党也就很难存在了。因此，党纪党规对党员的要求严于国家法律对公民的要求，既体现党作为政治组织有着更高更严格的要求，又意味着党是区别于和严于其他政治组织的纪律组织。因此，要注重党内法规同国家法律的衔接和协调，把纪律和规矩挺在法律前面，就必须扎紧纪律规矩的"篱笆"，将严明纪律贯穿于领导干部日常教育监督管理中；及时清理、规范、完善原有的党内法规，特别是做好党纪的立、改、废、释工作，处理好党内法规与国家法律之间的关系，实现党规党纪与法律的有机衔接。因此，严管严治，必须处理好纪与法之间的关系，坚持纪严于法，纪在法前，这样才能严管严治。

严管严治，更需要从严执行。2014年10月8日，习近平在党的群

---

① 《十八大以来重要文献选编》下，中央文献出版社2018年版，第418-419页。
② 《十八大以来重要文献选编》上，中央文献出版社2014年版，第765页。
③ 《习近平关于党风廉政建设和反腐败斗争论述摘编》，中央文献出版社、中国方正出版社2015年版，第49页。

众路线教育实践活动总结大会上指出:"从严是我们做好一切工作的重要保障。我们共产党人最讲认真,讲认真就是要严字当头,做事不能应付,做人不能对付,而是要把讲认真贯彻到一切工作中去,作风建设如此,党的建设如此,党和国家的一切工作都如此。"① 现在的问题不是严了,而是失之于宽、失之于松、失之于软,因而,管党治党必须认认真真管、实实在在严,真管真严、敢管敢严、长管长严,就要严纪律严规矩。2014年5月9日,习近平在参加河南省兰考县委常委班子专题民主生活会时指出:"全党上下,任何一级组织、任何一名党员和干部都要严格遵守党的组织制度和党的法规纪律,对党忠诚,光明磊落,公道正派。"②

总之,严管严治需要铁一般的纪律和规矩做保证,需要纪严于法,纪在法前,需要严纪律严规矩,更需要严执行。

三、健全纪律健全规矩,有利于全面管全面治

全面从严治党基础在全面,就是要全面管全面治,首先要有规可依,就是要健全纪律健全规矩。2016年1月12日,习近平在第十八届中央纪律检查委员会第六次全体会议上指出,"全面从严治党,核心是加强党的领导,基础在全面,关键在严,要害在治。'全面'就是管全党、治全党。'严'就是真管真严、敢管敢严、长管长严。'治'就是从党中央到省市县党委,从中央部委、国家机关部门党组(党委)到基层党支部,都要肩负起主体责任,党委书记要把抓好党建当作分内之事、必须担当的职责;各级纪委要担负起监督责任,敢于瞪眼黑脸,勇于执纪问责"。③ 这就要求我们党必须加强党内法规修订和完善,健全纪律健全规矩,这样才能做到有纪可依,执纪必严。

健全纪律健全规矩是全面管全面治的重要前提。习近平指出:"党

---

① 习近平:《在党的群众路线教育实践活动总结大会上的讲话》,载《人民日报》2014年10月9日。
② 《习近平关于党风廉政建设和反腐败斗争论述摘编》,中央文献出版社、中国方正出版社2015年版,第45页。
③ 《习近平总书记重要讲话文章选编》,中央文献出版社、党建读物出版社2016年版,第370-371页。

员'破法',无不始于'破纪'。只有把纪律挺在前面,坚持纪严于法、纪在法前,才能克服'违纪只是小节、违法才去处理'的不正常状况,用纪律管住全体党员。"[①] 党的十八大以来,我们党已经形成了包括党章、准则、条例、规则、规定、办法、细则在内的党内法规制度体系,包括《中国共产党廉洁自律准则》《关于新形势下党内政治生活的若干准则》《中国共产党纪律处分条例》《中国共产党问责条例》《中国共产党党内监督条例》《中国共产党巡视工作条例》《中国共产党党务公开条例(试行)》《中国共产党中央委员会工作条例》等,但还存在一些薄弱环节,必须与时俱进地加强党内法规制度建设,确保全面建成内容科学、程序严密、配套完备、运行有效的党内法规制度体系,这个体系是我们全面从严治党的根本保证。以习近平同志为核心的党中央在健全纪律健全规矩方面做出了巨大努力和成就:管党治党全覆盖,管党治党不仅是党中央的责任,而且是全党共同的责任;管党治党无遗漏,不仅管好"关键少数",还要管好广大党员和党组织;管党治党更系统,不仅突出党的政治建设,而且强调党的思想建设、组织建设、作风建设、纪律建设、制度建设,让制度建设贯穿其中,坚持思想建党和制度治党紧密结合;管党治党环节更衔接,就党的干部队伍建设方面,形成了教育培养、选拔任用、考核评价、管理监督、激励惩戒有机结合的从严治吏的完整体系;管党治党措施更配套,出台的各项政策、制度、措施都彼此呼应,整体功能增强。从而实现了全面管全面治的全面从严治党格局。

总之,全面管全面治的前提就是健全纪律健全规矩,修订和完善党内法规制度,统筹推进党内法律制度体系建设,逐步构建和形成内容科学、程序严密、配套完备、运行有效的党内法规制度体系。

第二节 严明党的纪律和规矩的要求

明制度于前,重威刑于后。纪律严明是全党统一意志、统一行动、步调一致前进的重要保障。必须严明党的纪律,把纪律挺在前面,用铁

[①] 《习近平关于全面从严治党论述摘编》,中央文献出版社2016年版,第114页。

第四章　严明党的纪律和规矩

的纪律从严治党。把权力关进制度的笼子，纪律和规矩就是笼子。严明党的纪律和规矩，必须抓住严明政治纪律这个基础，必须抓住监督执纪"四种形态"这个关键，必须抓住严格执行这个核心，必须抓住"关键少数"这个重点，必须抓住责任担当这个保证，等等。只有党的各项纪律和规矩都严起来，真正做到执纪必严、违纪必究，让违纪违规者付出代价，才能形成震慑，使党员干部对纪律心存敬畏和戒惧，不敢越雷池半步。党的各级组织和纪委要紧抓严格执纪，对违纪违规行为零容忍，让纪律和规矩真正成为带电的"高压线"。

一、抓住严明政治纪律这个基础

讲规矩，首先就是讲政治规矩；守纪律，首先就是守政治纪律。政治纪律是我们党最重要、最根本、最关键的纪律，在党的全部纪律中是管总引领的，遵守党的政治纪律是遵守党的全部纪律的基础。2013年1月22日，习近平在《严明政治纪律，自觉维护党的团结统一》一文中提出："严明党的纪律，首要的就是严明政治纪律。党的纪律是多方面的，但政治纪律是最重要、最根本、最关键的纪律，遵守党的政治纪律是遵守党的全部纪律的重要基础。政治纪律是各级党组织和全体党员在政治方向、政治立场、政治言论、政治行为方面必须遵守的规矩，是维护党的团结统一的根本保证。"[①] 因此，抓住严明政治纪律这个纲，就能把严肃其他纪律带起来，这是管党治党的治本之策。

严明政治纪律，必须牢固树立"四个意识"。习近平在党的十八届六中全会第二次全体会议上指出："各级党组织和广大党员要自觉遵守政治纪律和政治规矩，不断增强政治意识、大局意识、核心意识、看齐意识，做到坚守政治信仰、站稳政治立场、把准政治方向。"[②] 突出强调严明政治纪律首先必须坚持党的领导，牢固树立政治意识、大局意识、核心意识、看齐意识，同以习近平同志为核心的党中央保持高度一致，自觉维护党中央权威。严明政治纪律，最核心的就是坚持党的领导，必须把准政治方向、站稳政治立场，牢固树立"四个意识"，自觉

---

① 《十八大以来重要文献选编》上，中央文献出版社2014年版，第131-132页。
② 《习近平关于全面从严治党论述摘编》，中央文献出版社2016年版，第116页。

做到"四个服从",坚决维护以习近平同志为核心的党中央权威。如此,不逾矩越轨、不触碰红线,遵守其他五项纪律才会有坚实的基础。

严明政治纪律,必须坚定理想信念。党员理想信念坚定、宗旨意识强,就会严守政治纪律,进而自觉遵守党的其他纪律;反之,如果理想信念不坚定、宗旨意识淡薄,政治纪律防线就会失守,或结党营私、拉帮结派,或口是心非、阳奉阴违,如何谈得上严守其他纪律?同时,违反其他纪律,无论是发展到一定程度损害群众利益、侵蚀党的执政基础,还是不按党的规章制度办事,有令不行、有禁不止,归根结底都是理想信念不坚定、宗旨意识淡薄。

严明政治纪律,必须严守纪律底线。《中国共产党纪律处分条例》针对违反政治纪律和政治规矩的新情况新问题,专章规定了18条处分条款;《关于新形势下党内政治生活的若干准则》第四部分专门强调严明政治纪律。《关于新形势下党内政治生活的若干准则》规定:"全党特别是高级干部必须严格遵守党的政治纪律和政治规矩。党员不准散布违背党的理论和路线方针政策的言论,不准公开发表违背党中央决定的言论,不准泄露党和国家秘密,不准参与非法组织和非法活动,不准制造、传播政治谣言及丑化党和国家形象的言论。党员不准搞封建迷信,不准信仰宗教,不准参与邪教,不准纵容和支持宗教极端势力、民族分裂势力、暴力恐怖势力及其活动。党员、干部特别是高级干部不准在党内搞小山头、小圈子、小团伙,严禁在党内拉私人关系、培植个人势力、结成利益集团。对那些投机取巧、拉帮结派、搞团团伙伙的人,要严格防范,依纪依规处理。坚决防止野心家、阴谋家窃取党和国家权力。党的各级组织和全体党员必须对党忠诚老实、光明磊落,说老实话、办老实事、做老实人,如实向党反映和报告情况,反对搞'两面派'、做'两面人',反对弄虚作假、虚报浮夸,反对隐瞒实情、报喜不报忧。领导机关和领导干部不准以任何理由和名义纵容、唆使、暗示或强迫下级说假话。凡因弄虚作假、隐瞒实情给党和人民事业造成重大损失的,凡因弄虚作假、隐瞒实情骗取荣誉、地位、奖励或其他利益的,凡因纵容、唆使、暗示或强迫下级弄虚作假、隐瞒实情的,都要依纪依规严肃问责追责。对坚持原则、敢于说真话的同志,要给予支持、保护、鼓励。党内不准搞拉拉扯扯、吹吹拍拍、阿谀奉承。对领导人的宣传要实事求是，禁止吹捧，禁止给领导人祝寿、送礼、发致敬函电，禁止在领导干部国内考察工作时组织迎送、张贴标语、敲锣打鼓、铺红地毯、举行宴会等。党的各级组织必须担负起执行和维护政治纪律和政治规矩的责任，对违反政治纪律的行为要坚决批评制止，不能听之任之。党的各级组织和纪律检查机关要加强纪律执行情况的监督和检查，坚决防止和纠正执行纪律宽松软的问题。"① 这些规定既彰显了党中央严明政治纪律的鲜明态度和坚强意志，也为党员干部严守政治纪律提供了重要遵循。

严明政治纪律，必须严肃党内政治生活。严肃党内政治生活，首先要求各级党委纪委担当和落实好全面从严治党的主体责任和监督责任，要把严守政治纪律和政治规矩永远排在首要位置，通过严肃政治纪律和政治规矩带动其他纪律严起来。习近平所描述的"七个有之"，反映出当下党内政治生活存在的问题触目惊心，这些问题出现最根本的原因就是党的政治纪律遭到破坏，因此，严肃党内政治生活，净化党内政治生态必须严明党的政治纪律。

当前，要做到严明政治纪律，必须做到"五个必须"和"五个决不允许"。习近平指出："当前，遵守政治纪律和政治规矩，重点要做到以下五个方面。一是必须维护党中央权威，决不允许背离党中央要求另搞一套，全党同志特别是各级领导干部在任何时候任何情况下都必须在思想上政治上行动上同党中央保持高度一致，听从党中央指挥，不得阳奉阴违、自行其是，不得对党中央的大政方针说三道四，不得公开发表同中央精神相违背的言论。二是必须维护党的团结，决不允许在党内培植私人势力，要坚持五湖四海，团结一切忠实于党的同志，团结大多数，不得以人划线，不得搞任何形式的派别活动。三是必须遵循组织程序，决不允许擅作主张、我行我素，重大问题该请示的请示，该汇报的汇报，不允许超越权限办事，不能先斩后奏。四是必须服从组织决定，决不允许搞非组织活动，不得跟组织讨价还价，不得违背组织决定，遇到问题要找组织、依靠组织，不得欺骗组织、对抗组织。五是必须管好亲属和身边工作人员，决不允许他们擅权干政、谋取私利，不得纵容他

---

① 《十八大以来重要文献选编》下，中央文献出版社2018年版，第425—427页。

们影响政策制定和人事安排、干预正常工作运行,不得默许他们利用特殊身份谋取非法利益。"[①]"五个必须""五个决不允许"是严明政治纪律的核心要求,是严守政治纪律要求的纲,是总体要求。当然,严明政治纪律绝不仅仅限于"五个必须"和"五个决不允许",还有很多具体的政治纪律和政治规矩要求。

总之,严明政治纪律,必须牢固树立"四个意识",坚定理想信念,严守纪律底线,严肃党内政治生活,首先必须做到"五个必须"和"五个决不允许",只有这样才能坚持党的领导,保证党的正确政治方向,带动党的全部纪律得以贯彻执行。

二、抓住监督执纪"四种形态"这个关键

严是爱,松是害。纪严于法,抓早抓小,是严明党的纪律和规矩的出发点和立足点。纪检监察机关的目的不是抓人,更不是只抓大案要案,它的存在更多在于防患未然,保护党的干部。2016年10月27日,党的十八届六中全会审议通过的《中国共产党党内监督条例》第七条规定:党内监督必须把纪律挺在前面,运用监督执纪"四种形态",经常开展批评和自我批评、约谈函询,让"红红脸、出出汗"成为常态,让党纪轻处分、组织调整成为违纪处理的大多数,党纪重处分、重大职务调整的成为少数,让严重违纪涉嫌违法立案审查的成为极少数。[②] 这种"常态""大多数""少数""极少数"就是监督执纪"四种形态",这是纪检监察的工作方向,也是纪检监察机关实现"转职能""转方式""转作风"的依据。

实现监督执纪"四种形态",首先纪委必须转变执纪方式。纪委的职能就是监督、执纪、问责,纪委的职责就是落实监督责任。咬耳扯袖、红脸出汗、抓早抓小,将成为常态。用党的纪律衡量党员干部的行为,把管和治更多体现在日常中,让党内政治生活严肃起来,对党员干部严到份上、严到实里、严到细处,是严明党的纪律和规矩的必然要求和重要举措。实现监督执纪"四种形态",必须确保第一种形态严格规

[①] 《十八大以来重要文献选编》中,中央文献出版社2016年版,第350–351页。
[②] 参见《十八大以来重要文献选编》下,中央文献出版社2018年版,第442页。

范操作。把握运用好"四种形态",最难的是咬耳扯袖、红脸出汗这第一种形态,关键也在落实好第一种形态。让红脸出汗成为常态体现对党的事业负责的态度,能否做到对党员干部敢管敢严、真管真严,对一级党组织的政治领导水平,对党员领导干部尤其是一把手的党性、思想政治水平和担当精神都是重要检验。当咬耳扯袖、红脸出汗成为一种常态后,纪检监察工作或将变得更加具体和细致,完全区别于以往工作,这必然要求纪检监察工作必须转变过去的工作方式,要有思想准备。

总之,实现监督执纪"四种形态"是严明党的纪律和规矩的根本所在,是落实纪在法前、纪严于法的制度创新之举。只要广大纪检监察机关做到监督执纪"四种形态",就是践行了严明党的纪律和规矩、把纪律和规矩挺在前面的全面从严治党要求,就是抓住了纪律建设的"牛鼻子"。

三、抓住严格执行这个核心

制度法规的生命力在于执行,执行制度法规没有例外。习近平指出:"如果管党不力、治党不严,人民群众反映强烈的党内突出问题得不到解决,那我们党迟早会失去执政资格,不可避免被历史淘汰。这决不是危言耸听。"[1] 要加大贯彻执行力度,让铁规发力、让禁令生威,确保各项法规制度落地生根。要加强监督检查,落实监督制度,用监督传递压力,用压力推动落实。对违规违纪、破坏法规制度踩"红线"、越"底线"、闯"雷区"的,要坚决严肃查处,不以权势大而破规,不以问题小而姑息,不以违者众而放任,不留"暗门"、不开"天窗",坚决防止"破窗效应"。《关于新形势下党内政治生活的若干准则》指出:"坚持纪律面前一律平等,遵守纪律没有特权,执行纪律没有例外,党内决不允许存在不受纪律约束的特殊组织和特殊党员。每一个党员对党的纪律都要心存敬畏、严格遵守,任何时候任何情况下都不能违反党的纪律。党的各级组织和全体党员要坚决同一切违反党的纪律的行为作斗争。"[2] 各级纪委(纪检组)要担当管党治党的监督责任,认真履行

---

[1] 《十八大以来重要文献选编》上,中央文献出版社2014年版,第349—350页。
[2] 《十八大以来重要文献选编》下,中央文献出版社2018年版,第425页。

监督执纪问责，加大查处违反党的纪律和规矩行为的力度，进一步探索建立不敢腐、不能腐、不想腐的有效机制。

执行的"牛鼻子"就是问责。严格执行就要加大问责查处力度。习近平指出，要健全问责机制，坚持有责必问、问责必严，把监督检查、目标考核、责任追究有机结合起来，形成法规制度执行强大推动力。问责的内容、对象、事项、主体、程序、方式都要制度化、程序化。要把法规制度执行情况纳入党风廉政建设责任制检查考核和党政领导干部述职述廉范围，通过严肃追究主体责任、监督责任、领导责任，让法规制度的力量在反腐倡廉建设中得到充分释放。纪律检查机关要加大监督检查力度，对有令不行、有禁不止的，不仅要严肃查处直接责任人，而且要严肃追究相关领导人员的责任。一方面，要严肃查处各种违纪行为。加强对违反政治纪律、组织纪律、廉洁纪律、群众纪律、工作纪律、生活纪律等执行情况的监督检查，特别是严肃查处违反政治纪律、组织纪律的行为，坚决纠正无组织、无纪律问题，坚决查处欺骗组织、对抗组织，上有政策、下有对策和有令不行、有禁不止的行为，坚决惩处搞团团伙伙、结党营私的党员干部，切实捍卫党规党纪的权威和尊严。另一方面，要严格实施责任追究制度。用好问责这个关键，坚持"一案双查"，对严重违反党的政治纪律和政治规矩、组织纪律的地方、部门和单位，既追究主体责任、监督责任，又严肃追究领导责任，切实做到有责必问、问责必严。

党纪法规得不到执行，就是一纸空文。总之，严明党的纪律和规矩关键在严格执行，严格执行党的纪律和规矩关键在严格问责。要按照《中国共产党问责条例》的要求，落实责任追究制度，加大问责力度，让严明党的纪律和规矩超越纸书、走进实践。

四、使纪律成为带电的"高压线"

欲知方圆，则必规矩。党的纪律是党的各级组织和全体党员必须遵守的行为规则和准绳，是维护党的团结统一、完成党的任务的保证。党纪是一条不可触碰的"高压线"。习近平指出："身为党员，铁的纪律就必须执行。毛泽东同志说，路线是'王道'，纪律是'霸道'，这两者都不可少。如果党的政治纪律成了摆设，就会形成'破窗效应'，使党的章程、原则、制度、部署丧失严肃性和权威性,党就会沦为各取所需、自行其是的'私人俱乐部'。"① 习近平指出:"加强纪律建设是全面从严治党的治本之策。我们党是用革命理想和铁的纪律组织起来的马克思主义政党,组织严密、纪律严明是党的优良传统和政治优势,也是我们的力量所在。全面从严治党,重在加强纪律建设。我们现在要强调的是扎紧党规党纪的笼子,把党的纪律刻印在全体党员特别是党员领导干部的心上。"②

党纪面前没有例外,不管是谁,只要违反了党的纪律,都会视情节受到警告、严重警告、撤销党员职务、留党察看甚至开除党籍的纪律处分。党的十九大通过的《中国共产党章程》及之前颁布的《中国共产党廉洁自律准则》《中国共产党纪律处分条例》《关于新形势下党内政治生活的若干准则》《中国共产党党内监督条例》《关于改进工作作风、密切联系群众的八项规定》《党政领导干部选拔任用工作条例》《中国共产党地方组织选举工作条例》《中国共产党基层组织选举工作暂行条例》等,都为全体党员划定了清晰的分界线。《中国共产党纪律处分条例》中对于违反政治纪律行为的处分达18条。"坚持党性原则,关键是立规矩、讲规矩、守规矩。哪些事能做、哪些事不能做、哪些事该这样做、哪些事该那样做,都要规定得明明白白。要提高制度执行力,让制度、纪律成为带电的'高压线',使查处违纪违法问题制度化、经常化,使党员、干部心有所畏、言有所戒、行有所止。"③ 只要以纪律为尺子衡量党员干部的行为,对违纪问题发现一起就查处一起,才能提高纪律执行力,维护纪律严肃性。

严守纪律底线,是党员的应有之责。每一名党员不管做什么工作,也不管职务高低,都应当常想纪律"高压线"、常怀敬畏之心、常思贪欲之害、常戒非分之想,慎初、慎独、慎微,自重、自省、自警、自励,筑牢自身的"防火墙"。2016年10月27日,习近平在党的十八届六中全会第二次全体会议上指出:"要坚持有令必行、有禁必止,坚决

---

① 《十八大以来重要文献选编》上,中央文献出版社2014年版,第134页。
② 《习近平关于全面从严治党论述摘编》,中央文献出版社2016年版,第111—112页。
③ 《十八大以来重要文献选编》中,中央文献出版社2016年版,第195页。

查处各种违反纪律的行为,使各项纪律规矩真正成为'带电的高压线',防止出现'破窗效应'。要按照准则精神,对现有制度规范进行梳理,该修订的修订,该补充的补充,该新建的新建,让党内政治生活有规可依、有章可循。各级党组织都负有执行纪律和规矩的主体责任,要强化监督问责,对责任落实不力的坚决追究责任,推动管党治党不断从'宽松软'走向'严实硬'。"① 因此,严守纪律,就是要严守政治纪律,做政治上的明白人;严守组织纪律,做组织的忠诚人;严守廉洁纪律,做清廉的干净人;严守群众纪律,做群众的贴心人;严守工作纪律,做勤奋敬业的务实人;严守生活纪律,做情趣健康的高雅人。每一名党员都要结合自身实际,真正将党的纪律内化于心,外化于行,时时刻刻严于律己,事事处处坚守底线,不碰"高压线",真正做到自身正、自身净、自身硬。

纪律"高压线"关键要"带电"。习近平指出,要"架起高压线",做到"强化执行力,维护法规制度权威性,让铁规生威、铁纪发力"。各级纪检监察机构要坚持纪在法前、纪严于法,硬起手腕,严格执纪,强化监督,对各种违纪行为毫不手软,依纪严厉处分,做到有纪必执、有违必查、执纪必严,真正做到纪律面前人人平等、遵守纪律没有特权、执行纪律没有例外。习近平指出:"无数案例证明,党员'破法',无不始于'破纪'。只有把纪律挺在前面,坚持纪严于法、纪在法前,才能克服'违纪只是小节、违法才去处理'的不正常状况,用纪律管住全体党员。这一个时期,我们严肃党的纪律,许多干部从不适应到适应,由不相信到相信,由被动到主动,校准了思想之标,调整了行为之舵,绷紧了作风之弦。"② 广大党员要牢固树立纪律意识和规矩意识,严格遵守党章党纪党规,守住纪律"底线",自觉做守纪律、讲规矩的模范。

总之,党的纪律建设关键在严,严格的纪律、严格的执行、严格的处罚,让纪律成为带电的"高压线"。党的十八大以来受到党纪政纪处分的党员干部超过100多万人,表明了我们党是纪律严明的党,严格执

---

① 《习近平关于全面从严治党论述摘编》,中央文献出版社2016年版,第116-117页。
② 《习近平关于全面从严治党论述摘编》,中央文献出版社2016年版,第114页。

纪不是看人下菜的"势利店",不是权力斗争的"纸牌屋",也不是有头无尾的"烂尾楼",而是实实在在地严格执行党的纪律和规矩。

五、抓住"关键少数"这个重点

火车跑得快,全靠车头带。领导干部是党的执政骨干,是关键少数,领导干部率先垂范、以身作则是全面从严治党的重要突破口和抓手。其身正,不令而行;其身不正,虽令不从。2015年3月5日,习近平在参加十二届全国人大三次会议上海代表团审议时指出:"从严治党,关键是要抓住领导干部这个'关键少数',从严管好各级领导干部。"①这里的"关键少数"就是指党的领导干部。新修订的《中国共产党党内监督条例》明确规定,"党内监督的重点对象是党的领导机关和领导干部特别是主要领导干部"。党的十八大以来,受到党纪处分接受组织审查的省军级以上中管干部440人、十八届中央委员和候补委员43人、厅局级领导干部8900多人、县处级领导干部6.3万多人,直接体现了十八大以来严明党的纪律和规矩的一个重点就是紧盯领导干部这一"关键少数"。

"关键少数"是事物的最关键部分,是推动发展、引领发展的关键因素。抓"关键少数"既是贯彻全面从严治党要求、把纪律和规矩挺在前面的关键环节,更是引领"绝大多数"创新实践的标杆。作为"关键少数"的领导干部,就是要守纪律、讲规矩,忠诚、干净、担当是党对领导干部提出的政治要求。只有抓住干部队伍这个"关键少数",尤其是高级领导干部,才能释放出失责必问、问责必严的强烈信号。守纪律、讲规矩的"牛鼻子"就是要抓"关键少数",只有抓住"关键少数",以之带动绝大多数,才能带领更多的党员干部廉洁自律。

习近平郑重提出:"中央政治局的同志要牢固树立政治意识、大局意识、核心意识、看齐意识,坚持以党的旗帜为旗帜、以党的方向为方向、以党的意志为意志,当政治上的明白人。"

"上面偏出一尺,下面跑出一丈。"习近平指出:"一个人不管当到多大干部都要有组织纪律性,职位越高组织纪律性应该越强,防微杜渐

---

① 《习近平关于全面从严治党论述摘编》,中央文献出版社2016年版,第138页。

才能不出问题。"① 总之,"关键少数"首先一定要守纪律、讲规矩。守纪律、讲规矩是领导干部必须严守的政治底线,不守纪律、不讲规矩,特别是不讲政治纪律和政治规矩是领导干部最大的危险。一旦"关键少数"出问题,其对政治生态的影响是极其恶劣的。守纪律、讲规矩最核心的是要牢固树立"四个意识",坚持党的领导,坚持党的路线方针政策,在执行党的决策时不打折扣、不搞变通。要扎紧制度笼子,强化监督管理,让"关键少数"牢固树立纪律意识、规矩意识,用纪律规矩防止"有权任性",用严格治理杜绝"为官不为"。领导干部必须严明党的政治纪律,强化规矩意识,坚决执行党的决定,严格执行党的政治纪律和政治规矩,自觉做守纪律、讲规矩的好干部,共同营造风清气正的良好政治生态。

总之,"关键少数"就是指少数最关键。严明党的纪律和规矩只要抓住这一"少数"关键,就能引领整个政治生态,推动党的纪律建设从"宽、松、软"走向"严、硬、实"。

严明党的纪律和规矩,要求各级党组织必须抓住严明政治纪律这个基础、抓住监督执纪"四种形态"这个关键、抓住严格执行这个核心、抓住"关键少数"这个重点,使得党的纪律成为带电的"高压线"。正如习近平所指出的那样:"强化不敢腐的震慑,扎牢不能腐的笼子,增强不想腐的自觉,通过不懈努力换来海晏河清、朗朗乾坤。"②

第三节 推动党的纪律和规矩落到实处

人不以规矩则废,党不以规矩则乱。对于一个党员来说,纪律和规矩是"高压线";对于一个政党来说,纪律和规矩是生命线。作为马克思主义执政党,我们党最核心的纪律和规矩,就是要规范党员干部政治方向、政治言论、政治立场、政治行动的政治纪律和政治规矩。治国必先治党,治党务必从严。从严治党关键在于从严执纪。要做到执纪必

---

① 《十八大以来重要文献选编》上,中央文献出版社2014年版,第766页。
② 习近平:《决胜全面建设小康社会 夺取新时代中国特色社会主义伟大胜利——在中国共产党第十九次全国代表大会上的报告》,人民出版社2017年版,第67页。

严、违纪必究,就必须以严的标准和措施要求管住党员干部,确保党的纪律和规矩刚性约束,决不能成为"稻草人"。守纪律、讲规矩,不是一句空话,必须体现到各级党组织和党员干部日常工作生活之中,切实做到管党治党严、紧、硬。

一、领导干部带头把纪律规矩立起来

"教者,效也,上为之,下效之。"党的十九大报告指出:"党的干部是党和国家事业的中坚力量。"① 领导干部只有以身作则、率先垂范,带头增强党章党规党纪意识,敢于担当、敢于较真、敢于斗争,才能确保把党章党规党纪落实到位。习近平指出:"当前,在遵守和维护政治纪律方面,绝大多数党组织和党员干部做得是好的。但是,也有少数党员干部政治纪律意识不强,在原则问题和大是大非面前立场摇摆,有的对涉及党的理论和路线方针政策等重大政治问题公开发表反对意见;有的地方和部门对维护党的政治纪律重视不够,个别的甚至对中央方针政策和重大决策部署阳奉阴违。有的党员干部想说什么说什么,想干什么干什么。有的还专门挑那些党已经明确规定的政治原则来说事,口无遮拦,毫无顾忌,以显示自己所谓的'能耐',受到敌对势力追捧,对此他们不以为耻、反以为荣。这些问题在党内和社会上造成恶劣影响,给党的事业造成严重损害。党内决不允许有不受党纪国法约束,甚至凌驾于党章和党组织之上的特殊党员。"② 因此,各级领导干部特别是高级干部,要牢固树立纪律和规矩意识,特别是政治纪律和政治规矩,在守纪律、讲规矩上做表率。

首先,领导干部要带头遵守党章党规党纪。"羊群走路靠头羊。"领导干部带头遵守党章党纪党规是维护中央权威、保证中央政令畅通、营造社会正能量的重要保证。习近平指出:"领导干部要带头执行党的政治纪律,自觉维护中央权威,厉行工作规程,做到令行禁止,保证中央政令畅通。要严格执行党章关于党内政治生活的各项规定:敢于坚持

---

① 习近平:《决胜全面建成小康社会 夺取新时代中国特色社会主义伟大胜利——在中国共产党第十九次全国代表大会上的报告》,人民出版社2017年版,第64页。
② 《十八大以来重要文献选编》上,中央文献出版社2014年版,第133页。

原则，勇于开展批评与自我批评，带头弘扬正气、抵制歪风邪气。"① 可见，领导干部带头遵守党章党纪党规是把纪律规矩立起来的重要前提。

其次，领导干部要带头维护中央权威，严明党的政治纪律。《中国共产党章程》规定："党的干部是党的事业的骨干，是人民的公仆，要做到忠诚干净担当。"② 因此，领导干部必须坚持党的领导，带头遵守党的政治纪律和政治规矩。习近平指出："维护中央权威，贯彻落实党的理论和路线方针政策，是政治纪律，是绝对不能违反的。同时，要自觉维护党委权威，不能自己当行政领导自己最大，自己当书记也是自己最大，这是典型的个人主义表现。我们的干部在不断进步中经常由正转副、由副转正，由党转政、由政转党，不能什么时候都是老子天下第一，什么时候都以自己为主。要按规矩办事，不是个人有主见、有个性就要说了算，哪有这个道理？这些最终也体现思想道德修养，体现党性修养。没有敬畏之心，最后是要栽大跟头的。所有干部都要在党组织里忠实履行自己的职责，这是规矩。"③ 总之，领导干部带头维护中央权威、严明党的政治纪律是把纪律规矩立起来的关键所在。

再次，领导干部要坚持党的领导，带头做到五个"决不允许"。习近平指出："遵守党的政治纪律，最核心的，就是坚持党的领导，坚持党的基本理论、基本路线、基本纲领、基本经验、基本要求，同党中央保持高度一致，自觉维护中央权威。同党中央保持一致不是一个空洞口号，而是一个重大政治原则。在指导思想和路线方针政策以及关系全局的重大原则问题上，全党必须在思想上政治上行动上同党中央保持高度一致。各级党组织和领导干部要牢固树立大局观念和全局意识，正确处理保证中央政令畅通和立足实际创造性开展工作的关系，任何具有地方特点的工作部署都必须以贯彻中央精神为前提。要防止和克服地方和部门保护主义、本位主义，决不允许'上有政策、下有对策'，决不允许有令不行、有禁不止，决不允许在贯彻执行中央决策部署上打折扣、做

---

① 习近平：《认真学习党章，严格遵守党章》，载《人民日报》2012年11月20日。
② 《中国共产党章程》，人民出版社2017年版，第48页。
③ 《习近平关于党风廉政建设和反腐败斗争论述摘编》，中央文献出版社、中国方正出版社2015年版，第36页。

选择、搞变通。对党的决议和政策如有不同意见，在坚决执行的前提下，可以声明保留，并且可以把自己的意见向党的上级组织直至中央提出，这是党员的权利。但是，决不允许散布违背党的理论和路线方针政策的意见，决不允许公开发表违背中央决定的言论，决不允许泄露党和国家秘密，决不允许参与各种非法组织和非法活动，决不允许制造、传播政治谣言及丑化党和国家形象的言论。"① 因而，领导干部要坚持党的领导，带头做到五个"决不允许"是把纪律规矩立起来的基本保证。

最后，领导干部除了要带头把纪律和规矩立起来外，对于违反纪律和规矩的行为也绝不姑息。2013年9月23—25日，习近平在参加河北省委常委班子专题民生生活会时指出："要严明组织人事纪律，对违反组织人事纪律的坚决不放过，对跑官要官、买官卖官的绝不姑息，发现一起，查处一起。有的地方往往在集中换届时加大查处力度，平常就不那么注意了。不换届时选的干部跟换届时选的干部一样重要，不能完全不设防。组织部门要抓跑官要官、买官卖官的典型案件，抓住了以后从重从严处理，并要警示天下。"② 对领导干部执纪必严、违纪必究是把纪律规矩立起来的重要保障。

"上者，民之表也。表正，则何物不正？"在党纪党规面前，领导干部要发挥带头示范作用。习近平强调："各级领导干部特别是高级干部要牢固树立纪律和规矩意识，在守纪律、讲规矩上作表率，自觉做政治上的明白人。"③ 因此，领导干部带头把纪律规矩立起来是推动党的纪律和规矩落到实处的关键所在。

二、以规则强化纪律规矩

"千里之堤，溃于蚁穴。"规则即规章、法则，是更具体的纪律规矩。高度重视党内规则，不断强化广大党员特别是党员领导干部的纪律与规矩意识，以严明的规章、法则要求自己的成员，努力保持党的纯洁性，是中国共产党100年来不断克服各种艰难险阻，取得革命、建设、

---

① 《十八大以来重要文献选编》上，中央文献出版社2014年版，第132页。
② 《习近平关于党风廉政建设和反腐败斗争论述摘编》，中央文献出版社、中国方正出版社2015年版，第35页。
③ 习近平：《习近平谈治国理政》第2卷，外文出版社2017年版，第156页。

改革不断胜利的重要历史经验。习近平指出:"为什么说党在长期实践中形成的优良传统和工作惯例也是十分重要的党内规矩呢?这是因为,对我们这么一个大党来讲,不仅要靠党章和纪律,还得靠党的优良传统和工作惯例。这些规矩看着没有白纸黑字的规定,但都是一种传统、一种范式、一种要求。纪律是成文的规矩,一些未明文列入纪律的规矩是不成文的纪律;纪律是刚性的规矩,一些未明文列入纪律的规矩是自我约束的纪律。党内很多规矩是我们党在长期实践中形成的优良传统和工作惯例,经过实践检验,约定俗成、行之有效,反映了我们党对一些问题的深刻思考和科学总结,需要全党长期坚持并自觉遵循。"①

党内规矩就是党组织和党员遵守的行为规范和规则。习近平指出:"我们党的党内规矩是党的各级组织和全体党员必须遵守的行为规范和规则。党的规矩总的包括什么呢?其一,党章是全党必须遵循的总章程,也是总规矩。其二,党的纪律是刚性约束,政治纪律更是全党在政治方向、政治立场、政治言论、政治行动方面必须遵守的刚性约束。其三,国家法律是党员、干部必须遵守的规矩,法律是党领导人民制定的,全党必须模范执行。其四,党在长期实践中形成的优良传统和工作惯例。"② 可见,党内的规范和规则主要包括党章、党纪、国法、优良传统、工作惯例等。党章、党纪、党规是明文规定的,很容易感知和遵守执行。党的优良传统和工作惯例也是党内规矩的重要组成部分。

要围绕党纪戒尺要求,开列负面清单,重在立规,为党章、党纪、党规的具体化,列出更为详细的规则,划出党组织和党员不可触碰的底线,把纪律和规矩挺在前面,切实维护党章、党纪、党规的权威性、严肃性,从而保证党的路线、方针、政策、决议和国家法律法规的贯彻执行,对深入推进党风廉政建设和反腐败斗争具有十分重要的意义。习近平指出:"执行组织纪律就要明确,哪些事能做、哪些事不能做,哪些事该这样做、哪些事该那样做,哪些事可以个人对组织或组织对个人、哪些事必须组织对组织,哪些事可以简化程序、哪些事只能按程序办,哪些事该发扬民主、哪些事该坚持集中,哪些事由自己决定、哪些事该

---

① 《习近平谈治国理政》第2卷,外文出版社2017年版,第151-152页。
② 《十八大以来重要文献选编》中,中央文献出版社2016年版,第347页。

请示报告，都要规定得明明白白。对违反民主集中制原则、拒不执行或擅自改变党组织作出的决定、个人或少数人决定重大事项的，对在党内搞非组织活动、破坏党的团结统一的，对不严格执行请示报告等组织制度的，对长期不参加党组织活动、不能履行党员义务的，必须及时批评教育；情节严重的，要给予组织处理或纪律处分。"① 这不仅是纪律的要求，更多的是执行纪律的具体规则要求。

总之，以规则强化纪律规矩，就是要强化执行纪律规矩的程序，开列负面清单，推进纪律规矩执行的具体化。习近平指出："要强化程序观念，该报告的必须报告，该打招呼的必须打招呼，该履行的职责必须履行，该承担的责任必须承担，少些'迈过锅台上炕'的做法，也少些'事后诸葛亮'的行为。要有担当意识，遇事不推诿、不退避、不说谎，向组织说真话道实情，勇于承担责任。"② 有了规则，就有了强化纪律规矩的具体操作。以规则强化纪律规矩是推动党的纪律和规矩落到实处的具体要求。

三、强化监督执纪问责

党内监督是全党的任务，是永葆党的肌体健康的重要保障，重在日常、贵在坚持。违纪与违法只有一步之遥。习近平指出："长期以来，党内存在的一个突出问题，就是不愿监督、不敢监督、抵制监督等现象不同程度存在，监督下级怕丢'选票'，监督同级怕伤'和气'，监督上级怕穿'小鞋'。在不少地方和部门，党内监督被高高举起、轻轻放下，成了一句口号。党内监督缺位，必然导致党的领导弱化、党的建设缺失、全面从严治党不力。全党要深刻认识到，党内监督是永葆党的肌体健康的生命之源，要不断增强向体内病灶开刀的自觉性，使积极开展监督、主动接受监督成为全党的自觉行动。"③ 因而，党内需要监督，监督需要执纪，执纪结果需要问责。纪委是党内监督的专责机关。《中国共产党党内监督条例》将纪委是党内监督的"专门机关"改为"专

---

① 《十八大以来重要文献选编》上，中央文献出版社2014年版，第770–771页。
② 《十八大以来重要文献选编》上，中央文献出版社2014年版，第133页。
③ 《习近平谈治国理政》第2卷，外文出版社2017年版，第185–186页。

责机关",一字之差,说明纪委职责的变化。这个"责"是监督之责,监督执纪问责,体现的是权力与责任的统一,这个"专责机关"的各级纪委就是要成为党章党纪党规的维护者、党的路线方针政策的捍卫者、党风廉政建设和反腐败斗争的推进者。

监督是纪委的首要职责,执纪是纪委的重要手段,问责是监督执纪的保证,监督执纪的效果最终需要靠问责来强化,没有问责,监督执纪就难以落实到位。监督是发现问题,执纪是解决问题,监督执纪不是简单地为了惩罚党员干部,而是保护党员干部,维护党章党纪党规的权威性严肃性。监督执纪主要落实"四种形态",抓常、抓细、抓实、抓小、抓早,纪委不能只盯着大案要案,只办大案,最主要的还是坚持"纪在法前""抓早抓小"。谈话提醒、约谈函询都是强化监督执纪的重要方式。这就要求各级纪委要在实践第一种形态上做足功课,发现违纪问题就及时批评诫勉、督促纠正。"抓纪律,就要敢于板起脸来批评。不要等犯了大错误才去批评,平常有问题就要及时批评。担心批评得罪人、会丢选票的心态在不少领导干部身上存在,有的不仅不敢批评、不愿批评,而且还经常以表扬代替批评。这些现象必须纠正。"① 执纪审查是纪委的重要职责,要体现审查的政治性,把握政策和重点,把十八大以后不收敛不收手,问题线索反映集中、群众反映强烈,现在重要岗位且可能还要提拔任用的领导干部作为审查重点对象,三类情况同时具备的人是重中之重。

问责是全面从严治党的利器,强化问责成为管党治党、治国理政的鲜明特色。习近平反复强调,有权必有责、有责要担当、失责必追究。他指出:"有权就有责,权责要对等。问责不能感情用事,不能有怜悯之心,要'较真'、'叫板',发挥震慑效应。"② 用问责压实责任,用担当体现忠诚。对执政党而言,面对的突出挑战就是要让各级党员领导干部把管党治党责任担当起来。《中国共产党问责条例》把责任作为贯穿始终的主线,要求以问责作为落实责任的保障。纪委要拿起问责这个利器,对履行主体责任不力,导致党内监督弱化,造成严重后果的严肃

---

① 《十八大以来重要文献选编》上,中央文献出版社2014年版,第771页。
② 《习近平谈治国理政》第2卷,外文出版社2017年版,第164页。

问责。对纪委、纪检组监督作用没有发挥，能发现的问题没有发现，发现问题不报告不处置的，要严肃追究责任。

监督执纪问责，既是纪检监察部门的工作职能，又是实现严明党的纪律和规矩的重要举措。反过来，只有进行监督执纪问责，抓早抓小，才能严明党的纪律和规矩。因而，监督执行问责是推动党的纪律和规矩落到实处的根本保证。

总之，加强党的纪律建设是全面从严治党的治本之策。有纪律有规矩，有利于真管真治、严管严治。严明党的纪律和规矩，首先就是要严明党的政治纪律和政治规矩，抓住"四种形态"这个关键，抓住"严格执行"这个根本，抓住"关键少数"这个重点，使纪律成为带电的"高压线"。领导干部要带头把纪律和规矩立起来，以规则强化纪律，强化监督执纪问责，推动党的纪律和规矩落到实处。

第五章　建设高素质专业化干部队伍

政治路线确定之后，干部就是决定因素。党的十九大报告指出，党的干部是党和国家事业的中坚力量。建设高素质专业化干部队伍，是关系党和人民事业的关键性、根本性问题，也是推进全面从严治党、净化党内政治生态的治本之策。习近平指出："进行具有许多新的历史特点的伟大斗争，实现党的十八大确定的各项目标任务，关键在党，关键在人。关键在党，就要确保党在发展中国特色社会主义历史进程中始终成为坚强领导核心。关键在人，就要建设一支宏大的高素质干部队伍。"[1] 干部队伍建设不仅是实现伟大复兴的根本所在，同时也是贯彻新时期组织路线的关键。习近平在全国组织工作会议上指出："贯彻新时代党的组织路线，建设忠诚干净担当的高素质干部队伍是关键，重点是要做好干部培育、选拔、管理、使用工作。"[2] 建设高素质专业化干部队伍，为完成新时代中国共产党的历史使命，实现中华民族的伟大复兴提供坚强的组织保障。党的十八大以来，以习近平同志为核心的党中央带领全党在进行伟大斗争、建设伟大工程、推进伟大事业、实现伟大梦想的进程中，始终站在坚持和发展中国特色社会主义的战略高度重视干部队伍建设，坚持党管干部原则，明确新时期好干部标准，坚持事业为上、立体看人、精准识人，公道正派选人用人，注重基层导向、实绩导向和正向激励，从严从紧管理干部，激发干部队伍活力，提出了一系列新思想新理念新要求，深化了对干部工作规律的认识，为建设高素质专业化干部队伍提供了科学指南。

---

[1] 《习近平谈治国理政》，外文出版社2014年版，第411页。
[2] 《切实贯彻落实新时代党的组织路线　全党努力把党建设得更加坚强有力》，载《人民日报》2018年7月5日。

第五章　建设高素质专业化干部队伍

第一节　坚持党管干部原则

干部是党的事业的骨干，是党的宝贵财富。党管干部是实现党的领导的重要组织保证，是党的干部建设的一条重要遵循，更是坚持党的领导的根本原则。习近平指出："我们党之所以坚强有力，党管干部原则是很重要的原因，要自觉坚持党管干部原则。"① 我们党在不同历史时期，领导人民不断从一个胜利走向另外一个胜利，一个重要的原因和经验就是坚持党管干部原则。坚持党管干部，就是要坚持党对干部选拔任用工作的绝对领导，坚持组织选人，充分发挥好党组织在选人用人工作中的领导把关作用，不是只起点票人、计分员的作用。

一、确立好干部的标准，树立正确的选人用人导向

习近平认为，好干部的标准，大的方面说，就是德才兼备。概括起来说，好干部要做到"信念坚定、为民服务、勤政务实、敢于担当、清正廉洁"②。以什么样的标准选人，是干部工作的风向标。习近平强调要培养选拔人民需要的好干部，并概括出新时代好干部的"二十字"标准，从政治方向、性质宗旨、作风担当、廉政底线等方面，深刻揭示了好干部标准的时代内涵，充分体现了新形势新任务对党的干部的要求，是干部"德""才"标准在新时代的具体化和细化。

（1）信念坚定。理想信念是共产党人永葆先进性的精神动力，是精神家园最核心、最关键的要素，是影响世界观、人生观、价值观的根本因素，决定着党员干部的价值追求，支配着党员干部的思想和行动。习近平指出，理想信念坚定，是好干部的第一标准，是不是好干部首先看这一条。信念坚定是党性原则的反映。第一，理想信念是共产党人的前进灯塔。理想信念是人的志向，共产党人的"钙"，是政治灵魂和精

---

① 《对照贯彻落实党的十八届六中全会精神　研究加强党内政治生活和党内监督措施》，载《人民日报》2016年12月28日。
② 《习近平总书记重要讲话文章选编》，中央文献出版社、党建读物出版社2016年版，第58页。

神支柱。有了志向和目标，行动就会有力量，就能跨越各种艰难险阻和障碍。在党的各个历史时期，无数共产党人能够在生死考验和各种名利诱惑面前，无所畏惧、勇往直前，靠的就是"革命理想高于天"的精神力量。第二，理想信念是干部完成历史担当使命的保障，是解决好世界观、人生观、价值观问题的"总开关"。习近平指出："如果理想信念不坚定，不相信马克思主义，不相信中国特色社会主义，政治上不合格，经不起风浪，这样的干部能耐再大也不是我们党需要的好干部。只有理想信念坚定，用理想信念炼就了'金刚不坏之身'，干部才能在大是大非面前旗帜鲜明，在风浪考验面前无所畏惧，在各种诱惑面前立场坚定，在关键时刻靠得住、信得过、能放心。"[①] 好干部的首要前提，就是解决好世界观、人生观、价值观的开关问题。第三，要通过"六个是否"来检验干部的理想信念。理想信念是历史的、具体的，是可以去衡量和评价的。习近平认为，一个党员干部是不是具备理想信念，"主要看党员干部是否能在重大政治考验面前有政治定力，是否能树立牢固的宗旨意识，是否能对工作极端负责，是否能做到吃苦在前、享受在后，是否能在急难险重任务面前勇挑重担，是否能经得起权力、金钱、美色的诱惑"[②]。"六个是否"的标准赋予坚定理想信念实实在在的内涵，为每位共产党员检验和反思自己的政治觉悟、情感态度、行为表现提供了切实可行的标尺。

（2）为民服务。一切为民者，则民向往之。党的十九大报告指出："我们党来自人民、植根人民、服务人民，一旦脱离群众，就会失去生命力。"[③] 为民服务是干部要坚持的最高标准，是党的性质宗旨的具体体现，是共产党员的天职，也是一个党员干部能否真正发挥共产党员先锋模范作用的最真实的体现。习近平强调："党的干部必须做人民公仆，忠诚于人民，以人民忧乐为忧乐，以人民甘苦为甘苦，全心全意为人民

[①] 《习近平总书记重要讲话文章选编》，中央文献出版社、党建读物出版社2016年版，第58－59页。

[②] 《习近平总书记重要讲话文章选编》，中央文献出版社、党建读物出版社2016年版，第60页。

[③] 习近平：《决胜全面建成小康社会　夺取新时代中国特色社会主义伟大胜利——在中国共产党第十九次全国代表大会上的报告》，人民出版社2017年版，第66页。

服务。"① 这就是要求新时期的党员干部，必须紧紧围绕党同人民群众的血肉联系，增强群众观念和群众感情，自觉干好自己职责内的事情，坚守对人民群众的承诺和责任，牢记党和人民的重托，不断厚植党执政的群众基础。"一个党员干部只要心里装着群众，真心实意地为人民群众做好事、办实事、解难事，人民群众就惦记他、信任他、支持他；同样地，一个政党，只有顺民意、得民心、为民谋利，才能得到人民群众的拥护和支持，才能永远立于不败之地。作为执政党，党员干部与人民群众的关系就是公仆与主人的关系。"② 习近平多次要求广大党员干部，要把增进人民福祉、促进人的全面发展作为发展的出发点和落脚点，克己奉公，先天下之忧而忧，后天下之乐而乐，着力解决好人民最关心最直接最现实的利益问题，下大气力解决好人民不满意的问题，多做雪中送炭的事情，不断保障和改善民生，让改革发展成果更多更公平惠及全体人民。

（3）勤政务实。习近平指出："党的干部必须勤勉敬业、求真务实、真抓实干、精益求精，创造出经得起实践、人民、历史检验的实绩。"③ 勤政务实是党员干部立身之本、兴业之基。勤政，就是要坚持立党为公、执政为民；务实就是要坚持实事求是、量力而行、重实际、办实事、求实效。空谈误国、实干兴邦。无论是革命、建设、改革哪个历史阶段，勤政务实都是党的事业取得成功的先决条件。一个好干部的表现形式也许不尽相同，但最终的检验标准只有一个，那就是其为政实绩必须经得起实践、人民、历史的检验。习近平将"勤政务实"作为好干部标准之一提出来，是新时代党员干部践行群众路线和为人民服务宗旨的具体化，也是领导干部必须履行的职责。勤政务实在本质上就要求干部树立正确的政绩观，政绩与实绩是统一的，政绩靠实绩来体现，实绩靠政绩来说明。政绩乃是执政行为所产生的积极成果，是衡量工作好坏的尺度。

（4）敢于担当。领导干部要敢于担当，这既是共产党人所必须具

---

① 《习近平谈治国理政》，外文出版社2014年版，第413页。
② 习近平：《之江新语》，浙江人民出版社2007年版，第216页。
③ 《习近平谈治国理政》，外文出版社2014年版，第413页。

备的政治品格，也是各级领导干部尽职履责、提高执政能力所必须解决的突出问题。习近平认为："担当大小，体现着干部的胸怀、勇气、格调，有多大担当才能干多大事业。"① 讲担当是我们每一个党员干部履行职责使命的思想基础和必备的政治素质，是我们战胜困难风险、做好一切工作的强大精神力量。"担当"二字，已经成为习近平反复推崇并身体力行的一种领导行为。他反复强调，"该承担的责任必须承担"，"要有担当意识，遇事不推诿、不退避、不说谎，向组织说真话道实情，勇于承担责任"，要"在大是大非面前敢于担当、敢于坚持原则"。一方面，担当的实质就是坚持原则，讲党性，有正确的是非观，在根本原则问题上要旗帜鲜明，面对大是大非敢于亮剑，面对矛盾敢于迎难而上，面对危机敢于挺身而出，面对失误敢于承担责任，面对歪风邪气敢于坚决斗争。习近平指出，现在一些干部中好人主义盛行，不敢批评、不愿批评，不敢负责、不愿负责，怕得罪人，怕丢选票，搞无原则的一团和气，做"太平官""圆滑官""老好人""推拉门""墙头草"现象和问题的根本就是在于不敢担当，这些问题危害极大，必须下大气力解决。另一方面，担当就是责任。所谓担当，其实就是一份责任，也是一种精神。习近平强调："好干部必须有重于泰山的意识，坚持党的原则第一、党的事业第一、人民利益第一，敢于旗帜鲜明，敢于较真碰硬，对工作任劳任怨、尽心竭力、善始善终、善作善成。"但担当不是个人主义、家长作风，"不是个人风头主义，飞扬跋扈、唯我独尊并不是敢于担当"②。

（5）清正廉洁。为政清廉才能取信于民，秉公用权才能赢得民心。清正廉洁不仅是传统政治伦理对从政为官者的基本要求，也是中国共产党人的政治品格。中国共产党自成立伊始，就把清正廉洁作为必备政治品格写在自己的旗帜上。党员干部清正廉洁，才能在各种诱惑和歪风面前始终坚持做人之本和从政之基。习近平指出："党的干部必须敬畏权力、管好权力、慎用权力，守住自己的政治生命，保持拒腐蚀、永不沾

---

① 《习近平谈治国理政》，外文出版社2014年版，第415页。
② 《习近平谈治国理政》，外文出版社2014年版，第416页。

第五章　建设高素质专业化干部队伍

的政治本色。"① 清正廉洁，首先要有公心，秉公用权。党员领导干部要正确处理好公与私的关系，严格按照党的原则和规定办事，保证权力用来为广大人民群众服务，千万不能谋求个人私利，自觉运用法治思维和法治方式想问题、做决策、办事情，依法行使权力。清正廉洁关键还在于守住底线。党的十九大报告明确指出，党员干部要"知敬畏、存戒惧、守底线，习惯在受监督和约束的环境中工作生活"②。只有守住做人、处事、用权、交友的底线，才能守住党和人民交给自己的政治责任，守住自己的政治生命线，守住正确的人生价值观。领导干部要增强自律意识，实行自我约束，自重、自省、自警、自励，努力做到为政以廉、为政以德、为政以民。

此外，围绕"二十字"好干部标准，习近平又提出，"各级领导干部都要树立和发扬好的作风，既严以修身、严以用权、严以律己，又谋事要实、创业要实、做人要实"③。从干部如何做人、如何做官、如何做事三个角度阐述了好干部所必备的素质和涵养，要求广大党员干部从"严"上要求、向"实"处着力，把"三严三实"内化于心、外化于行，才能承担起自身肩负的责任和使命。同时，要求党员干部要"对党忠诚、个人干净、敢于担当"，在政治上、思想上与党中央保持高度一致，经济上清楚明白，作风上光明磊落，创造性地做好本职工作，让党放心，让人民放心。2015年12月，习近平在全国党校工作会议上又提出要锻造"四铁干部"，即具有"铁一般信仰、铁一般信念、铁一般纪律、铁一般担当的干部队伍"④。党的十九大报告特别强调要突出干部的政治标准，要"突出政治标准，提拔重用牢固树立'四个意识'和'四个自信'、坚决维护党中央权威、全面贯彻执行党的理论和路线方针政策、忠诚干净担当的干部"⑤，将政治标准作为建设高素质专业化干部队伍的首要条件。

---

① 《习近平谈治国理政》，外文出版社2014年版，第413页。
② 习近平：《决胜全面建成小康社会　夺取新时代中国特色社会主义伟大胜利——在中国共产党第十九次全国代表大会上的报告》，人民出版社2017年版，第66页。
③ 《习近平谈治国理政》，外文出版社2014年版，第381页。
④ 习近平：《在全国党校工作会议上的讲话》，人民出版社2016年版，第5页。
⑤ 习近平：《决胜全面建成小康社会　夺取新时代中国特色社会主义伟大胜利——在中国共产党第十九次全国代表大会上的报告》，人民出版社2017年版，第64页。

这些标准从信仰、品格、操守、做人、做事等方面对好干部提出了具体要求，贯穿其中的主线就是德才兼备，基本原则就是坚持五湖四海、任人唯贤，最终目标就是建设一支宏大的高素质专业化干部队伍。好干部的"标准像"自始至终蕴含着马克思主义理论的光辉，为各级党组织做好干部工作提供了标尺和行动指南。

二、坚持立体看人，多层次、多渠道、多侧面了解干部

用人之要首在知人，重在识人。习近平在全国组织工作会议上明确指出："要建立日常考核、分类考核、近距离考核的知事识人体系，强化分类考核，近距离接触干部，使选出来的干部组织放心、群众满意、干部服气。"① "用人得当，首先要知人。知人不深、识人不准，往往会出现用人不当、用人失误。'不知人之短，不知人之长，不知人长中之短，不知人短中之长，则不可以用人，不可以教人。'"② 这一论断深刻地揭示了干部工作的基本规律，道出了知人识人的关键。也就是说，要透过现象看本质，对干部的认识不能停留在感觉和印象上，必须健全考察机制和办法，坚持多层次、多渠道、多侧面了解考察干部，精准科学知人，实现考察工作"更真更准更实"。

（1）近距离知其"真"。习近平特别看重近距离接触干部对于干部考察的重要意义，提出要通过调研走访、考核述职、谈话谈心、参加组织生活等方式，经常性、近距离、有原则地广泛接触干部，"观察干部对重大问题的思考，看其见识见解；观察干部对群众的感情，看其品质情怀；观察干部对待名利的态度，看其境界格局；观察干部处理复杂问题的过程和结果，看其能力水平。"③ 全面了解人选的德、能、勤、绩、廉各种表现。要抓住是否有影响使用、影响推荐的问题，重视干部重要行为特征、重视能说明问题的事例、重视知情人提供的重要信息。在考察对象所在单位了解干部工作实绩的同时，多听取与其业务来往密切单位负责人的意见。

---

① 《切实贯彻落实新时代党的组织路线，全党努力把党建设得更加坚强有力》，载《人民日报》2018年7月5日。
② 《习近平谈治国理政》，外文出版社2014年版，第418页。
③ 《习近平谈治国理政》，外文出版社2014年版，第418－419页。

（2）全方位考其"实"。了解干部要既重政绩又重政德，既看轰轰烈烈的大项目，又看贴近老百姓的"微建设""微服务"。尤其要全面了解考察干部在经济发展、民生改善、环境保护、民主法制、文化建设、社会管理、维护稳定和党的建设等方面的实绩和综合表现，努力做到心中有数、知人善任，而不能听信一面之词、一家之言。通过定期研判、专题研判、重点研判等形式尽可能全面地了解干部全面信息，掌握丰富材料，实现由感性认识到理性认识的飞跃。不仅看干部"八小时"内，更要延伸到"八小时"外，听取干部生活的社区居民、亲属、同学、朋友等意见，实现考察范围工作圈、生活圈、社交圈全覆盖。坚持具体情况具体分析、具体问题具体考察，该问的要问到位、该了解的要了解透，把干部的活思想和活情况掌握清楚。习近平强调的考真考实考准干部的要求，是辩证唯物主义认识论在知人上的生动体现。

（3）多渠道察其"廉"。要了解一个干部的廉洁状况，考察渠道要多维，考察方式要科学。要密切与纪检监察、审计、信访、巡视机构等部门的联系沟通，扩大考察民主，推进信息公开，完善考察预告、考察对象公示制度，增加考察工作透明度，尤其要注意听取知情人的意见和少数人的不同意见，做到干部档案必审、个人有关事项报告必核、纪检监察意见必听、线索具体有可查性的信访举报必查，坚决把好审查审核关。坚持关口前移、全程介入，对发现问题影响使用的及时中止选拔任用程序，对疑点没有排除、问题没有查清的不得提交会议讨论或任用，对人选廉洁自律情况实行党委（党组）书记、纪委书记（纪检组组长）"双签字"制度，坚决防止"带病提名""带病当选"。

三、严明组织人事纪律，公道正派选人用人

没有规矩不成方圆。习近平指出："组织部门作为管党治党的重要职能部门，必须带头改进作风，继承发扬组织部门优良传统和作风，树立和维护组织部门良好形象。只有带头把自身作风搞好了，管理才有底气，严格才能让人服气。""组织部门改进作风，最核心的是坚持公道正派……如果公道正派上出了问题，再好的制度也难落实，再好的干部

也可能选不出来。"① 严明的纪律是实现选准用好干部、提高选人用人公信度的有力保障。组织干部要严明组织人事纪律，对违反组织人事纪律的坚决不放过，对跑官要官、买官卖官的决不姑息。

（1）组织工作干部要敢于坚持原则，自觉抵制歪风邪气。公道正派是组工干部的立身之本。习近平强调，组工干部"要敢于坚持原则，有那么一种只问是非、不计得失的气节，不为人情关系所缚，不为歪风邪气所扰，不为个人得失所困，敢于为好干部说公道话，让好干部真正受尊重、受重用，让那些阿谀奉迎、弄虚作假、不干实事、会跑会要的干部真正没市场、受惩戒"，"公道对待干部，公平评价干部，公正使用干部，让好干部有全身谋事之心而无侧身谋人之虞，不能'以人划线'、'以地域划线'，搞亲亲疏疏、团团伙伙"②。组工干部要以坚强的党性和实际行动让干部群众感受到组织上的公道、公平、公正，为党和国家事业发展提供坚强的组织保障。

（2）明确选人用人的政治责任。党的十八大以来，中央反复强调各级党委（党组）要担负起全面从严治党的政治责任，管党治党首先是管好干部，落实管党治党责任，首要的是落实好在选人用人中的主体责任，切实把党和人民需要的好干部选出来、用起来。习近平特别重视党组织和干部部门在推荐、考察、识别、使用干部中的责任问题，着力营造风清气正的用人环境。党组织一把手是选人用人的第一责任人，要求党委书记在其位、谋其政，履行好第一责任人职责。纪委书记及纪委部门要履行执纪监督方面的责任。组织部门要履行好工作职责，按照分工狠抓各项工作落实，确保管党治党任务落到实处。对领导不力、把关不严、考察不准、核查不认真，甚至故意隐瞒、执意提拔，造成干部"带病提拔"的，要严肃追究党委（党组）、组织人事部门、纪检监察机关、干部考察组主要负责人和有关领导干部及相关责任人的责任。

（3）树立问题导向，着力解决好组织工作中的突出问题。习近平多次要求组织工作要找准组织工作中的"老大难"问题，要下功夫研

---

① 《习近平总书记重要讲话文章选编》，中央文献出版社、党建读物出版社2016年版，第75-76页。

② 《习近平总书记重要讲话文章选编》，中央文献出版社、党建读物出版社2016年版，第76页。

究，下大力气破解影响和制约组织工作创新发展的突出问题。作为组工干部，要有强烈的"问题意识"，坚持"问题导向"，把工作的落脚点放到"解决问题"上，推动组织工作在攻坚克难中创新发展。一方面，要吃透问题，找准病根。习近平认为，一些制约组织工作发展的问题长期得不到有效解决，"一个重要原因是情况还吃得不透，病根还找得不准，结果工作只能在原地打转转"[①]。因此，组工干部要以敏锐的眼光发现问题，多深入基层、深入群众、深入实际，查找发现工作中存在的问题和不足，找准病根，吃透问题。另一方面，要以创新的精神解决问题。要坚持科学态度、运用科学方法，坚持马克思主义的立场、观点和方法，下大功夫研究，下大力气破解，推动组织工作在攻坚克难中创新发展，不断拓展组织工作创新的广度和深度。

第二节 优化干部成长路径

干部的成长是有规律的，成为一名党的干部，需要经过必要的台阶、递进式培养路径，领导能力也正是在这样一个渐进的过程中不断提升的。习近平特别重视干部成长的路径，强调指出："好干部不会自然而然产生。成长为一个好干部，一靠自身努力，二靠组织培养。"[②] 优化干部成长路径事关干部队伍良性发展，事关党和国家事业大局，要坚持早发现、早培养，注重从基层、从各条战线、从火热的改革发展稳定第一线发现，在复杂环境、艰苦岗位、关键时刻发现，在日常考核、近距离接触中发现。

一、干部成长需要经过必要的台阶

习近平非常重视干部成长的台阶问题，强调干部的成长成熟要"经过必要的台阶、递进式的历练和培养。我们不能唯台阶论，但必要的台

---

① 《习近平总书记重要讲话文章选编》，中央文献出版社、党建读物出版社2016年版，第77页。

② 《习近平总书记重要讲话文章选编》，中央文献出版社、党建读物出版社2016年版，第62页。

阶也是必要的,一步登天在现在这个时代是行不通的。许多同志有这样的体会,参加工作后,在普通岗位上经历一些难事、急事、大事、复杂的事,能够更加深刻地感受国情、社情、民情,……早熟的果子长不大,拔苗助长易夭折。干部多'墩墩苗'没有什么坏处,把基础搞扎实了,后面的路才能走得更稳更远"①。培养选拔干部尤其是年轻干部,必须正确把握"台阶"问题,既要尊重干部人才成长的一般规律,又要把握优秀年轻干部脱颖而出的特殊规律。"不经过必要台阶的锻炼,培养不出好干部"②,"必要的台阶和资历是干部积累领导经验所需要的"③。所谓台阶,"是指干部人才选拔使用过程中应当经过的一个个级别。提拔干部要走台阶,是培养、选拔、任用中青年干部必须坚持重视社会实践的观点,是坚持马克思主义唯物论的体现"④。只有把年轻干部放到一定的岗位上,放到一个个"台阶"上,才能对其德才、潜能有比较真切、具体的了解。年轻干部只有经过必要台阶,尤其是在关键台阶和重要岗位上锻炼得扎实一些,才能积累经验、增长才干,得到群众的认可。

  台阶是年轻干部投身实践的基地,是增长才干的沃土。实践是培养干部的有效途径,要强化实践导向。毛泽东说过,领导机关只是个"加工厂",一切"原料、材料"、智慧、创造来自群众,来自实际。邓小平也指出:"用坐火箭、坐直升飞机的办法提拔干部,我们再也不能这么干了。干部要顺着台阶上,一般的意义是说,干部要有深入群众、熟悉专业、积累经验和经受锻炼的过程。"⑤ 实践证明,凡决策正确的领导,绝大多数经历过多个"台阶"和多个岗位锻炼,熟悉党的方针政策,了解下情,体察民意。年轻干部要通过不同的台阶也就是不同的实践锻炼的机会,不断地丰富和提高自己。

  台阶是年轻干部健康成长必经的考验,是能否正确对待名利的试金

---

① 《习近平总书记重要讲话文章选编》,中央文献出版社、党建读物出版社 2016 年版,第 70 页。
② 《十五大以来重要文献选编》中,人民出版社 2001 年版,第 1215 页。
③ 《江泽民文选》第 3 卷,人民出版社 2006 年版,第 51 页。
④ 朱文鸿:《辩证看待年轻干部成长的"台阶"》,载《中国组织人事报》2014 年 8 月 20 日。
⑤ 《十一届三中全会以来重要文献选读》上,人民出版社 1987 年版,第 208 页。

石。台阶只是组织上培养锻炼干部的方式,并非干部能够平步青云而刻意做的铺垫。要注重不同层级历练。对年轻干部,要让他们一个台阶一个台阶地经受锻炼,既有利于年轻干部丰富阅历、积累经验,也有利于对干部进行长期考察和严格把关。台阶对于年轻干部而言,既是一种培养,也是一种考验。年轻干部只有树立正确的得失观、名利观,才能够正确对待台阶的考验。

二、注重基层和实绩导向

重视干部的基层历练和实绩导向,是我们党干部工作的一个优良传统和基本经验,也是习近平干部观的重要特点。2014年出台的《党政领导干部任用工作条例》,明确了干部选任必须坚持注重实绩的基本原则,同时也强调要注重基层的导向,形成干部到基层锻炼、在基层成长、从基层选拔的良好氛围。党的十九大报告强调,要"注重在基层一线和困难艰苦的地方培养锻炼年轻干部,源源不断选拔使用经过实践考验的优秀年轻干部"[①]。

(1)注重在基层一线培养干部。"宰相必起于州部,猛将必发于卒伍。"干部在基层成长、干部从基层选拔、干部到基层培养,是我们党的一贯用人方针,也是年轻干部健康成长的根本途径。习近平高度重视年轻干部选拔培养,并反复强调基层锻炼的重要性,年轻干部多"墩墩苗",打牢基础才能走得更远更长久。习近平也多次感慨延川县的知青经历,那是他"一生中最为难得、最可宝贵的一段经历,也是最有收获、最值得回忆的一段经历"[②]。

要充分理解和信任基层干部,格外关心和爱护基层干部。习近平指出,"各级都要重视基层、关心基层、支持基层,加大投入力度,加强带头人队伍建设,确保基层党组织有资源、有能力为群众服务。广大基层干部任务重、压力大、待遇低、出路窄,要把热情关心和严格要求结合起来,对广大基层干部充分理解、充分信任,格外关心、格外爱护,

---

① 习近平:《决胜全面建成小康社会 夺取新时代中国特色社会主义伟大胜利——在中国共产党第十九次全国代表大会上的报告》,人民出版社2017年版,第64页。
② 《努力使大学生"村官"下得去待得住干得好流得动》,载《人民日报》2008年12月23日。

多为他们办一些雪中送炭的事情"①。地方尤其是基层一线是领导干部了解实际、向广大群众学习的好课堂，也是领导干部磨炼作风、提高素质的大考场。基层一线干部直接面对群众，条件艰苦、情况复杂、工作难度大，是培育干部综合素质的大熔炉。坚持把选人的目光投向基层，把培养锻炼干部的阵地放在基层，探索从基层选人用人的长效机制，不仅有利于树立正确的选人用人导向，提高选人用人的公信度，更有利于激发广大干部干事创业的热情。

注重在基层实践中锤炼干部。到地方和基层一线工作，同基层干部和群众一起摸爬滚打，对于领导干部特别是年轻干部增长领导才干、积累实践经验、加快政治成熟至关重要。注重在基层一线培养干部，统筹安排干部到矛盾多、任务重、困难大的岗位经风雨、见世面、壮筋骨，在应对复杂考验中提升素质、增强本领。把年轻干部的成长台阶铺到基层去，就是对那些看得准、有潜力、有发展前途的年轻干部，要敢于放到艰苦环境中、放在改革和发展的第一线接受实践锻炼，让他们在基层的摸爬滚打中增强党性、改进作风、磨炼意志、增长才干。同时，习近平还非常重视本土"永久牌"和流动"飞鸽牌"两类干部的任用，坚持"赛场原则"，在实干比拼中磨炼，构建基层一线历练、艰苦地区磨炼、重要岗位锻炼、挂职顶岗锤炼培养体系，涵养选人用人的源头活水。习近平指出："有两类人要重视：一是本土'永久牌'，他们热爱故土，工作热情高，要帮助他们提高素质、能力，开阔眼界，更好造福桑梓；另一类是流动'飞鸽牌'，交流到当地任职，他们要多磨炼多接地气，掌握真本事。"②

（2）必须坚持注重实绩原则。党选用领导干部，是为了干事兴业的。习近平指出，党的干部要"创造出经得起实践、人民、历史检验的实绩"③，注重实绩是党的根本宗旨的具体体现。干部是人民的公仆，必须时刻牢记全心全意为人民服务的根本宗旨，看一个干部是否真正有全心全意为人民服务的思想，归根到底，要看是否真正为人民办实事，

---

① 《十八大以来重要文献选编》上，中央文献出版社2014年版，第352页。
② 《习近平在河南省尉氏县考察》，载新华网2014年5月9日。
③ 《习近平谈治国理政》，外文出版社2014年版，第413页。

在其工作岗位上干出了实绩。

干部实绩是指担任一定领导职务的人员在任职期间所取得的工作成绩，是干部的主观努力见之于工作实际的一种客观结果，是人民公仆德才素质的综合反映和集中体现。"衡量干部的德和才，应该主要看贯彻执行党的基本路线的实绩"[①]。领导干部没有实绩，就根本谈不上贯彻党的基本路线，为实现党的总目标而奋斗也只能是一句空话。干部的工作实绩，是其努力工作的结果，是其德、能、勤等多方面的综合体现，如果干好干坏一个样，有成绩与没有成绩一个样，在干部的选拔任用上，不注重实绩，就会挫伤干部的积极性。

注重实绩，就是鼓励实干担当，不能简单地唯票取人。"为官避事平生耻。"干事就可能有缺点、有失误。不干事，看似不出错，却百无一用、误党误国。衡量实绩，就要鼓励实干。党的干部是党的事业的骨干，不仅要在思想上自觉树立"公仆"意识，更重要的是把为人民服务落实在工作中、行动上，去实践这个宗旨。实践的结果如何，往往通过工作成绩表现出来。在新时代进行伟大斗争的过程中，只有注重实干实绩，努力形成勇于担当、敢于负责的用人导向，才能让更多的干部在矛盾面前敢抓敢管、敢于碰硬，才能在风险面前敢作敢为、敢担责任，遇到困难不回避，关键时刻敢出面，处理问题能决断。

树立正确的政绩观。习近平在党的十八届二中全会第二次全体会议上的讲话指出："要树立正确政绩观，多做打基础、利长远的事，不搞脱离实际的盲目攀比，不搞劳民伤财的'形象工程'、'政绩工程'，求真务实，真抓实干，勇于担当，真正做到对历史和人民负责。"[②] 树立正确的政绩观，就是要学习焦裕禄、谷文昌等先进典型，以"功成不必在我"的宽广胸怀，不贪一时之功、不求眼前显绩，多做打基础、利长远的潜绩，做到名实相副，踏踏实实干事创业，不搞徒有虚名、华而不实的形象工程、面子工程。在干部考察中，要把实绩摆在更加重要的位置，以实绩论高低、辨优劣。既看选票的多寡，又看日常表现、群众口碑；既看发展又看基础，既看显绩又看潜绩，把民生改善、社会进步、

---

① 《十四大以来重要文献选编》中，人民出版社1997年版，第972页。
② 《习近平谈治国理政》，外文出版社2014年版，第400页。

生态效益等指标和实绩作为重要考核内容。

三、激发干部自身努力

习近平指出:"从干部自身来讲,个人必须努力,这是干部成长的内因,也是决定性因素。"① 激发干部自身努力,既是对每名党员干部胜任岗位工作的迫切要求,也是保持党员先进性的重要前提。

(1)注重主观世界的改造,加强党性修养和品格陶冶。领导干部要通过改造主观世界,不断提升党性修养和道德情操,如果不注意改造主观世界和党性锤炼,就可能在顺境时自我膨胀,逆境时怨天尤人。习近平指出:"干部的党性修养、思想觉悟、道德水平不会随着党龄的积累而自然提高,也不会随着职务的升迁而自然提高,而需要终生努力。成为好干部,就要不断改造主观世界、加强党性修养、加强品格陶冶。"② 一是锤炼党性,不忘初心。党性是干部的灵魂,锤炼党性是党员干部的终身必修课,党员干部要不断加强自身党性修养,时刻用党章、用共产党员标准要求自己,时刻自重自省自警自励,老老实实做人,踏踏实实干事,清清白白为官,不忘初心,牢记宗旨,不断提高领导能力和执政水平。二是要不断提高情趣修养和道德品行。党员干部是党的代言人,是组织形象的一扇窗口,其个人人格品行的好坏决定了党在人民群众中的形象,因此,党员干部必须在一言一行、生活点滴的细枝末节处严格约束自己,不断提高自己的道德品质。习近平特别重视领导干部的道德品行建设,多次强调全党同志特别是领导干部一定要讲修养、讲道德、讲诚信、讲廉耻,追求积极向上的生活情趣,养成共产党人的高风亮节,自觉培养高尚的品质和正确的世界观、人生观、价值观。习近平还特别注重年轻干部的党性锤炼和教育引导,强调要"信念如磐、意志如铁、勇往直前,遇到挫折撑得住,关键时刻顶得住,扛得了重活,打得了硬仗,经得住磨难。优秀年轻干部要把当老实人、讲老实话、做老实事作为人生信条。要教育引导年轻干部强化自我修炼,正

---

① 《习近平谈治国理政》,外文出版社 2014 年版,第 416-417 页。
② 《习近平谈治国理政》,外文出版社 2014 年版,第 417 页。

心明道,防微杜渐,做到有原则、有底线、有规矩"①。

(2) 加强学习。重视学习、善于学习,是我们党的优良传统和成功经验。习近平指出:"全党同志一定要善于学习,善于重新学习。同过去相比,我们今天学习的任务不是轻了,而是更重了。"② 年轻干部要"加强学习、积累经验、增长才干,自觉向实践学习、拜人民为师"③。学习是进步的阶梯,我们党历来重视抓全党特别是领导干部的学习,只有学习好各方面的知识,才能打牢履职尽责的知识基础。

一是学习马克思主义理论,掌握工作制胜的看家本领。毛泽东曾经指出:"如果我们党有一百个至二百个系统地而不是零碎地、实际地而不是空洞地学会了马克思列宁主义的同志,就会大大提高我们党的战斗力量"④。领导干部只有学懂了马列主义基本理论,特别是领会了贯穿其中的马克思主义立场、观点、方法,才能心明眼亮,才能深刻认识和准确把握共产党执政规律、社会主义建设规律、人类社会发展规律,从而不断提升战略思维、创新思维、辩证思维、底线思维能力,正确判断形势,才能具备科学的思想方法和工作方法,始终保持政治上的清醒和坚定。

二是用习近平新时代中国特色社会主义思想武装全党。习近平新时代中国特色社会主义思想,是马克思主义真理与中国实践相结合的最新成果,为发展马克思主义作出了原创性贡献,开辟了马克思主义新境界、中国特色社会主义新境界、党治国理政新境界、管党治党新境界,是决胜全面建成小康,实现中华民族伟大复兴的行动指南。党的十九大把习近平新时代中国特色社会主义思想确立为党必须长期坚持的指导思想,实现了党的指导思想又一次与时俱进,具有重大的政治意义、理论意义、实践意义。领导干部要认真学习领会其精神实质,掌握贯穿其中的立场、观点、方法,用党的创新理论武装头脑、指导实践,进行伟大

---

① 《切实贯彻落实新时代党的组织路线　全党努力把党建设得更加坚强有力》,载《人民日报》2018年7月5日。
② 《习近平谈治国理政》,外文出版社2014年版,第401页。
③ 《切实贯彻落实新时代党的组织路线　全党努力把党建设得更加坚强有力》,载《人民日报》2018年7月5日。
④ 《毛泽东选集》第2卷,人民出版社1991年版,第533页。

斗争，建设伟大工程，推进伟大事业，实现伟大梦想。

三是学习各方面知识，优化知识结构，克服本领恐慌。习近平多次要求全党同志特别是各级领导干部都要有加强学习的紧迫感，指出："本领不是天生的，是要通过学习和实践来获得的。当今时代，知识更新周期大大缩短，各种新知识、新情况、新事物层出不穷……如果我们不努力提高各方面的知识素养，不自觉学习各种科学文化知识，不主动加快知识更新、优化知识结构、拓宽眼界和视野，那就难以增强本领，也就没有办法赢得主动、赢得优势、赢得未来。"① 领导干部只有努力学习各方面知识，努力在实践中增加才干，加快知识更新，优化知识结构，拓宽眼界和视野，着力避免陷入少知而迷、不知而盲、无知而乱的困境，着力克服本领不足、本领恐慌、本领落后的问题，才能打牢履职尽责的知识基础。尤其是年轻干部，更要注重学习，"要有足够本领来接班，加强学习、积累经验、增长才干，自觉向实践学习、拜人民为师"②。

（3）加强实践。习近平认为，好干部的成长，还要加强实践锻炼，"越是条件艰苦、困难大、矛盾多的地方，越能锤炼人。干部要深入基层、深入实际、深入群众，在改革发展的主战场、维护稳定的第一线、服务群众的最前沿砥砺品质、提高本领"③。习近平强调，越是有培养前途的年轻干部，越是要放到艰苦环境中去，越要派到改革和发展的第一线去。这对做好培养年轻干部工作具有重大而现实的意义，为各级党组织培养选拔年轻干部指明了方向。让年轻干部到改革发展第一线去摸爬滚打，直接面对群众和困难，独自处理矛盾和问题，各项工作亲力亲为，有利于促进年轻干部尽快成长成才。实践证明，凡是在基层实践中锻炼过的干部做群众工作的能力、处理实际问题的能力、应对复杂局面的能力都有明显的提高。越是条件艰苦、困难较多，越能磨炼人的意志，越能培养吃苦耐劳、坚韧不拔的品质和作风。大浪淘沙始见金。放到基层实践经受历练，可以让年轻干部在大是大非前党性更坚定，在艰

---

① 《习近平谈治国理政》，外文出版社2014年版，第403页。
② 《切实贯彻落实新时代党的组织路线　全党努力把党建设得更加坚强有力》，载《人民日报》2018年7月5日。
③ 《习近平谈治国理政》，外文出版社2014年版，第417页。

苦环境中意志更坚强,在处理问题上能力更突出。组织部门要积极为干部锻炼成长搭建平台,实践锻炼不是去"镀金",更不是去走过场等着提拔。

四、加强组织对干部的培养

育人是用人的基础,好干部还要"靠组织培养"①。习近平在全国组织工作会议上指出,"要建立源头培养、跟踪培养、全程培养的素质培养体系,教育引导干部加强党性修养、筑牢信仰之基,加强政德修养、打牢从政之基,严守纪律规矩、夯实廉政之基,健全基本知识体系、强化能力之基,增强干部素质培养的系统性、持续性、针对性"②。从组织层面上讲,干部的成长离不开组织培养,形势越变化,事业越发展,越要重视干部培养,提升干部适应新时代中国特色社会主义发展要求的能力。

(1) 突出政治标准的培养。党的十九大报告指出,要"突出政治标准"③,这是党的十八大以来中央干部队伍建设的重要特点,重视把干部政治标准作为干部选拔和培养的重中之重。政治标准是选人用人第一位的标准,是最根本的标准。干部培训就是培养干部在政治上靠得住,引导广大党员干部能够坚定对马克思主义的信仰、对共产主义和社会主义的信念、对党和人民的忠诚,牢固树立政治意识、大局意识、核心意识、看齐意识,坚决维护以习近平同志为核心的党中央权威,全面执行党的理论、路线、方针和政策,思想上、政治上、行动上同党中央保持高度一致。

(2) 抓好党性教育和道德建设。培养干部,要抓好党性教育这个核心,抓好道德建设这个基础。习近平特别重视干部的党性教育和道德建设,要求领导干部"加强党性修养,坚定理想信念,提升道德境界,

---

① 《习近平谈治国理政》,外文出版社2014年版,第417页。
② 《切实贯彻落实新时代党的组织路线 全党努力把党建设得更加坚强有力》,载《人民日报》2018年7月5日。
③ 习近平:《决胜全面建成小康社会 夺取新时代中国特色社会主义伟大胜利——在中国共产党第十九次全国代表大会上的报告》,人民出版社2017年版,第20页。

追求高尚情操，自觉远离低级趣味，自觉抵制歪风邪气"①，并且指明了党性教育和道德建设是通向好干部的重要途径。习近平指出："成为好干部，就要不断改造主观世界、加强党性修养、加强品格陶冶。要时刻用党章、用共产党员标准要求自己……时刻自重自省自警自励……老老实实做人，踏踏实实干事，清清白白为官。"②

一是党性教育是党员领导干部的终身必修课。党性是衡量党员立场和觉悟的根本准绳，是党员干部立身、立业、立言、立德的基石。党性教育的目的在于帮助干部始终保持政治上的清醒和坚定，始终保持高尚的道德情操，始终保持共产党人的本色。做人是做官的前提，一个领导干部的作为，取决于他本人的修为。党校是党性教育的主阵地，习近平在全国党校工作会议上指出："党校姓党，决定了党校工作的重心必须是抓党的理论教育和党性教育。领导干部到党校学习，主要任务是学习党的理论、接受党性教育。"③ 通过党性锻炼，引导干部干干净净为官，公道正派处事，依法慎重用权。

二是领导干部要注重道德品行建设。习近平非常重视干部的道德修养，强调"见贤思齐焉，见不贤而内自省也"。他把"三严三实"作为干部改进作风的要求，其中摆在首位的就是"严以修身"，明确了提升道德境界、追求高尚情操的要求，为干部立德、立言、立行指明了具体方向。同时，还明确阐述了修身立德的方法：强调"吾日三省吾身"，要求反躬自省、自我批评；强调"心存敬畏，手握戒尺"，遵纪守法、不碰底线；要求领导干部管住自己的欲望，"祸莫大于不知足，咎莫大于欲得"，这些是领导干部崇德修身的认识论和方法论。

（3）注重年轻干部的培养。我们党历来重视年轻干部的培养，关心年轻干部的成长。习近平多次强调："培养选拔年轻干部，事关党的事业薪火相传，事关国家长治久安。"④ "加强和改进年轻干部工作，要下大气力抓好培养工作……对那些看得准、有潜力、有发展前途的年轻

---

① 《习近平谈治国理政》，外文出版社2014年版，第381页。
② 《习近平谈治国理政》，外文出版社2014年版，第417页。
③ 习近平：《在全国党校工作会议上的讲话》，人民出版社2016年版，第13页。
④ 《习近平总书记重要讲话文章选编》，中央文献出版社、党建读物出版社2016年版，第68页。

干部，要敢于给他们压担子，有计划安排他们去经受锻炼。"① 年轻干部的培养选拔，既是加强领导班子和干部队伍建设的现实需要，也是决胜全面小康社会，夺取新时代中国特色社会主义伟大胜利的组织保证。

培养年轻干部要把政治上强放在首要位置，引导年轻干部自觉用中国特色社会主义理论体系特别是习近平新时代中国特色社会主义思想武装头脑，坚定理想信念和宗旨意识；要把优秀年轻干部放在基层一线，在急难险重岗位、艰苦地区培养锻炼，让他们在实践中提升素质能力。培养不等于照顾，年轻干部要"墩墩苗"，组织上对年轻干部要从严管理，注重抓早抓小抓平时，让他们懂得严于律己、接受监督是当干部的基本要求。要深化对年轻干部成长特点和规律的认识，不断拓宽选人视野渠道，改进考察考核方式方法，特别是加强平时考察，不能只注重提拔前的考察。要加强后备干部队伍建设，努力实现常态化培养、合理化配备、制度化运行。

第三节　好干部要用起来

用人之要，关键在精准科学择人。习近平指出："好干部成长起来了，培养出来了，关键还是要用。不用，或者用不好，最终等于还是没有好干部。"② 要"把党和人民需要的好干部精心培养起来、及时发现出来、合理使用起来"③。2018年7月，习近平在全国组织工作会议上指出，"要建立以德为先、任人唯贤、人事相宜的选拔任用体系"④。这些要求，对做好新形势下干部工作具有根本指导意义。

一、坚持事业为上、因事择人、用当其时、用其所长

习近平指出，选用干部要坚持事业为上。这一要求对于做好新时代

---

① 《习近平总书记重要讲话文章选编》，中央文献出版社、党建读物出版社2016年版，第69、70页。
② 《习近平谈治国理政》，外文出版社2014年版，第418页。
③ 《十八大以来重要文献选编》下，中央文献出版社2018年版，第356页。
④ 《切实贯彻落实新时代党的组织路线　全党努力把党建设得更加坚强有力》，载《人民日报》2018年7月5日。

选人用人工作具有重要的指导意义和很强的现实针对性。以事为先、因事择人,这是选好人、用准人的根本出发点。事业为上,用人得当,就是要科学合理使用干部,也就是说要用当其时、用其所长。

(1) 坚持事业为上。选用干部归根结底是为了事业发展,必须把事业为上作为选人用人的根本出发点。习近平强调,选用干部要坚持事业为上,"用什么人、用在什么岗位,一定要从工作需要出发,以事择人,不能简单把职位作为奖励干部的手段"①。这一论断明确了新时代干部选任工作的基本思路。

坚持事业为上,就是始终把党的事业和人民利益放在第一位,把事业需要、岗位要求与人选条件有机结合起来,坚决纠正唯票、唯分、唯生产总值、唯年龄等取人偏向。选拔任用干部,在事业发展与干部成长这两个因素的把握上,一定要始终抱着对党和人民事业高度负责的精神,坚持党的原则第一、党的事业第一、人民利益第一,把事业需要、岗位要求与促进干部成长、调动各方面积极性有机结合起来,做到以事择人、依岗选人、人岗相适,使事业在优秀干部推动下兴旺发达,让干部在推动事业发展中健康成长。要坚持以事论人、以事择人,依岗选人、人岗相适,坚持专业知识、专业能力、专业作风、专业精神相统一来衡量干部的专业素养,要围绕贯彻新发展理念、推进高质量发展,改进干部政绩考核,实行差异化考核,真正把党和人民事业需要的好干部选出来、用起来,用干部工作"指挥棒"引领干部树立正确的政绩观。

此外,要优化班子结构、强化班子整体功能,让优秀干部用当其所、各展其长,在众多可能的人选中把最合适的选出来。树立正确的用人价值取向,既要选好熟悉党政综合管理、善于驾驭全局的复合型领导干部,又要配好综合素质好、具有较高知识层次和专业素养的专家型人才,真正把"好钢用在刀刃上",实现推动事业发展、增强班子功能和促进干部成长相统一。

(2) 构建科学有效的选人用人机制。制度管根本、管长远,具有普遍约束力。要构建科学有效、系统完备的干部考察机制,用制度程序保障考察工作规范有序、客观真实,真正让党和人民满意的好干部脱颖

---

① 《习近平谈治国理政》,外文出版社2014年版,第419页。

而出。习近平强调，必须树立正确的用人导向，努力形成"系统完备、科学规范、有效管用、简便易行"的科学有效的选人用人机制，这体现了习近平对科学选人用人机制的系统性、科学性、实效性和可操作性的考量和要求。构建科学有效的选人用人机制是一项系统工程，涉及干部教育、选拔、考核、监督、保障等多个方面，既要防止制度设计和具体运用上的陷阱，又要考虑程序和方法设计的严谨与科学，形成相互衔接、相互配套的制度体系，确保制度有效管用、简便易行。

（3）整治使用干部的不正之风。用人风气好坏，直接影响用人行为和党内政治生态。用人风气好，干部选拔任用工作就能在不受外界干扰的情况下，严格按党性原则和用人政策办事。反之，整个用人秩序就无法正常维持，真正的好干部也难以选上来。习近平指出，对选人用人的不正之风，"必须下决心加以整治，使用人之风真正纯洁起来"[①]。因此，必须以最坚决的态度、最果断的措施，继续大力整治用人上的不正之风和种种偏向，努力营造风清气正的用人环境。

一方面要警惕论资排辈、平衡照顾的现象。实际工作中，一些地方和单位选人用人往往忽视事业发展和工作需要，不是看谁优秀、谁合适，而是看谁资历深、轮到谁；个别的甚至不顾一个地方的发展和老百姓利益，搞论资排辈，把明知不胜任的干部放在重要领导岗位，这是对党的事业不负责任的表现。另一方面，要排除私心杂念，杜绝"关系网""潜规则"。习近平指出："在一个地方、一个单位，一个干部好不好，群众有公论，实践有比较，领导心里也明白，但在具体用人时，结果却与事业需要和群众期盼大相径庭。这其中作祟的，是一些领导干部的私心杂念，是人们议论的'关系网'、'潜规则'。"[②] 也正是这些不健康的因素和不正之风的存在，任人唯贤被丢在一边了，任人唯亲、任人唯利等问题发生了。

二、坚持精准识人，客观公平考核评价干部

干部考核评价是一项系统工程，是干部选任工作的前置性、基础性

---

① 《习近平谈治国理政》，外文出版社2014年版，第419页。
② 《习近平谈治国理政》，外文出版社2014年版，第419页。

工作。考核评价是干部管理的基础环节,是激励干部积极开展工作,促进干部队伍素质提高的重要方法。干部考核工作,要努力在科学评价干部、考准考实上下功夫,切实考出德才兼备的优秀干部。考核评价的关键是提高识人的分辨率和识别度。习近平强调,要坚持全面、历史、辩证地看待干部,坚持日常考核和定期考核、定性评价和定量评分、组织考核和观摩评比相结合,逐步建立上级点评、同级互评、下级测评、群众参评、服务对象反评、媒体网络海评的网络体系,立体式评价干部,为如何识别考评干部指明了方向,避免了识别干部方法上的形而上学。

(1) 识准群众立场和乡语口碑。干部好不好,群众最有话语权。评价一个干部是好还是坏,首先应该从人民群众的角度去考虑。因为干部的优劣和是非功过,群众看得最清楚,也最有发言权。只有走好群众路线,实行领导和群众相结合,才能把人选准用好。重视并密切关注干部在群众中的口碑,是习近平识人观的重要内容。"干部业绩在实践,干部声名在民间。"① 把干部识准察明,就应深入基层,尤其是要多到基层干部群众中、多在乡语口碑中了解干部,尊重和重视群众的意见建议,看群众拥不拥护、赞不赞成、满不满意。要大力选拔那些组织满意、群众认可的干部,坚决不用那些口碑不好、难孚众望的人。既要在"大事"上看德,又要在"小节"中察德,深入细致地了解干部的表现,旗帜鲜明地树立"群众公认"的用人导向,使那些对群众感情真挚、深得群众拥护的干部得到重用。通过深入、全面的考核工作绩效来评价领导干部是否优秀。既考察表面政绩,更注重考察实质政绩;既考虑领导干部的主观努力,也考虑当时当地的客观条件。把考核政绩与群众满意度相结合。通过科学的考核,全面准确地评价领导干部是真干还是假干。领导干部要想获得群众满意度还必须从思想层面解放自己,必须坚持解放思想,实事求是。

(2) 识透干部的整体影像。既要在内容上全面评价德、能、勤、绩、廉等方面的横向影像,又要在一个较长的时间段内全面地考察干部的纵向谱系。习近平认为,要用全面的观点看待干部,既要看到显绩,也要看到潜绩;功夫既要下在平时,也要注意重大关头、关键时刻;既

---

① 《习近平谈治国理政》,外文出版社2014年版,第420页。

要注重一贯表现，也要统揽全部工作；既要关注政绩突出、满耳赞誉的干部，也要关注那些勇担当、有本事、坚持原则、不怕得罪人、个性鲜明而认识不尽一致的干部。要从政治素养、道德修养、作风能力、专业知识等方面全面识别评价干部，重点要突出现职工作实绩和思想作风表现，为精准识人提供依据。

德、能、勤、绩是一个有机的整体，是干部素质的综合反映，因此，在考察过程中必须加以全面把握。考察德，就是要了解干部的政治信念、政治方向、政治立场、道德品质等思想政治建设情况以及廉洁自律情况，特别注重考察干部在关键时期、重大原则问题上的政治态度和行为，看其政治立场是否坚定，使德的内容更加具体形象，让干部的德真正看得见、摸得着。考察能，就是要了解干部的领导水平、工作能力、文化知识水平和理论素养等方面的情况。考察勤，就是要了解干部的开拓进取精神、工作态度、工作作风等方面的情况。考察绩，就是要了解干部履行岗位职责情况和工作实绩。

评价要坚持看主流、看本质、看发展，看领导班子的主流、发展态势和潜力，把有质量、有效益、可持续的经济发展和民生改善、社会进步、文化建设、生态效益、党的建设等指标和实绩作为重要考核内容，既考虑经济增长，又兼顾民生福祉，既注重加快发展，又保护绿水青山。正确对待存在的不足，正确分析干部取得实绩的主客观因素，防止那些因客观条件好而主观不努力的干部"坐享其成"；正确分析干部个人在整个工作完成中的作用和因素，准确界定地方发展中体现的"领导含量"。

（3）考核评价的程序、结果及运用坚持客观公正原则。考核评价工作是一项极为严肃的工作，客观公正是其基本的原则之一，必须毫不动摇地坚持。习近平特别重视干部的考核评价，要求改革完善干部考核评价制度，建立系统完备、科学规范、有效管用、简便易行的干部综合考核评价体系。一是考核过程要客观公正。考核评价要秉承实事求是的原则，客观、准确地反映干部工作完成的实际情况，避免带着"有色眼镜"看问题，切忌凭情面和感情考评。二是考核结果要客观公正。考核结果要公正地反映干部工作完成的真实情况，实事求是地给予公正评价，把真实事件、真实面目反映出来。三是强化考评结果运用，坚持把考核评价与干部培养教育、选拔任用、监督管理、激励约束结合起来,强化对考核结果的综合分析比对,将考核"指挥棒"作用发挥到实处,及时选拔使用实绩突出、群众公认的干部,调整不适宜担任现职的干部,真正通过考核实现好中选优、优中选强,将干部放在合适的位置上。

三、坚持从严管理干部

从严治党,重在从严管理干部。要建立管思想、管工作、管作风、管纪律的从严管理体系,加强全方位管理,加强党内监督,管好关键人、管到关键处、管住关键事、管在关键时,特别是要把一把手管住管好。习近平在党的群众路线教育实践活动总结大会上强调,从严治党重在从严管理干部,坚持以严的标准要求干部、以严的措施管理干部、以严的纪律约束干部,使广大干部既廉又勤,既干净又干事。干部管理重在日常、贵在有恒,必须从点滴抓起,从具体问题管起,把从严管理监督干部贯彻落实到干部队伍建设全过程,坚决防止"宽、松、软"问题,切实做到真管真严、敢管敢严、长管长严。

(1)干部的健康成长离不开严格的监管。习近平认为,监督管理对干部的健康成长至关重要,他指出:"没有监督的权力必然导致腐败,这是一条铁律。组织上培养干部不容易,要管理好、监督好,让他们始终有如履薄冰、如临深渊的警觉。"[1] 注重加强对干部经常性的管理监督,形成对干部的严格约束,是党组织的重要职责。习近平还强调放弃对干部的监督就是极大的不负责任,"各级党组织必须明白,加强党风廉政建设,加强对干部的监督,是对干部的爱护。放弃了这方面责任,就是对党和人民、对干部的极大不负责任"[2]。同时,作为领导干部,必须要自觉地接受监督,能不能正确对待、自觉接受党和人民监督,是衡量领导干部党性修养水平的一个重要尺度,领导干部"要不断增强向体内病灶开刀的自觉性,使积极开展监督、主动接受监督成为全党的自

---

[1] 《十八大以来重要文献选编》上,中央文献出版社2014年版,第342页。
[2] 《十八大以来重要文献选编》上,中央文献出版社2014年版,第138页。

觉行动"①。

（2）推动从严监督管理干部常态化，加强干部日常管理和监督。匡正选人用人风气，降低领导干部"带病提拔率"和"违规用人率"，要在日常管理监督上下功夫，坚持抓早、抓小、抓预防。习近平指出，加强干部日常管理，一方面，要根据形势变化完善干部管理规定，不断深化规律性认识，坚持依章依规、抓早抓小、持续持久、精准精细的基本原则，更好发挥在干部日常教育管理上的基础作用，把哪些能做、哪些不能做真正搞得清清楚楚、明明白白。另一方面，要严格执行干部管理各项规定，讲原则不讲关系，发现问题该提醒的提醒、该教育的教育、该处理的处理，让干部感到身边有一把戒尺，随时受到监督。加强日常监督，就是要克服不考察不去了解干部、不调整很少与干部谈话、不出大问题不严厉批评处理干部、不搞集中教育实践活动就忽视严格要求的倾向，强化谈心谈话监督。强化请示报告的监督，领导干部在涉及重大问题、重要事项时，按规定向上级党组织请示报告，这是必须遵守的规矩。强化审计的监督，把审计成果运用到干部工作中，落实到解决问题上、落实到班子建设和干部管理上。

（3）突出党内监督在干部管理中的作用。党内监督是干部监督管理的重要途径，是干部秉公用权、尽责履职的重要保障。加强党内监督是马克思主义政党的一贯要求，是我们党的优良传统和政治优势。党的执政地位，决定了党内监督在党和国家各种监督形式中是最基本的、第一位的。习近平非常重视党内监督对干部管理的重要性，他指出："对我们党来说，外部监督是必要的，但从根本上讲，还在于强化自身监督。我们要总结经验教训，创新管理制度，切实强化党内监督。"② 一是要探索党长期执政条件下强化自我监督的有效途径，完善党内监督制度。党的十八大以来，习近平多次明确强调巡视监督、纪委派驻全覆盖、党内监督与党外监督结合等监督途径，完善了党内监督制度。对巡视监督，习近平认为，"巡视作为党内监督的战略性制度安排，不是权

---

① 习近平：《在党的十八届六中全会第二次全体会议上的讲话》，载《人民日报》2016年10月28日。
② 习近平：《在第十八届中央纪律检查委员会第六次全体会议上的讲话》，载《人民日报》2016年1月13日。

宜之计，要用好巡视这把反腐'利剑'。现在的巡视有点'八府巡按'的意思了，群众说'包老爷来了'，有'青天'之感，有问题的干部害怕了。"① 二是要贯彻民主集中制，依规依纪进行，强化自上而下的组织监督，改进自下而上的民主监督，发挥同级相互监督作用。习近平认为，坚持民主集中制是强化党内监督的核心。当前，党内集中不够和民主不够的问题同时存在。强化党内监督，必须坚持、完善、落实民主集中制，把民主基础上的集中和集中指导下的民主有机结合起来，把上级对下级、同级之间以及下级对上级的监督充分调动起来，确保党内监督落到实处、见到实效。同时，监督必须坚持自上而下的规律，发挥好组织监督、民主监督和同级相互监督的作用。三是发挥好纪委在党内监督中的作用，纪委是党内监督的专门机关，是管党治党的重要力量。习近平指出："要以深化改革推进党风廉政建设和反腐败斗争，改革党的纪律检查体制，完善反腐败体制机制，增强权力制约和监督效果，保证各级纪委监督权的相对独立性和权威性。"② 同时还要重视纪委自身的监督，要求纪委监督别人的人首先要监管好自己，做遵守纪律的标杆。

四、注重干部正向激励，建立健全容错纠错机制

党的十九大报告指出："建立激励机制和容错纠错机制，旗帜鲜明为那些敢担当、踏实做事、不谋私利的干部撑腰鼓劲。"③ 习近平在全国组织工作会上指出，"要建立崇尚实干、带动担当、加油鼓劲的正向激励体系，树立体现讲担当、重担当的鲜明导向"④。以习近平同志为核心的党中央始终强调领导干部要敢于担当，鼓励各级各部门探索建立和完善激励机制、容错机制和保护机制，态度鲜明地鼓励和保护勇于改革创新的领导干部，帮助他们克服前行的障碍，解除后顾之忧，为干部干事创业营造良好氛围。

---

① 习近平：《在中央政治局常委会听取中央巡视工作领导小组二〇一四年中央巡视组首轮巡视情况汇报时的讲话》，载《人民日报》2014年6月27日。
② 《习近平谈治国理政》，外文出版社2014年版，第395页。
③ 习近平：《决胜全面建成小康社会 夺取新时代中国特色社会主义伟大胜利——在中国共产党第十九次全国代表大会上的报告》，人民出版社2017年版，第64页。
④ 《切实贯彻落实新时代党的组织路线 全党努力把党建设得更加坚强有力》，载《人民日报》2018年7月5日。

（1）注重干部正向激励。建立科学的党员干部正向激励机制，把严格管理干部、热情关心干部、完善干部基本生活保障等有机结合起来。习近平指出："既要求干部自觉履行组织赋予的各项职责，严格按照党的原则、纪律、规矩办事，不滥用权力、违纪违法，又对干部政治上激励、工作上支持、待遇上保障、心理上关怀，让广大干部安心、安身、安业，推动广大干部心情舒畅、充满信心、积极作为、敢于担当。"[①] 对广大党员干部而言，科学的选人用人机制可谓最为关键的正向激励机制。习近平多次强调，要充分调动广大干部的积极性，不断提升工作精气神。要保持锐意创新的勇气、敢为人先的锐气、蓬勃向上的朝气。这是着眼于党和国家事业发展、坚持全面从严治党方针、针对干部中的突出问题，各级党组织要为真抓实干者鼓劲、为改革创新者撑腰，为敢担当的干部担当、为敢负责的干部负责，避免恶意炒作模糊干部的视线、增加干部的困惑、束缚干部的手脚。

一是引导干部干事创业。空谈误国，实干兴邦。"世界上的事情都是干出来的，不干，半点马克思主义也没有"[②]。习近平多次强调，社会主义是干出来的，就是提醒和告诫全党全国上下要继续弘扬党的优良作风和传统，埋头苦干、真抓实干，让积蓄已久的中华民族正能量爆发出来，去实现"两个一百年"奋斗目标和中华民族伟大复兴的中国梦。当前，一些干部存在着干多干少一个样、干好干坏一个样、干与不干一个样甚至不干比干更得利的错误思想和认识，行为上裹足不前，拿"严管理"替"少干事"找理由，用"不出事"为"不干事"开脱责任。这种不求有功但求无过的混事官，不仅难以完成组织和人民交给的任务，还会贻误发展先机，招来群众的不满和抱怨，必须引起高度警醒。

二是引导干部敢于担当。党的十八大以来，习近平反复强调党员干部要敢于担当，同时也一再提出要为担当者担当、为干事者撑腰，更广泛更有效地调动干部队伍的积极性。这对于激励广大党员干部勇于担当、尽职尽责，开创工作新局面具有重要意义。当前，受成长经历、社

[①] 习近平：《在省部级主要领导干部学习贯彻党的十八届五中全会精神专题研讨班上的讲话》，人民出版社2016年版，第42页。

[②] 《十六大以来重要文献选编》上，中央文献出版社2005年版，第725页。

会环境、政治生态等因素影响，部分干部存在一定程度的在其位不谋其政、不担当不作为问题，特别是有些党员干部面对大是大非不敢亮剑，面对矛盾不敢迎难而上，面对危机不敢挺身而出，面对失误不敢承担责任，面对歪风邪气不敢坚决斗争。这里面，有的是能力不足而"不能为"，有的是动力不足而"不想为"，有的是担当不足而"不敢为"。因此，习近平强调，拥护改革、支持改革、敢于担当的就是促进派，把改革抓在手上、落到实处、干出成效的就是实干家。他指出，"各级党组织要旗帜鲜明肯定表彰锐意进取的干部，教育帮助'为官不为'的干部，支持和鼓励干部一心向公、兢兢业业、敢于担当"[①]。这些要求为担当者担当的体制机制激励了党员干部尽情释放担当的激情和能量，提供了明确的指导。

（2）建立健全容错机制。改革本身就是一个不断试错的过程。人的有限理性以及改革的复杂性、不确定性决定了相关决策和工作很难不出现失误，而人又有趋利避害心理，因而需要加强绩效评估和责任追究并建立容错纠错机制，以保障公平、激发动力。在实际工作中，领导干部"怕而不为""为而出错受伤害"等现象时有发生，影响了部分干部的干事创业热情。习近平多次强调，改革创新既鼓励创新、表扬先进，也允许试错、宽容失败，营造想改革、谋改革、善改革的浓郁氛围。这要求我们必须尽快建立科学的干部容错纠错机制，宽容干部在工作中特别是改革创新中的失误。

一是明确"三个区分开来"，允许试错、宽容失败，让干事者无忧。改革创新、敢闯敢试，就有可能出现挫折或者失败。因此，鼓励改革创新，就需要建立宽容挫折、容忍失败的容错纠错机制。习近平指出，"要把干部在推进改革中因缺乏经验、先行先试出现的失误和错误，同明知故犯的违纪违法行为区分开来；把上级尚无明确限制的探索性试验中的失误和错误，同上级明令禁止后依然我行我素的违纪违法行为区分开来；把为推动发展的无意过失，同为谋取私利的违纪违法行为区分

---

① 习近平：《在党的群众路线教育实践活动总结大会上的讲话》，人民出版社2014年版，第24页。

开来,保护那些作风正派又敢作敢为、锐意进取的干部"[①]。一个干部事业心、责任感强,工作干得多,发生错误可能性也就相对多一些。"不能求全责备,一有失误就加以责难,这样会挫伤干部敢于担当、勤奋工作的积极性。"[②] 这些思想很好地回应了干部比较关心、比较担心的问题,为破解"洗碗效应"、解决干部干事创业的后顾之忧指明了方向。

二是把全面从严治党与干部干事创业有机统一起来。全面从严治党并不是要捆住干部干事创业的手脚,而是要整治干部乱作为、防止干部不作为。决不能以全面从严治党做借口为不干事来推脱。容错纠错容的是因公敢为和改革探索中的失误与错误,明确敢作为和乱作为之间的界限,坚决惩治借改革创新之名乱作为、不作为、慢作为或以权谋私、假公济私,以及侵害群众利益等行为。把全面从严治党与干部干事创业统一起来,就是要科学划分错误与失误、主观故意与客观无意的界限,明确容错免责与纠错的行为认定,允许党员干部在试错中寻找试对,二者是辩证统一的关系。

[①] 习近平:《在省部级主要领导干部学习贯彻党的十八届五中全会精神专题研讨班上的讲话》,人民出版社 2016 年版,第 42 页。

[②] 《习近平关于全面从严治党论述摘编》,中央文献出版社 2016 年版,第 133 页。

第六章　作风建设永远在路上

党风是指一个政党基于阶级属性、时代特征，在现实政治和社会生活中体现出来的特色和风范。对于中国共产党来说，党风是党在领导革命、建设和改革的长期实践中形成的反映党的基本特征和内在品格的整体精神风貌，是党的性质、宗旨、纲领以及路线的重要体现，也是党的先进性和纯洁性的重要标志。党风建设，则是指端正党组织和党员的思想作风、学习作风、工作作风和生活作风等，树立与党的性质和宗旨相适应的良好风尚的工作。中国共产党历来重视党风建设。从"思想建设、组织建设、作风建设"的党建格局，到"思想建设、组织建设、作风建设、反腐倡廉建设、制度建设"的党建格局，再到"全面推进党的政治建设、思想建设、组织建设、作风建设、纪律建设，把制度建设贯穿其中，深入推进反腐败斗争"①的党建格局，"作风建设"从未缺位。一位外国政要直言："中国共产党本身就是中国奇迹。"中国共产党何以成为"奇迹"？从党长期的作风建设中可以找到答案。党的十八大以来，以习近平同志为核心的党中央以作风建设为全面从严治党破题，始终绷紧作风建设这根弦，实现了党风的根本性好转。在作风建设过程中，习近平做出了许多重要论述和重大部署，成为习近平新时代中国特色社会主义思想的重要组成部分，彰显了以习近平同志为核心的党中央刹住不正之风的信心、决心和政治智慧。

第一节　作风问题绝不是小事

作风是生活态度，是行为风格，是处事方式，是价值追求，展示的

---

① 习近平：《决胜全面建成小康社会　夺取新时代中国特色社会主义伟大胜利——在中国共产党第十九次全国代表大会上的报告》，人民出版社2017年版，第62页。

是作风主体的形象、素养、心态和责任担当。因此，在作风问题上，容不得半点慢待与轻视。习近平强调："工作作风上的问题绝对不是小事，如果不坚决纠正不良风气，任其发展下去，就会像一座无形的墙把我们党和人民群众隔开，我们党就会失去根基、失去血脉、失去力量。"① 作风面前无小事，不仅工作作风如此，思想作风、学习作风、生活作风的问题同样如此。早在 2007 年，习近平在《生活情趣非小事》这篇文章中就曾写道："风成于上，俗形于下。领导干部的生活作风和生活情趣，不仅关系着本人的品行和形象，更关系到党在群众中的威信和形象，对社会风气的形成、对大众生活情趣的培养，具有'上行下效'的示范功能。"② 作风是一种无形的力量，会发挥潜移默化的作用。优良作风陶冶、浸润着人们的道德情操，带动整个社会风气向好向优。不良风气的泛滥，则会误导社会，造成人们随波逐流的态势，严重侵蚀社会的健康机体。正如毛泽东所说，"只要我们党的作风完全正派了，全国人民就会跟我们学"③。自古以来，"以吏为师"就是中国政治统治与道德教化乃至一切精神教化的重要命题，领导干部在广大人民群众中具有重要的表率作用。

一、作风问题根本上是党性问题

党的十八大以来，习近平在多次考察、讲话中，从树立党章意识、坚定理想信念等层面对"党性"问题做出阐述。党性是什么？在中国政治话语中，这个概念众所周知却未必人人能讲清楚。刘少奇说："共产党员的党性，就是无产者阶级性最高而集中的表现，就是无产阶级利益最高而集中的表现。"④ 党性是一个政党固有的本质属性，是党的先进性、纯洁性的集中体现，是党员干部立身、立业、立言、立德的基石，是共产党员的灵魂所在。鲜明的党性，是马克思主义政党的显著特色，也是对于党员干部的绝对要求。具体到个体党员来说，党员个体的党性，应该包含世界观、人生观、价值观以及权力观、地位观、利益

---

① 《习近平谈治国理政》，外文出版社 2014 年版，第 387 页。
② 习近平：《之江新语》，浙江人民出版社 2007 年版，第 261 页。
③ 《毛泽东选集》第 3 卷，人民出版社 1991 年版，第 812 页。
④ 《刘少奇论党的建设》，中央文献出版社 1991 年版，第 225 页。

观、事业观的正确性，还有政治立场的坚定性、思想理论的科学性、理想信念的崇高性、工作态度的客观性、为政用权的廉洁性、道德情操的高尚性以及自身修养的全面性等。

尽管在概念上，党性具有一定的抽象性，但其表现是具体的，体现在党员干部的一言一行、一举一动中。习近平指出："作风问题根本上是党性问题。作风反映的是形象和素质，体现的是党性，起决定作用的也是党性。"① 党性内化于心，作风外化于行。党员特别是领导干部在观察问题、处理问题时所持的立场、观点和方法，融汇成一种稳定的、人格化的特征和力量，就是作风。因此，作风问题并不是一个单一的问题，说到底，它是党性问题，是党内思想问题在浅表层面的表现。因此，改进作风，也不能简单就事论事，要举一反三，透过作风看党性，最根本的是要从提高党员干部的党性修养抓起。这是改进作风的一个重要着眼点，党性纯则作风正。2014 年 3 月 17 日，习近平在调研指导河南省兰考县党的群众路线教育实践活动时讲道，"抓作风建设，就要返璞归真、固本培元，重点突出坚定理想信念、践行根本宗旨、加强道德修养"② 。在解决作风问题时，要把党性修养放到突出位置，防止用兴办实事代替解决党员、干部作风问题。

从党性高度抓作风，首先必须突出坚定理想信念。理想信念是共产党人精神上的"钙"，是共产党人的灵魂和立身之本，是共产党人奋斗不息的精神支柱，是党永葆先进性和纯洁性的力量源泉。坚定理想信念、强化政治意识，应作为思想作风建设的核心要求突出出来，把对党忠诚作为第一位的政治要求，从根本上解决好"依靠谁""为了谁""服务谁"的重大问题。其次，从党性高度抓作风，必须忠实践行党的宗旨。"葛兰西陷阱"告诉我们，中国共产党执政的巨大危险就是能否跳出"当官发财"的思维，成为一个纯粹为人民服务的政党。只想当官、不想做事，就会对群众的安危冷暖和利益诉求视而不见。因此，要以强化党的宗旨意识为重点，坚持深入实际、深入群众，开展调查研究，真正做到对需要解决的问题心中有数；坚持循序渐进、务求实效，

---

① 《习近平关于全面从严治党论述摘编》，中央文献出版社 2016 年版，第 154 页。
② 《习近平总书记系列重要讲话读本》，学习出版社、人民出版社 2016 年版，第 113 页。

制定具体措施,注重埋头苦干,真正做到抓一件成一件、不出成效不撒手。再次,从党性高度抓作风,必须注重加强道德修养。德为才之基,一个有才但道德败坏的人,对社会的危害性会更大。因此,习近平在党的十九大报告中指出:"要坚持党管干部原则,坚持德才兼备、以德为先,坚持五湖四海、任人唯贤,坚持事业为上、公道正派,把好干部标准落到实处。"① 做官先做人,党员干部如果处处讲操守、重品行,为人光明磊落,处事公道正派,就会给党的形象增分。要自觉通过道德修养强化党性锻炼,耐得住寂寞、守得住清贫、经得住诱惑、管得住小节,做到台上和台下一个样、工作时间和业余时间一个样、有监督和没有监督一个样。

二、党的作风是党的形象

形象实质上是一种符号,一个政党的形象就是该政党的符号,具有重要的象征意义。中国共产党的形象,是中国共产党以自己的状态和面貌,特别是自己的所作所为和所言所行,向外部展示和输送某种信息,然后在人们头脑中形成的关于党的总体面貌的认知结果和价值判断。② 对于一个政党来说,党的形象主要是指党在广大人民群众中的形象问题,它不仅表明党的性质、功能、作用,更表现为人民群众对于党的认同、接受和支持程度。因此,党的形象也就决定了党与人民群众的关系形态。中国共产党从诞生之日起,就以其先进性、纯洁性和为人民服务的光辉形象,逐步赢得人民群众的广泛支持和拥护,从而取得了新民主主义革命的胜利。陈毅说"淮海战役的胜利是人民群众用小车推出来的"③,这是党的光辉形象的生动反映。在社会主义建设和改革时期,作为执政党,中国共产党既是国家和人民的领导力量,也是坚定的理想信念的载体与方向。从这个角度来说,党的形象对于党的治国理政能力

---

① 习近平:《决胜全面建成小康社会 夺取新时代中国特色社会主义伟大胜利——在中国共产党第十九次全国代表大会上的报告》,人民出版社 2017 年版,第 64 页。
② 参见李忠杰《中国共产党应该具备什么样的形象》,载《解放日报》2016 年 11 月 17 日。
③ 淮海战役纪念馆:《淮海战役史料汇编(追忆卷)》上,国家图书馆出版社 2013 年版,第 259 页。

以及党的领导权威意义重大，而党的权威又可以凝聚力量形成共识，有力地推动全面深化改革。

　　但是，党的形象不能自发生成，它是一个不断塑造的过程，中国共产党的形象往往体现为个体形象与整体形象的辩证统一。在自媒体时代，作为一个有着9514.8万党员的大党：党员的点滴行为无时无刻不在塑造着党的整体形象。习近平说："党的作风是党的形象，是观察党群干群关系、人心向背的晴雨表。党的作风正，人民的心气顺，党和人民就能同甘共苦。"① 为什么说党的作风就是党的形象呢？对于一般社会大众来说，形成对党的形象的认知，往往与某一个或某一些党员以及党员干部在现实生活中的作风密切相关，他们的所作所为直接影响人民群众对于党的直观看法和内在体验。形象是"看得见、摸得着"的作风，没有作风建设上一件件群众"看得见、摸得着"的小事、具体事，形象就不可能树起来。作风建设和党的形象，如同手心手背的关系，党员的作风好，党的形象就会好。各级党员领导干部既是社会发展的组织者和执行者，又是政治行为规范的倡导者和引领者。因此，少数党员干部的负面行为，对党的整体形象的干扰和损害绝对不能低估，所有党员干部，都要时时注意塑造和维护党的整体形象。那种"树形象是领导的事、是先进的事、是他人的事"的思想，千万要不得。共产党员职务有高低、分工有不同，但形象要求没有高低之分，维护形象的责任也没有大小之别。

三、"四风"是损害党群干群关系的重要根源

　　很多人会问，党的形象应该是什么样子？党的高级特工李克农生动演绎了党员的光辉形象。新民主主义革命时期，李克农曾打入国民党中央组织部党务调查科。后来党内出了叛徒，他紧急撤退。直到李克农脱险后，党务调查科科长徐恩曾才恍然大悟，他拍着桌子懊恼不已地说：我怎么光欣赏他的才干了？我怎么早没注意到啊？这个每天埋头工作十几个钟头，不贪、不奢、不赌、不嫖的人，怎么看都不太像"自己

---

① 《习近平谈治国理政》第2卷，外文出版社2017年版，第44页。

人",而更像一个"共产党"。① 这就是党员所应该具有的形象。很遗憾的是,在一段时间里,党员的数量不断攀升,党的形象却出现了一定程度的下滑。有些党员的思想觉悟混同一般群众,甚至不如一般群众。"一颗老鼠屎坏了一锅粥",群众意见大,甚至用"党员不党员,相差两块钱"来取笑这种党员。

为什么形象相差如此之大?党内存在的作风问题,是党的形象下滑最直接的原因。习近平指出:"新形势下,我们党面临着许多严峻挑战,党内存在着许多亟待解决的问题。尤其是一些党员干部中发生的贪污腐败、脱离群众、形式主义、官僚主义等问题,必须下大力气解决。"② "四风"是党风问题的集中表现,也是其他许多问题和弊端的源头。形式主义实质是主观主义、功利主义,根源是政绩观错位、责任心缺失,用轰轰烈烈的形式代替了扎扎实实的落实,用光鲜亮丽的外表掩盖了矛盾和问题。官僚主义者高高在上,养尊处优,闭目塞听,脱离群众。享乐主义实质是革命意志衰退、奋斗精神消减,根源是世界观、人生观、价值观不正确,拈轻怕重,贪图安逸,追求感官享受。奢靡之风实质是剥削阶级思想和腐朽生活方式的反映,根源是思想堕落、物欲膨胀,灯红酒绿,纸醉金迷。四者之中,官僚主义是破坏党群干群关系最大的敌人。因此,党在历史上一直非常重视反对官僚主义。毛泽东曾用泥塑神像来比喻官僚主义者。他说,除了三餐不食这一点不像外,官僚主义者的其他方面都很像一座神像:一声不响,二目无光,三餐不食,四肢无力,五官不正,六亲不靠,八面威风,久坐不动,十分无用!③ 从用词和语气来看,毛泽东对官僚主义深恶痛绝。作风是立场和世界观在实践活动中的表现,有什么样的立场和世界观就会有什么样的作风。从这一角度来说,作风问题的核心是党群关系问题,而"四风"作为当前作风问题的突出表现,毫无疑问是党的群众路线的死敌、大敌和顽敌,是实现中国梦的四大敌人。"'四风'问题只是表象,根上是背离了党性,

---

① 参见江一顺《形象问题至关重要》,载《解放军报》2016年6月30日。
② 《习近平谈治国理政》,外文出版社2014年版,第4页。
③ 参见徐鸿武《毛泽东为官僚主义画像:一座泥塑神像》,载《学习时报》2013年7月29日。

丢掉了宗旨。"① 其后果，就是浪费了有限资源，延误了各项工作，疏远了人民群众，丧失了密切联系群众的最大政治优势，败坏了党风政风，最终会严重损害党的先进性和纯洁性、严重损害党的执政基础和执政地位，从根本上摧毁党。

作风建设要破立结合。在作风建设过程中，既要坚决反对"四风"，又要明确党员干部应该具有什么样的作风。习近平说："我们抓作风建设，归根到底，就是希望各级干部都能树立和发扬好的作风，既严以修身、严以用权、严以律己，又谋事要实、创业要实、做人要实。"② "三严三实"是一种作风、一种精神，也是一个标准、一种境界，是共产党人最基本的政治品格和做人准则，是党员、干部的修身之本、为政之道、成事之要，是改进作风对各级干部的必然要求，要体现在抓作风建设各项工作之中，体现在各级干部首先是领导干部的实际行动中。以领导干部的示范作用和正能量的传播，来压制负能量的繁衍，形成党内积极向上向善的良好氛围。

第二节　保持党与人民群众的血肉联系

密切联系群众，是党的性质和宗旨的体现，是中国共产党区别于其他政党的显著标志，也是中国共产党在历史上形成的三大优良作风之一。费正清在《伟大的中国革命》一书中曾提出这样的问题："1928年中国的希望似乎就在国民党一边，中共一直是一个少数派，似乎就要被消灭了。20年后形势为何却颠倒了呢？"他的回答是："国民党的领导变得陈腐了"，"因而失掉民心"。③ 作为一个西方学者，费正清道出了中国革命胜利的根本原因——中国共产党与广大人民群众存在的血肉联系。新中国成立后，中国共产党又紧紧依靠人民群众确立了社会主义制度，并进行了初步探索；进行了伟大的改革开放，开辟了中国特色社会

---

① 《习近平谈治国理政》第3卷，外文出版社2020年版，第508页。
② 《习近平关于全面从严治党论述摘编》，中央文献出版社2016年版，第158页。
③ ［美］费正清著，刘尊棋译：《伟大的中国革命》，世界知识出版社2003年版，第262页。

主义道路。习近平指出:"群众路线是我们党的生命线和根本工作路线,是我们党永葆青春活力和战斗力的重要传家宝。"① 100 年以来,中国共产党不断发展壮大,在革命、建设和改革事业中取得一个又一个胜利,根本原因在于党始终坚持群众路线,保持与人民群众的血肉联系。

一、坚持以人民为中心的工作导向

马克思主义唯物史观认为,人民群众是历史的创造者,社会物质财富和精神财富的创造者,社会变革的决定力量。人民群众观贯穿了马克思主义经典作家理论探索的始终,是马克思主义理论的内核之一。中国共产党自成立以来,始终高举马克思主义的旗帜,坚持全心全意为人民服务的宗旨。无论是"人民万岁""把群众当亲人",还是"江山就是人民,人民就江山",都鲜明体现了"以人民为中心"的工作导向。党的十八届四中全会更是把"坚持人民主体地位"确立为不可动摇的原则,是一个里程碑式的标志。习近平指出:"人民立场是中国共产党的根本政治立场,是马克思主义政党区别于其他政党的显著标志。党与人民风雨同舟、生死与共,始终保持血肉联系,是党战胜一切困难和风险的根本保证。"② 回眸过去,中国共产党在革命、建设和改革的舞台上,创造了无数的奇迹和辉煌,这种力量来源于人民群众的参与和支持。未来要实现中华民族伟大复兴的中国梦,同样离不开人民群众的支持。党的十九大报告指出:"人民是历史的创造者,是决定党和国家前途命运的根本力量。必须坚持人民主体地位,坚持立党为公、执政为民,践行全心全意为人民服务的根本宗旨,把党的群众路线贯彻到治国理政全部活动之中,把人民对美好生活的向往作为奋斗目标,依靠人民创造历史伟业。"③ "以人民为中心"是十九大报告一以贯之的红线,并被作为新时代发展中国特色社会主义的基本方略予以确定下来,再次提醒全党上下,要牢记"我是谁",明确共产党人对自我身份的准确定位。"以人民为中心"的思想具有深厚的马克思主义理论渊源和中国特色社会主义

---

① 《习近平谈治国理政》,外文出版社 2014 年版,第 27 页。
② 《习近平谈治国理政》第 2 卷,外文出版社 2017 年版,第 40 页。
③ 习近平:《决胜全面建成小康社会 夺取新时代中国特色社会主义伟大胜利——在中国共产党第十九次全国代表大会上的报告》,人民出版社 2017 年版,第 21 页。

实践基础，反映了坚持人民主体地位的内在要求，彰显了人民至上的价值取向，体现了党全心全意为人民服务的根本宗旨，体现了人民是推动发展的根本力量的唯物史观。

坚持以人民为中心的工作导向，必须积极践行党的群众路线。1989年1月，习近平在福建宁德工作时曾撰文《干部的基本功——密切联系群众》指出："无论是从发挥党的领导作用，还是从调动群众积极性这两方面说，都要求我们的各级干部始终同广大人民群众保持密切的血肉联系。这是干部的一项十分重要的基本功。我们的干部都应当苦练这一基本功。"① 把密切联系群众比作"基本功"，说明了密切联系群众工作的基础性和重要性，但"基本功"往往又是最容易被忽视的。这也恰恰说明了，密切联系群众既是一个方法论的问题，也是一个态度问题。实际上，只要态度端正，没有什么解决不了的问题。近些年来，广东探索实施的"乡镇（街道）领导干部驻点普遍直接联系群众"的制度，就是实现密切联系群众全覆盖、常态化的有益创新，作为一种基层社会治理的新模式值得推崇。

以人民为中心，首先要坚持从群众中来，汲取群众智慧。生活最深刻，群众最智慧。毛泽东讲过："群众是真正的英雄，而我们自己则往往是幼稚可笑的，不了解这一点，就不能得到起码的知识。"② 群众有伟大的创造力，中国人民中间有成千上万的"诸葛亮"。习近平指出："坚持不忘初心、继续前进，就要坚信党的根基在人民、党的力量在人民，坚持一切为了人民、一切依靠人民，充分发挥广大人民群众积极性、主动性、创造性，不断把为人民造福事业推向前进。"③ 党必须坚信"中国人民是具有伟大创造精神的人民"④，自觉拜人民为师，尊重人民的社会主体地位，尊重人民群众的首创精神，尊重人民的主人翁地位，真正把人民视为社会主义建设的依靠力量，把群众的实践创造作为源头活水，从百姓的朴素话语中获得闪光思想，从基层的生动实践中萃取创造元素，在广泛集中群众智慧中探寻创新工作的好思路、好举措。

---

① 习近平：《摆脱贫困》，福建人民出版社1992年版，第11页。
② 《毛泽东选集》第3卷，人民出版社1991年版，第790页。
③ 《习近平谈治国理政》第2卷，外文出版社2017年版，第40页。
④ 《习近平谈治国理政》第3卷，外文出版社2020年版，第140页。

其次，坚持到群众中去，做到有的放矢。党的工作如果不能回到群众中去，不能说服群众、引领群众、鼓舞群众，党的正确主张就不能变成人民群众的自觉行动。因此，党必须积极探索创新工作的路径和方法，解决居高临下、空洞说教，生动不够、鲜活不足，以及模式化、套路化的问题，增强吸引力、感染力。再次，坚持发展为了人民，实现群众利益。"我们党是用马克思主义武装起来的政党，始终把为中国人民谋幸福、为中华民族谋复兴作为自己的初心和使命，并一以贯之体现到党的全部奋斗之中。"[1] 实现好、维护好、发展好最广大人民根本利益是中国共产党一切工作的出发点和落脚点。习近平强调："我们要坚持党的群众路线，始终保持党同人民群众的血肉联系，始终接受人民群众批评和监督，心中常思百姓疾苦，脑中常谋富民之策，使我们党永远赢得人民群众信任和拥护，使我们的事业始终拥有不竭的力量源泉。"[2] 依靠群众，从群众中获取智慧和力量，前提是党的工作要坚持为人民。也就是说，发展依靠人民，必须坚持人民至上的价值取向，实现发展为了人民，发展成果由人民共享。最后，坚持问题导向。习近平说："我们要顺应人民群众对美好生活的向往，坚持以人民为中心的发展思想，以保障和改善民生为重点，发展各项社会事业，加大收入分配调解力度，打赢脱贫攻坚战，保证人民平等参与、平等发展权利，使改革发展成果更多更公平惠及全体人民，朝着实现全体人民共同富裕的目标稳步迈进。"[3] 发展为人民，不是一句空话。从宏观角度来说，这是党的群众路线的体现，是党的性质和宗旨的要求。从微观角度来看，发展为人民，就要坚持问题导向，找准群众反映最突出的问题，对症下药，提高工作的针对性和有效性。总之，坚持以人民为中心，必须自觉践行党的为民宗旨，坚持人民主体，牢记人民至上，站稳人民立场，关心人民生活，以"我将无我，不负人民"[4] 的精神状态，为中国发展奉献自己。

---

[1] 《习近平谈治国理政》第3卷，外文出版社2020年版，第530页。
[2] 《习近平谈治国理政》第2卷，外文出版社2017年版，第53页。
[3] 《习近平谈治国理政》第2卷，外文出版社2017年版，第40页。
[4] 《习近平谈治国理政》第3卷，外文出版社2020年版，第144页。

二、强化为人民服务的宗旨意识

党的宗旨是指一个政党存在的根本目的和意图。马克思、恩格斯在《共产党宣言》中指出:"过去的一切运动都是少数人的,或者为少数人谋利益的运动。无产阶级的运动是绝大多数人的,为绝大多数人谋利益的独立的运动。"① 1944年9月8日,毛泽东在为战士张思德举行的追悼大会上,第一次从理论上深刻阐明了为人民服务的思想。中国共产党的宗旨是全心全意为人民服务,而且是唯一宗旨,并在党的七大上被写进党章"总纲"和"党员应尽的义务"中。之后历次党的全国代表大会,都把"全心全意为人民服务"作为党的宗旨庄严地载入党章。党的宗旨是由党的性质决定的。作为工人阶级先锋队的党,作为中国人民和中华民族先锋队的党,除了忠实地代表工人阶级和人民群众的根本利益以外,没有其他任何特殊利益,这就决定了党的根本立场和唯一宗旨就是全心全意为人民服务。这是无产阶级政党区别于其他阶级政党的重要标志,是共产党员党性修养的最高原则和根本内容。在新民主主义革命时期,党靠"革命为民"赢得了贫苦民众的支持,夺取了革命胜利。新中国成立后,党靠"建设为民""改革为民""发展为民"赢得了广大人民群众的拥戴和支持。坚持党的宗旨,是中国共产党发展壮大并不断开辟新局面的力量源泉。

中国共产党最大的政治优势就是紧密联系群众,党执政后最大的危险是脱离群众。当前,少数党员干部"宗旨意识淡薄",存在着"脱离群众"的危险。2014年3月18日,习近平在河南省兰考县委常委扩大会议上严肃指出:"现在,脱离群众的现象在某些方面比十年前、二十年前、三十年前更突出了。问题出在哪儿?不能不引起我们沉思!我看主要是一些党员、干部宗旨意识淡薄了,对群众的感情变化了,作风问题突出了。如果群众观点丢掉了,群众立场站歪了,群众路线走偏了,群众眼里就没有你。"② 所谓"宗旨意识",是指在心理上紧紧围绕主导思想展开的意识觉悟。共产党人的宗旨,就是"完全彻底地为人民服

---

① 《马克思恩格斯文集》第2卷,人民出版社2009年版,第42页。
② 《鲜红的旗帜竖起来》,载《焦作日报》2017年9月23日。

第六章 作风建设永远在路上

务"。因此,"宗旨意识"归根结底就是"服务意识"。强化为人民服务的意识,主要解决三个方面的问题:一是解决"为什么人"的问题。为了什么人的问题,是一个重大的政治原则问题,是区分马克思主义政党同其他一切政党的根本标准。习近平强调:"全党同志要把人民放在心中最高位置,坚持全心全意为人民服务的根本宗旨,实现好、维护好、发展好最广大人民根本利益,把人民拥护不拥护、赞成不赞成、高兴不高兴、答应不答应作为衡量一切工作得失的根本标准,使我们党始终拥有不竭动力的力量源泉。"① 以人民为中心,以帮助最大多数人追求最大幸福作为全部工作的出发点和落脚点,这是践行党的宗旨的根本要求。二是解决"服务意识"的问题。思想是行动的先导,解决"服务"问题,首先要解决意识问题。当年,有美国记者问毛泽东:"你们办事,是谁给的权力?"毛泽东回答:"人民给的。""人民要解放,就把权力委托给能够代表他们的、能够忠实为他们办事的人,这就是我们共产党人。"② 因此,党员干部与人民群众的关系,是公仆与主人、代表与被代表、服务与被服务的关系,而不是其他任何关系。这种服务是应尽的责任,党员干部应该时时如履薄冰、如临深渊,尽不到责任,人民就会把权力收回。三是解决"服务能力"的问题。习近平指出,"以人民为中心的发展思想,不是一个抽象的、玄奥的概念,不能只停留在口头上、止步于思想环节,而要体现在经济社会发展各个环节"③。解决问题需要能力,但现在党员领导干部中存在着严重的"本领恐慌",与提高服务人民能力和水平的要求严重不相称。习近平曾引用毛泽东1939年在延安的讲话:"我们队伍里边有一种恐慌,不是经济恐慌,也不是政治恐慌,而是本领恐慌"④,再度为全党敲响了警钟。

三、驰而不息纠正"四风"

"得众则得国,失众则失国。"习近平指出:"老百姓是天,老百姓

---

① 《习近平谈治国理政》第2卷,外文出版社2017年版,第40页。
② 《毛泽东选集》第4卷,人民出版社1991年版,第1128页。
③ 《习近平总书记重要讲话文章选编》,中央文献出版社、党建读物出版社2016年版,第401页。
④ 《毛泽东文集》第2卷,人民出版社1993年版,第178页。

是地。忘记了人民，脱离了人民，我们就会成为无源之水、无本之木，就会一事无成。"① 深厚的群众基础既是中国共产党执政的力量源泉，也是中国共产党执政的合法性所在。2015年9月9日，王岐山首论中共"合法性"，颇具深意。政治学中的合法性，指的是人们对某种政治权力秩序是否认同及其认同程度如何的问题，也可称为"正统性"或"正当性"。对于中国共产党来说，"应然"的理论设定并不等于"实然"的客观事实，"四风"问题的长期存在，尤其是腐败由发展型腐败恶化为掠夺型腐败和垄断型腐败，使中共也面临着执政合法性资源流失与枯竭的危险。2012年12月4日，中共中央政治局会议审议通过改进工作作风、密切联系群众的八项规定。八项规定内容简单明了，从改进调查研究、精简会议活动、规范出访活动、厉行勤俭节约等8个方面做出了明确具体的要求，以"小切口"推动"大变局"。正如习近平所说："我们抓中央八项规定贯彻落实，看起来是小事，但体现的是一种精神。"② 但是，在党的历史上，党规党纪在实践中被打折扣、变味走样、不能坚持持久的情况时有发生，不贯彻不落实的现象也并不少见。为防止贯彻落实中央八项规定精神沦为"一阵风"或"走形式"，使之发挥长效作用，习近平在十八届中央纪委二次全会上指出："改进工作作风的任务非常繁重，八项规定是一个切入口和动员令。八项规定既不是最高标准，更不是最终目的，只是我们改进工作作风的第一步，是我们作为共产党人应该做到的基本要求。"③ 党的十八大以来，随着中央八项规定不断推进落实，党风政风和社会风气都发生了显著变化。国家统计局统计显示，超过八成群众认为中央八项规定实施以来，身边党员干部工作作风有明显改进；近九成认为党员干部工作作风带动社会风气有明显改进。

尽管反"四风"取得了不俗的成绩，但是由于"四风"具有顽固性、隐蔽性和反复性的特点，彻底祛除"四风"毒瘤仍然面临着重重阻碍。新华社曾撰文《形式主义、官僚主义新表现值得警惕》，指出了

---

① 《习近平谈治国理政》第2卷，外文出版社2017年版，第53页。
② 《习近平关于全面从严治党论述摘编》，中央文献出版社2016年版，第156页。
③ 《习近平谈治国理政》，外文出版社2014年版，第387页。

形式主义和官僚主义十大新的表现形式,可见"四风"问题的顽固性。"四风"问题之所以顽固,首先在于其形成"冰冻三尺而非一日之寒",具有深厚的社会心理基础。在一些地区和行业早已积弊成习,悄然演变为个别党员内心深处的"第一驱动力",甚至已经演化为一种自上而下"见怪不怪、理所当然、趋之若鹜"的异化的社会趋同心理,使得反"四风"工作步履维艰,指望毕其功于一役绝不现实。其次,"四风"问题的顽固性还在于其具有根深蒂固的思想根基。习近平在党的十九大报告中强调:"坚持以上率下,巩固拓展落实中央八项规定精神成果,继续整治'四风'问题,坚决反对特权思想和特权现象。"① 特权思想正是"四风"问题出现的思想根源所在。"特权心理"的不断滋生,会让领导干部都变得无筋骨、无气魄,只会大声吆喝,显示自己的权威,最终能力退化,诟病沉积。殷鉴不远,苏共亡党丧权的最重要原因之一,是苏共内部形成了庞大的特权阶层,导致党越来越脱离群众,与群众离心离德,最终丧失民心。党的十九大报告指出:"一个政党,一个政权,其前途命运取决于人心向背。人民群众反对什么、痛恨什么,我们就要坚决防范和纠正什么。"② 从目前来看,影响人心向背的主要症结仍然是"四风"问题,人民群众最反对和痛恨的,也集中表现在"四风"问题上。2018年1月11日,习近平在中纪委十九届二次会议上指出,纠正形式主义、官僚主义,一把手要负总责,进一步明确了主体责任。"领导干部要破除'官本位'思想,坚决反对特权思想、特权现象"③,保持对人民的赤子之心,坚持工作重心下移,扑下身子深入群众,面对面、心贴心、实打实做好群众工作,着力解决群众反映强烈的突出问题。

---

① 习近平:《决胜全面建成小康社会 夺取新时代中国特色社会主义伟大胜利——在中国共产党第十九次全国代表大会上的报告》,人民出版社2017年版,第66页。
② 习近平:《决胜全面建成小康社会 夺取新时代中国特色社会主义伟大胜利——在中国共产党第十九次全国代表大会上的报告》,人民出版社2017年版,第61页。
③ 《习近平谈治国理政》第3卷,外文出版社2020年版,第508页。

第三节　作风建设没有休止符

2014年6月30日,习近平在中央政治局第十六次集体学习时强调:"一个时期以来,作风问题在党内确实相当严重,已经到了非抓不可的时候,不抓不行了。"① 党的十八大以来,以习近平同志为核心的党中央开展了一系列党风建设新实践,不仅为凝聚党心民心提供了思想"暖心剂",也为引领社会风气、净化社会环境、整合社会合力注入了实践"指引剂"。党的十九大在修改党章时,也及时把这些成果,如"推进'两学一做'学习教育常态化制度化"等写入党章,予以确认,作为未来推进全面从严治党工作的行动指南。但历史的经验告诉我们,作风问题最容易反弹,如果不紧紧抓住,一些已经初步压下去的问题很可能死灰复燃。习近平指出:"作风建设永远在路上,永远没有休止符,不可蜻蜓点水,不可虎头蛇尾,不可只是一阵风,否则不仅不可能从根本上解决问题,而且会导致作风问题不断反弹、愈演愈烈,最后失信于民。"② "善除害者察其本,善理疾者绝其源",解决作风问题,要像人防治疾病复发一样来抓,根除病原体。

一、继承和发扬党的优良传统作风

作风建设是新民主主义革命时期党的建设伟大工程的重要内容,是中国共产党的优良传统和政治优势。毛泽东充分认识到党风建设的重要性,并在《整顿党的作风》一文中首次提出"党风"这个概念。他说:"我们的学风还有些不正的地方,我们的党风还有些不正的地方,我们的文风也有些不正的地方。"③ 面对党风存在的问题,毛泽东通过延安整风,创造性地以运动的方式有效地遏制和解决了党风存在的问题。1945年,毛泽东在党的七大上讲道:"以马克思列宁主义的理论思想武

---

① 《习近平总书记重要讲话文章选编》,中央文献出版社、党建读物出版社2016年版,第152页。
② 《习近平关于全面从严治党论述摘编》,中央文献出版社2016年版,第162页。
③ 《毛泽东选集》第3卷,人民出版社1991年版,第812页。

第六章　作风建设永远在路上

装起来的中国共产党,在中国人民中产生了新的工作作风,这主要的就是理论和实际相结合的作风,和人民群众紧密地联系在一起的作风以及自我批评的作风。"① 这三大作风高度概括了党的工作作风的优良传统,为党今后的自我建设提出了高标准和高要求,成为中国共产党区别于其他政党的显著标志。1949年,毛泽东在党的七届二中全会报告中指出:"务必使同志们继续地保持谦虚、谨慎、不骄、不躁的作风,务必使同志们继续地保持艰苦奋斗的作风。"② 优良的作风是中国共产党从小到大、从弱到强、从胜利走向胜利光辉历程的深刻总结,更是一代伟大领袖对即将执政的中国共产党寄予的最大期望。

邓小平也高度重视党风建设。改革开放初期,他深刻地指出:"在目前的历史转变时期,问题堆积成山,工作百端待举,加强党的领导,端正党的作风,具有决定的意义。"③ 他亲自推动了20世纪80年代对党风和社会风气的整顿。江泽民、胡锦涛和习近平对党的作风建设也有诸多论述。尤其是,面对政治生态严重恶化的形势,习近平指出:"我们党作为马克思主义执政党,不但要有强大的真理力量,而且要有强大的人格力量;真理力量集中体现为我们党的正确理论,人格力量集中体现为我们党的优良作风。"④ 党的十八大以来,以习近平同志为核心的党中央一直把作风建设放在非常突出的位置,做出了许多战略部署,狠抓作风建设,取得了不俗的成绩。党的100年的历史,就是一部不断加强党风建设的历史,这是党历久弥坚的重要法宝。

今天我们之所以强调弘扬党的优良传统作风,主要是因为,党的作风不仅是党的性质和宗旨的外在表现,也是人民群众认识和了解党的一面镜子。在抗日战争时期,毛泽东对比了人民群众对国共两党的不同观感和态度,生动地讲述了全国人民为什么特别喜欢共产党的原因。他说:第一,因为它不但有了政治方向,而且始终坚持了这个方向。第二,因为它有一种作风,一种奋斗的习惯。它对于每一个党员,除了教育他们坚持政治方向以外,还要他们有一种作风。这种作风所体现的共

---

① 《毛泽东选集》第3卷,人民出版社1991年版,第1093-1094页。
② 《毛泽东选集》第4卷,人民出版社1991年版,第1438-1439页。
③ 《邓小平文选》第2卷,人民出版社1994年版,第178页。
④ 《习近平关于全面从严治党论述摘编》,中央文献出版社2016年版,第157页。

产党人的先锋模范作用，是实现党的领导的一个重要条件，是反映党同人民群众鱼水关系的生动表现。"有一种似是而非的说法，认为中国共产党已经由革命党转变为执政党，因而党在革命时期的优良传统已是不合时宜的旧的思维，过时了。"① 这是一种非常有害的错误观点，在历史虚无主义的鼓噪下，一些优良传统作风的践行者或模范成了被嘲讽和批判的对象。从学理的角度分析，优良传统作风正是无产阶级政党的特色，是无产阶级政党党性的体现，永远不会过时。习近平强调，要让红色基因代代相传，使红色江山永不变色。党的红色历史和红色文化，沉淀为弥足珍贵的红色基因，形成信仰的种子、精神的谱系，是不可替代的宝贵精神财富。党在历史上形成的优良传统作风是红色基因的外在表现，让红色基因代代相传，首先要继承和发扬党的优良传统作风。

另外，党的优良传统也是党的规矩之一。党内很多规矩是党在长期实践中形成的优良传统和工作惯例，经过实践检验，约定俗成、行之有效，反映了党对一些问题的深刻思考和科学总结，需要全党长期坚持并自觉遵循。习近平说："对我们这么一个大党来讲，不仅要靠党章和纪律，还得靠党的优良传统和工作惯例。这些规矩看着没有白纸黑字的规定，但都是一种传统、一种范式、一种要求。"② 党的优良传统和惯例，与党章、党的纪律和国家法律一起构成了党内必须遵循的规矩。讲规矩，是党的十八大以来党管党治党的鲜明特征之一。党的优良传统作为党的规矩的重要内容，就不能停留在倡导层面，而是党员干部必须要做到的。在中央政治局"三严三实"专题民主生活会上，习近平强调："面向未来，恢复和发扬党的优良传统和作风的任务还很重。"③ 这就要求党必须加大思想教育的力度，一方面继续进行"四史"的教育，使党员干部增强抵制历史虚无主义的自觉性，形成正确的历史观，这是党员干部继承和发扬优良传统作风的重要前提；另一方面积极贯彻党的十九大精神，推动建立健全"不忘初心，牢记使命"制度，使党员干部在常态化教育中重温和树立党的优良传统作风，并把这些优良传统作风

---

① 梁柱：《党的优良传统永远不会过时》，载《红旗文稿》2014年第15期。
② 《习近平谈治国理政》第2卷，外文出版社2017年版，第151-152页。
③ 《习近平总书记重要讲话文章选编》，中央文献出版社、党建读物出版社2016年版，第334页。

积极融入工作生活中。

二、发扬钉钉子精神，踏石有印、抓铁有痕

发扬钉钉子精神，踏石有印、抓铁有痕，具有极其鲜明的习式话语特点，通俗易懂，接地气，在朴实的话语中透露出大道理。2012年12月4日，中央政治局会议审议通过了《十八届中央政治局关于改进工作作风、密切联系群众的八项规定》。自发布八项规定以来，社会各界议论纷纷，拍手叫绝者有之，我行我素者有之，怀疑观望者有之。面对社会上复杂的心态，2013年1月22日，习近平在中纪委十八届二次会议上强调"发布八项规定只是开端、只是破题，还需要下很大功夫。我们要以踏石留印、抓铁有痕的劲头抓下去，善始善终、善作善成，防止虎头蛇尾，让全党全体人民来监督，让人民群众不断看到实实在在的成效和变化"①，表明了言必行、行必果的决心。"踏石留印、抓铁有痕"，原指人们踏石、抓铁要留下印记、痕迹，比喻做事情不达目标不罢休，如果做，就一定要做好的精神。"踏石留印、抓铁有痕"这一句话，包含着两个层面的意思：一是要面对的任务有较大难度；二是当困难出现时，只有迎难而上、真抓实干，才能兑现承诺、见到成效。习近平借用"踏石留印、抓铁有痕"作喻，主要针对两个方面的工作：第一，意在强调党要持续深入抓作风建设。这鲜明地表达了以习近平同志为核心的党中央做事一抓到底的狠劲和韧劲。抓作风建设，必须始终保持"踏石留印、抓铁有痕"的精神状态，这既是一个思想问题，也是一个方法问题。表现在改进作风和反腐倡廉工作上，就要求不能抓而不紧、抓而不实，更不能抓抓停停、一阵风，而是要建立长效机制，持之以恒，善始善终，让人民群众看到实实在在的成效。第二，意在强调党在工作中要有实干的作风或精神。1957年11月17日，毛泽东在莫斯科大学讲道："世界上怕就怕'认真'二字，共产党就最讲'认真'。"空谈误国，实干兴邦。作风扎实是中国共产党战胜艰难困苦、赢得人民群众拥护的重要原因。不管是革命年代还是和平建设时期，只有作风扎实，工作才能落实；只有狠抓落实，才能体现作风的转变。习近平说："要真正做到

---

① 《习近平关于全面从严治党论述摘编》，中央文献出版社2016年版，第149页。

一张好的蓝图一干到底,切实干出成效来。我们要有钉钉子的精神,钉钉子往往不是一锤子就能钉好的,而是一锤一锤接着敲,直到把钉子钉实钉牢,钉牢一颗再钉下一颗,不断钉下去,必然大有成效。"①"千里之行,始于足下",一个行动胜过一打纲领。无论改作风还是干事业,要取得实效、赢得胜果,绝非一朝一夕之功,需要瞄准目标持之以恒,发扬钉钉子的精神,切实把工作落到实处。"一分部署,九分落实",任务一旦确立,就要一步一个脚印、稳扎稳打向前走,不断积小胜为大胜。这两个方面的工作并不是截然分开的,"四风"问题是影响工作中真抓实干的四只拦路虎。只有以"踏石留印、抓铁有痕"的决心狠狠刹住"四风",党员干部在工作中才能迸发出真抓实干的劲头,才会在群众中留下烙印和痕迹。"非器则道无所寓",内容存在于形式中。"踏石留印、抓铁有痕"的作风是一个人、一个政党内在精神本质的表达。党的十八大以来,新一届中央领导集体"踏石留印、抓铁有痕"的工作态度和工作作风,让人耳目一新,体现了党的优良作风在新的历史时期的新发展。

三、作风建设要抓常抓细抓长

前文已述,作风问题根本上是党性问题,涉及党员干部的世界观、人生观和价值观。因此,作风建设是一场攻坚战,也必然是一场持久战。作风问题我们一直在抓,但很多问题不仅没有解决,反而愈演愈烈,一些不良作风像割韭菜一样,割了一茬长一茬。症结就在于对作风问题的顽固性和反复性估计不足,缺乏常抓的韧劲、严抓的耐心,缺乏管长远、固根本的制度。2014年5月9日,习近平在参加河南省兰考县委常委班子专题民主生活会时说道:"现在,社会上议论比较多、干部群众比较担心的是,作风建设已经采取的措施、形成的机制能不能扎根落地?已经取得的成效能不能巩固发展?对这个问题,大家在整改措施中谈了不少。我看,关键是要在抓常、抓细、抓长上下功夫。"② 抓常抓细抓长明确了以习近平同志为核心的党中央将作风建设进行到底的决

---

① 《习近平谈治国理政》,外文出版社2014年版,第400页。
② 《习近平关于全面从严治党论述摘编》,中央文献出版社2016年版,第160页。

心，也指明了作风建设的基本思路和方向。

抓常，就是要经常抓、见常态。《贞观政要》记载，公元 7 世纪初，唐太宗李世民与大臣们就"创业难还是守业难"进行了一次专题辩论。多数大臣认为创业更艰难，魏征则给出了完全不同的见解：开国创业当然艰难，但那种生死考验的时间毕竟是短暂的，而且当人处于高度戒备状态时，反而不容易犯错误。而守业就不同，它必然是漫长的枯燥的，更可怕的是时刻面临着腐化堕落的考验，领导者很容易在歌舞升平中丧失意志力，最后在意志消沉和政治腐败中丧失政权。如何避免党员领导干部意志懈怠的问题？那就是作风建设必须常抓不懈。作风建设，重在经常，必须常常抓。风气养成重在日常教化，作风建设贵在常抓不懈，时刻摆上位置、有机融入日常工作，做到管事就管人，管人就管思想、管作风。党员干部要坚决摒弃"闯关"思想和"松口气"的心理，牢固树立"作风建设永远在路上"和"活动收尾绝不是作风建设收场"的意识，始终保持经常抓、抓经常的态势，把作风建设融入日常的各项工作之中，时时抓、事事抓、处处抓。尤其重要的是，要坚决防止和克服"强调时抓一下、不强调放一下、出了问题紧一下、形势好了松一下"的现象，以"咬定青山不放松"的决心，做到年年抓、月月抓、日日抓，使之成为工作常态，永远不松懈。日日行，不怕千万里；常常做，不怕千万事。改变不良作风不可能一蹴而就，形成优良作风不可能一劳永逸。只有使优良作风成为一种工作常态、一种生活方式、一种自觉追求，才能有效防止和克服"一阵风"。

抓细，就是要深入抓、见实招。作风建设，重在抓细节，必须环环抓。老百姓看作风建设，主要不是看召开了多少会、讲了多少话、发了多少文件，而是看解决了什么问题。习近平在党的群众路线教育实践活动第一批总结暨第二批部署会议上强调："要更加强化问题导向，盯住作风问题不放，从小事做起，从具体事情抓起，让群众看到实实在在的成效，有利于百姓的事再小也要做，危害百姓的事再小也要除，不等不靠，立行立改，对拖欠群众钱款、克扣群众财物、侵占群众利益等问题

新时代全面从严治党的理论创新

要开展专项治理,属实的都要立即加以解决。"① 问题是时代的声音、实践的起点。"突出问题导向"是习近平治国理政的重要方法论,也是习近平全面从严治党重要论述的鲜明特征。针对问题抓作风建设,工作才会做到细致,作风建设才会有抓手。2017年10月27日,十九届中共中央政治局召开会议审议通过了《中共中央政治局贯彻落实中央八项规定的实施细则》,体现了鲜明的问题导向。根据这几年八项规定实施过程中遇到的新情况新问题,中央政治局着重对改进调查研究、精简会议活动、精简文件简报、规范出访活动、改进新闻报道、厉行勤俭节约等方面内容做了进一步规范、细化和完善,更加切合工作实际,增强了指导性和操作性。中央政治局的领导同志带头弘扬党的优良作风,严格执行中央八项规定,为全党做出了表率。

抓长,就是要持久抓、见长效。作风建设,重在持久,必须反复抓。历史和现实都告诉我们,抓好作风建设非一日之功。作风问题往往抓一抓就好一些,放一放就松下来,存在一个很难走出来的怪圈。这么多年来,作风问题我们一直在抓,但很多问题不仅没有解决,反而变本加厉了。症结就是没有抓长,三天打鱼两天晒网,集中抓的时候雷霆万钧,平时则放任自流。因此,作风建设要抓住重要节点,紧盯享乐主义和奢靡之风,加强日常监督检查,严肃查处违规违纪问题,坚决防止反弹。习近平要求"抓了中秋节抓国庆节,抓了国庆节抓新年,抓了新年抓春节,抓了春节抓清明节、抓端午节,就这么抓下去,总会见效的,使之形成一种习惯、一种风气"②。作风问题必须抓长、长抓,扭住不放,持之以恒,久久为功,抓就真抓,一抓到底。要从体制机制层面进一步破题,为作风建设形成长效化保障。党的十八大以来,党开展群众路线教育实践活动、"三严三实"专题教育、"两学一做"学习教育、推进"两学一做"学习教育常态化制度化、建立"不忘初心、牢记使命"制度,不断健全和改进作风建设常态化制度。对于当前反"四风"的重点——形式主义、官僚主义,党中央也从基层减负、容错纠错等方

---

① 《扎实开展第二批教育实践活动 努力取得人民群众满意的实效》,载《人民日报》2014年1月21日。

② 《习近平关于全面从严治党论述摘编》,中央文献出版社2016年版,第156页。

面加强制度建设，以求根治这对人民群众深恶痛绝的"双胞胎"。

抓常抓细抓长并不是孤立存在的，而是一个有机的系统，三管齐下才能起到事半功倍的效果。非"常"不足以治本，非"细"不足以克难，非"长"不足以巩固。实际上，作风建设与自然生态的治理有着相似的道理，在整治过程中必须要保证"多还旧账，不欠新账"。如何做到这一点？习近平说："解决'四风'问题，要标本兼治，既治标又治本。"① 治标，就是要着力针对面上"四风"问题的各种表现，该纠正的纠正，该禁止的禁止。治本，就是要查找产生问题的深层次原因，从理想信念、工作程序、体制机制等方面下功夫遏制不正之风。抓常抓细抓长，既突出"问题导向"，重视老百姓反应比较强烈的作风问题的治理，又重视思想建党和制度治党相结合，铸牢思想和价值的基座，把权力关在制度的笼子里，充分体现标本兼治的要求或者理念。在作风建设的攻坚战和持久战中，只要我们在抓常抓细抓长上下足功夫，就一定能积小胜为大胜，以转变作风、推动发展的实际成效取信于民。

四、把家风建设摆在重要位置

家风是一个家庭的精神内核，也是一个社会的价值缩影。作为一个家庭世代相传的价值观念和行为准则，家风是无形的精神财富。中华民族历来有重视家风建设的传统，因家风纯洁质朴、仁义和善、重教好学、进取有为、清正廉洁等而赢得社会赞誉的智者贤达不胜枚举。中国共产党是中华优秀传统文化的继承者，历来重视家风建设。在培育良好家风方面，毛泽东等老一辈革命家的好家风都是党员干部学习的榜样和楷模。关于毛泽东的家风，专家已有权威的论著，而毛泽东之孙毛新宇接受主流媒体采访时做了新的概括："廉洁朴实""勤俭节约""为人民""不要忘记人民""谦虚谨慎""夹着尾巴做人"，等等。让人敬仰的优良家风的故事更是不胜枚举。习近平也是在一个有着良好家风的家庭中长大的，习近平曾在给父亲习仲勋的一封拜寿信中写道：一是学您做人；二是学您做事；三是学习您对共产主义信仰的执着追求；四是学

---

① 《习近平关于全面从严治党论述摘编》，中央文献出版社2016年版，第153页。

您的赤子情怀；五是学您的俭朴生活。① 可以说，优良的家风，造就了习近平优良的品质，成为习近平治国理政的重要支撑。

深知家风的重要性，2015年2月17日，习近平在2015年春节团拜会上发表重要讲话，指出"不论时代发生多大变化，不论生活格局发生多大变化，我们都要重视家庭建设，注重家庭、注重家教、注重家风"，使得"千千万万个家庭成为国家发展、民族进步、社会和谐的重要基点"。重视家庭、强调家风，深刻地烙印在习近平治国理政的思想中。习近平如此重视家风建设，除了受良好家风的熏陶外，党员干部存在的作风问题，也使习近平不断思考家风建设的重要意义。从近年来查处的一些腐败案件看，无论是刘铁男的"老子办事，儿子收钱"，还是苏荣的"家是权钱交易所"，父子上阵、夫妻串通、官商勾兑，以亲情把家人串成利益共同体，究其原因，都与家风不正有关。正是基于对党内政治生态严重恶化的深度观察和思考，习近平把家风建设放在前所未有的高度上。

除倡导社会大众的家风建设外，习近平还重视党员干部这一"关键少数"的家风建设。习近平指出："领导干部的家风，不是个人小事、家庭私事，而是领导干部作风的重要表现。"② 党员干部的家风，是反映党风和社会风气的一个重要"窗口"，也是党风廉政建设的"晴雨表"。在中国传统文化中，"家国天下"的情怀深入每一个中国人的骨髓。"修身、齐家、治国、平天下"一直是中国知识分子实现个人理想的路径，也是实现自我价值的行为步骤。"天下之本在国，国之本在家。"良好家风确是"齐家、治国"第一步。因此，习近平要求"各级领导干部要带头抓好家风，做家风建设的表率，把修身、齐家落到实处"。2015年10月中共中央印发的《中国共产党廉洁自律准则》第八条明确规定：党员领导干部要"廉洁齐家，自觉带头树立良好家风"，第一次将"廉洁齐家"列为党员领导干部廉洁自律规范的重要内容之一。

---

① 参见《习仲勋革命生涯》，中共党史出版社、中国文史出版社2005年版，第668－669页。

② 耿银平：《家风是抵御腐败的一道重要防线》，载《中国纪检监察报》2015年3月19日。

第六章　作风建设永远在路上

家风为政风提供道德基础，政风为家风增添政治内涵。家风为政风提供亲情动力，好的家风以亲情的愿望和力量，推动或感召从政者树立好的政风。一个社会的良好民风是以千千万万家庭的良好家风为基础的，一个执政党的良好党风政风也与广大领导干部的良好家风密切相关。家风与党风政风相互影响、相互渗透。现实生活中，一些领导干部之所以贪污腐化，与其家风不正、家教不严有很大关系。新形势下，大力加强作风建设、深入开展反腐败斗争，必须深刻认识到领导干部的家风事关党风政风。领导干部个人的行为是家风建设的重要源头，其言行举止会对家庭或家族成员产生非常重要的导向作用、示范效应。因此，作为党员干部，必须当好家风建设的"主角"。而作为先锋队，党员干部在家风的道德标准上应该高于普通群众，领导干部应该高于普通党员干部。家风清则社风清，家风浊则社风浊。领导干部要自觉带头抓好家风建设，要严以律己，以身作则，率先垂范，做家风建设的表率，以良好的个人修养对家庭或家族成员起到示范作用，做到廉洁修身、廉洁齐家。

党的十九大报告指出："经过长期努力，中国特色社会主义进入了新时代，这是我国发展新的历史方位。"① 打铁必须自身硬。进入新时代，解决新矛盾、完成新任务，关键在于坚持党要管党、全面从严治党，把党建设得更加坚强有力。为此，党的十九大在明确党的建设总基调即"全面从严治党永远在路上"的基础上，提出了新时代党的建设的总要求。作为党的建设新布局中的重要组成部分，作风建设永远在路上。2017年年底，习近平就新华社一篇《形式主义、官僚主义新表现值得警惕》的文章做出重要指示，强调"纠正'四风'不能止步，作风建设永远在路上"，再次向全党释放强烈信号——坚定不移全面从严治党，驰而不息改进作风。全党必须以习近平新时代中国特色社会主义思想为行动指南，始终绷紧作风建设这根弦，从自我做起，加强党性修养，为实现中华民族伟大复兴的中国梦添砖加瓦。

---

① 习近平：《决胜全面建成小康社会　夺取新时代中国特色社会主义伟大胜利——在中国共产党第十九次全国代表大会上的报告》，人民出版社2017年版，第10页。

第七章 以零容忍态度惩治腐败

党风廉政建设和反腐败斗争，是全面从严治党的重要抓手，是新时代党的建设伟大工程的重要内容。由于现行体制机制存在着一些不合理、不完善的地方，致使社会某些领域存在权钱交易、权色交易、权权交易等问题，严重损害人民群众的切身利益和社会的公平正义，给党和政府执政带来了极大的挑战。

党的十八大以来，习近平多次强调要"以零容忍的态度严惩腐败分子"；"紧抓不放、利剑高悬"；[1]"坚持反腐败无禁区、全覆盖、零容忍"[2]。习近平要求反腐倡廉必须常抓不懈，拒腐防变必须警钟长鸣，深刻把握腐败产生、蔓延的本质及其规律，把权力关进制度的笼子里，让权力在阳光下运行；以对腐败现象"零容忍"为基础，着力解决发生在群众身边的腐败问题；以"以上率下"的政治示范为关键，既打"老虎"又拍"苍蝇"；以"常""长"结合的基本策略为依托，构建反腐倡廉的长效机制。

第一节 执政党面临的最大威胁是腐败

习近平在第十八届中央纪律检查委员会第二次全体会议上警示："腐败是社会毒瘤。如果任凭腐败问题愈演愈烈，最终必然亡党亡国。"[3] 对当今中国的腐败问题深感忧虑。在庆祝中国共产党成立95周

---

[1] 《习近平总书记重要讲话文章选编》，中央文献出版社、党建读物出版社2016年版，第368页。

[2] 习近平：《决胜全面建成小康社会 夺取新时代中国特色社会主义伟大胜利——在中国共产党第十九次全国代表大会上的报告》，人民出版社2017年版，第8页。

[3] 《习近平关于党风廉政建设和反腐败斗争论述摘编》，中央文献出版社、中国方正出版社2015年版，第5页。

年大会上进一步强调:"我们党作为执政党,面临的最大威胁就是腐败。"① 如何有效防治腐败?习近平要求厘清腐败产生的主要来源,"加强对典型案例的剖析,从中找出规律性的东西"②,统一思想,共同努力,深化腐败多发领域和环节的改革,最大限度减少体制障碍和制度漏洞。

一、绝对的权力导致绝对的腐败

没有约束和制约的权力必然导致腐败的产生。习近平在十八届中央纪律检查委员会第二次会议上引用英国学者阿克顿的名言——"权力导致腐败,绝对权力导致绝对腐败。"③ 2013年6月28日,在全国组织工作会议上,习近平进一步强调:"要加强对干部经常性的管理监督,形成对干部的严格约束。没有监督的权力必然导致腐败,这是一条铁律。"④ 习近平深刻把握了腐败产生的根源,即权力没有受到约束和制约。由于公共权力的强制性、支配性等特性,权力非常容易被滥用。权力是把双刃剑,正确用权就能为人民造福,反之则损害群众的权益,行政部门尤其是行政窗口部门影响尤为突出。"从执法监管部门和窗口单位、服务行业看,有的滥用职权,搞权力寻租、利益输送、借权营生;有的执法不公,搞选择性执法、随意性执法,办关系案、人情案、金钱案;等等。"⑤ 公共权力的执掌者是有血有肉的自然人,都存在追逐自我利益的动机和可能,一旦对权力的制约监督稍有放松,就存在以公共权力谋取私人利益的可能,导致腐败现象的发生。

任何人没有法律之外的绝对权力。人民是历史活动的主体,在我国,各级领导干部的权力既不是天上掉下来的,也不是上级恩赐的,而是人民赋予的。习近平指出:"任何人都没有法律之外的绝对权力,任何人行使权力都必须为人民服务、对人民负责并自觉接受人民监督。"⑥

---

① 《习近平谈治国理政》第2卷,外文出版社2017年版,第44页。
② 《十八大以来重要文献选编》上,中央文献出版社2014年版,第136页。
③ 《十八大以来重要文献选编》上,中央文献出版社2014年版,第136页。
④ 《十八大以来重要文献选编》上,中央文献出版社2014年版,第342页。
⑤ 习近平:《抓实开展第二批教育实践活动 努力取得人民群众满意的实效》,载《人民日报》2014年1月21日。
⑥ 《十八大以来重要文献选编》上,中央文献出版社2014年版,第136页。

但是，一些干部的特权思想、特权现象严重，居官位而自傲，言论和行动不受党纪国法的约束；独断专行，实行家长制；用人唯亲，排斥异己；开后门，拉关系；以权谋私、权钱交易以及种种特殊化等，严重损害了社会公平正义，引起群众极大不满。针对这些问题，习近平要求把党的领导贯彻在依法治国的全过程，要求各级领导干部带头依法办事，带头遵守法律。为此，习近平在十八届中央纪律检查委员会第二次会议上特别强调，在反腐倡廉中，"必须反对特权思想、特权现象"①，要求各级领导干部紧紧依靠人民，始终保持同人民群众的血肉联系，一刻也不脱离群众。习近平在党的十九大报告中进一步要求，"各级党组织和全体党员要带头尊法学法守法用法，任何组织和个人都不得有超越宪法法律的特权"②，中国共产党人始终坚持党的领导、人民当家做主、依法治国有机统一，坚定走中国特色社会主义道路。

重视约束主要干部手中的权力。习近平指出，之所以强调从领导干部特别是高级干部这个"关键少数"抓起，这是由领导干部特别是高级干部执掌重要权力的特殊地位和职责所决定的，"高级干部一旦犯错误，造成的危害大，对党的形象和威信损害大"③。高级干部队伍特别是一把手政治立场是否坚定，作风是否过硬，关系党和国家大政方针的贯彻落实，关系党和国家的前途命运，习近平特别强调，"领导干部手中的权力都是党和人民赋予的；必须从领导干部特别是主要领导干部抓起；要加强对一把手的监督，认真执行民主集中制"④。"正本清源，德才兼备"，这是习近平在十八届一中全会对各级党员特别是高级领导干部提出的标准。习近平指出："作为党的高级干部，我们必须始终把人民放在心中最高位置，把为党和人民事业贡献力量作为自己的最高追求，为坚持和发展中国特色社会主义不懈奋斗，以此来开阔胸襟和眼界，以此来增强政治定力和政治敏锐性，以此来提高抵御各种风险和经

---

① 《十八大以来重要文献选编》上，中央文献出版社2014年版，第136页。
② 习近平：《决胜全面建成小康社会 夺取新时代中国特色社会主义伟大胜利——在中国共产党第十九次全国代表大会上的报告》，人民出版社2017年版，第39页。
③ 《习近平关于严明党的纪律和规矩论述摘编》，中央文献出版社、中国方正出版社2016年版，第96页。
④ 《十八大以来重要文献选编》上，中央文献出版社2014年版，第136页。

受住各种考验的能力。"① 但在现实中，有的地方和部门，干部选拔上德才标准失衡，对一把手的监督仍然是一个薄弱环节，少数一把手习惯凌驾于组织之上、凌驾于班子集体之上。为此，习近平强调，"不论什么人，不论其职务多高，只要触犯了党纪国法，都要受到严肃追究和严厉惩处"②。党的十八大以来，以习近平同志为核心的党中央提出了一系列健全施政行为公开制度，保证领导干部做到位高不擅权、权重不谋私等一系列措施。在党的十九届一中全会上，习近平要求新一届中央委员会务必保持党的十八大以来业已形成的党风建设的良好势头，并争取做得更好，"中央委员会的每一位同志都要勤勤恳恳为民，兢兢业业干事，清清白白做人"③。

二、反腐败是保持党的肌体健康的需要

勇于自我革命，从严管党治党，是中国共产党人鲜明的品格，"反对腐败、建设廉洁政治，保持党的肌体健康，始终是我们党一贯坚持的鲜明政治立场"④。但是，在改革开放后，部分干部出现思想腐化、脱离群众等现象，为此，习近平警告，"如果管党不力、治党不严，人民群众反映强烈的党内突出问题得不到解决，那我们党迟早会失去执政资格，不可避免被历史淘汰"⑤。党要"肌体"健康，就需要"治"和"管"。"治"就要确保千千万万党员牢记使命、不忘初心，清正廉明；"管"的内涵比较广泛，习近平特别强调从选拔干部方面下功夫，使清正廉明、德才兼备的干部走上领导岗位。

确保党的先进性和纯洁性。先进性和纯洁性是马克思主义政党的本质属性，是党的肌体健康的标志。党员是党的肌体的细胞，党的先进性和纯洁性要靠千千万万党员的先进性和纯洁性来体现。始终保持广大党员的纯洁性，是永葆政治本色、永葆生机活力的关键，事关全党事业的

---

① 《习近平关于党风廉政建设和反腐败斗争论述摘编》，中央文献出版社、中国方正出版社 2015 年版，第 137 页。
② 《十八大以来重要文献选编》上，中央文献出版社 2014 年版，第 135 页。
③ 习近平：《在党的十九届一中全会上的讲话》，载《求是》2018 年第 1 期。
④ 《十八大以来重要文献选编》上，中央文献出版社 2014 年版，第 81 页。
⑤ 《习近平谈治国理政》第 2 卷，外文出版社 2017 年版，第 43 页。

兴衰成败。对我们这个有着9514.8万党员、486.4万个基层党组织的马克思主义政党而言，大多数党员理想信念是坚定的，政治上是可靠的。但是有的党员干部"不信马列信鬼神；有的是非观念淡薄、原则性不强、正义感退化"①。新中国成立特别是改革开放后，不少党员干部面对金钱、美色等糖衣炮弹的袭击，骄奢淫逸思想兴起，腐败现象成为侵入党的健康肌体、侵蚀党员的先进性和纯洁性的毒瘤。习近平在十八届中央纪律检查委员会第六次会议上痛斥腐败现象侵蚀党的先进性和纯洁性问题，"一棵参天大树，如任蛀虫繁衍啃咬，最终必会逐渐枯萎"②。坚持不懈地反对腐败，坚定不移割除这种毒瘤，是对党的先进性和纯洁性建设规律的基本遵循。习近平要求各级党组织"严格把关，把政治标准放在首位，确保政治合格。要严格党员日常教育和管理，使广大党员平常时候看得出来、关键时刻站得出来、危急关头豁得出来，充分发挥先锋模范作用"③。针对党内外一些群众对党的建设持悲观态度，认为反腐败斗争和党的先进性教育一蹴而就等错误思想，习近平指出，党的"先进性和纯洁性，不是固定不变的，而是与时俱进、随着形势和任务的发展变化而不断丰富与发展的；不是一劳永逸的，而是必须通过坚持不懈地加强党的自身建设才能保持与发展的"④。习近平在党的十九大报告中强调："敢于刮骨疗毒，消除一切损害党的先进性和纯洁性的因素，消除一切侵蚀党的健康肌体的病毒"⑤，持之以恒地推进反腐败斗争，提升广大党员的领导力、引领力、组织力、号召力，确保党组织的生命力和战斗力。

高度重视选贤任能。实现中华民族伟大复兴，坚持和发展中国特色社会主义，关键在党，关键在人。"党的干部是党和国家事业的中坚力量"⑥，党员干部能否做到信念坚定、为民服务、勤政务实、敢于担当、

---

① 《十八大以来重要文献选编》上，中央文献出版社2014年版，第339页。
② 《习近平谈治国理政》第2卷，外文出版社2017年版，第166页。
③ 《十八大以来重要文献选编》上，中央文献出版社2014年版，第351页。
④ 习近平：《扎实做好保持党的纯洁性各项工作》，载《求是》2012年第6期。
⑤ 习近平：《决胜全面建成小康社会 夺取新时代中国特色社会主义伟大胜利——在中国共产党第十九次全国代表大会上的报告》，人民出版社2017年版，第62页。
⑥ 习近平：《决胜全面建成小康社会 夺取新时代中国特色社会主义伟大胜利——在中国共产党第十九次全国代表大会上的报告》，人民出版社2017年版，第64页。

清正廉洁，事关党和人民事业的关键性、根本性问题。习近平在2013年全国组织工作会议上指出："进行具有许多新的历史特点的伟大斗争，实现党的十八大确定的各项目标任务，关键在党，关键在人"①，关键是确保中国共产党在发展中国特色社会主义历史进程中始终成为坚强领导核心，建设一支宏大的高素质干部队伍，带领全国人民不断奋进。习近平要求，"党的干部必须敬畏权力、管好权力、慎用权力，守住自己的政治生命，保持拒腐蚀、永不沾的政治本色"②，创造出经得起实践、人民、历史检验的实绩。2014年1月14日，以习近平同志为核心的党中央吸收干部人事制度改革的新经验新成果，吸取干部选用上的得失，新修订出台了《党政领导干部选拔任用工作条例》，强调"好干部标准是具体的，又是历史的，德才兼备在不同时期应有新的内涵"③。习近平在党的十九大报告中，专门论述了如何建设高素质干部队伍，强调要"坚持德才兼备、以德为先，坚持五湖四海、任人唯贤，坚持事业为上、公道正派，把好干部标准落到实处"④。同时对选人用人导向，选人用人风气，干部考核评价机制等提出了明确要求。2017年10月26日，新华社独家披露了新一届中央领导集体产生过程中的重大创新，主要采用个别谈话调研的形式，坚持以马克思主义政治家标准选人，注重知行合一；坚持事业为上、任人唯贤，注重工作能力与实践经验；坚持严把人选廉洁关和作风关，注重形象口碑。习近平在2018年全国组织工作会议上进一步强调："贯彻新时代党的组织路线，建设忠诚干净担当的高素质干部队伍是关键，重点是要做好干部培育、选拔、管理、使用工作。"⑤应抓好执政骨干队伍和人才队伍建设，"各级党组织要严格把好政治关、廉洁关，严把素质能力关，及时把那些愿干事、真干事、干成

---

① 《习近平谈治国理政》，外文出版社2014年版，第411页。
② 《十八大以来重要文献选编》上，中央文献出版社2014年版，第338页。
③ 《十八大以来重要文献选编》上，中央文献出版社2014年版，第739页。
④ 习近平：《决胜全面建成小康社会　夺取新时代中国特色社会主义伟大胜利——在中国共产党第十九次全国代表大会上的报告》，人民出版社2017年版，第64页。
⑤ 《切实贯彻落实新时代党的组织路线　全党努力把党建设得更加坚强有力》，载《人民日报》2018年7月5日。

事的干部发现起来、任用起来"①。

三、反腐败是党有力量的表现

"坚定不移惩治腐败,是我们党有力量的表现,也是全党同志和广大群众的共同愿望。"② 为政清廉才能取信于民,秉公用权才能赢得人心,反之,党的凝聚力和战斗力、党的领导能力和执政能力就会大大削弱。

"打铁还需自身硬。"习近平在十八届中央政治局常委同记者见面时就庄严承诺——"打铁还需自身硬"③。党的十八大以来,以习近平同志为核心的党中央践行"打铁还需自身硬"这一庄严承诺,向党和人民承诺坚持全面从严治党,切实解决党存在的突出问题,改进工作作风,密切联系群众,使我们党始终成为中国特色社会主义事业的坚强领导核心。2013年3月19日,习近平再次强调"打铁还需自身硬",并对如何使共产党自身更"硬"提出了具体要求,要求"必须加强自身建设,保持同人民群众的血肉联系,不断提高领导水平和执政水平,不断提高拒腐防变和抵御风险能力,不断提高科学执政、民主执政、依法执政水平,更好为人民服务"④。2015年11月20日,习近平为"打铁还需自身硬"注入了新的内涵,"打铁还需自身硬,硬就硬在我们共产党人有着坚定的理想信念",增强中国特色社会主义道路自信、理论自信、制度自信、文化自信,真正做到虔诚而执着、至信而深厚。2016年1月12日,习近平在十八届中央纪律检查委员会第六次会议上再次强调:"'打铁还需自身硬'是我们党的庄严承诺,全面从严治党是我们立下的军令状。"⑤ 要求全党牢牢把握加强党的执政能力建设和先进性建设这条主线,加强和规范新形势下党内政治生活,坚定不移推进党风廉政建设和反腐败斗争,使广大党员干部避免步入歧途,陷入泥潭。

---

① 《习近平在中央政治局第二十一次集体学习时强调 贯彻落实好新时代党的组织路线 不断把党建设得更加坚强有力》,载《人民日报》2020年7月1日。
② 《习近平谈治国理政》,外文出版社2014年版,第387—388页。
③ 《十八大以来重要文献选编》上,中央文献出版社2014年版,第70页。
④ 《习近平接受金砖国家媒体联合采访》,载《人民日报》2013年3月20日。
⑤ 《习近平谈治国理政》第2卷,外文出版社2017年版,第161页。

第七章 以零容忍态度惩治腐败

党的力量源泉是人民群众的衷心拥护。随着改革开放和社会主义市场经济的不断深入，受西方自由主义、拜金主义等思潮的冲击，我们党脱离群众的危险比过去大大增加，腐败问题在某些领域非常突出。为此，习近平在十八届中央政治局第五次集体学习时严厉指出："人民群众最痛恨各种消极腐败现象，最痛恨各种特权现象，这些现象对党同人民群众的血肉联系最具杀伤力。"① 要求全党始终保持同人民群众的血肉联系，必须坚定不移地把党风廉政建设和反腐败斗争深入进行下去。习近平警示，如果我们党不能遏制腐败的蔓延势头，任由其横行泛滥下去，最终必然严重脱离群众、失去人民的信任和支持，动摇甚至丧失党的执政之基。坚定不移地惩治腐败，不仅是我们党有力量的表现，也是全党同志和广大人民群众的共同愿望。正如习近平在十八届中央纪律检查委员会第三次全会上所言："腐败问题对我们党的伤害最大，严惩腐败分子是党心民心所向，党内决不允许有腐败分子藏身之地。这是保持党同人民群众血肉联系的必然要求，也是巩固党的执政基础和执政地位的必然要求。"② 因为，"我们的权力是党和人民赋予的，是为党和人民做事用的，姓公不姓私，只能用来为党分忧、为国干事、为民谋利"③，联系群众、宣传群众、组织群众、团结群众，为实现群众的利益而奋斗，这是党的根本力量和优势所在，也是我们各项工作的取胜之道。人民群众的衷心拥护是党的生命所系、力量所在，反腐败增强了人民群众对党的信任和支持。习近平在党的十九大报告中指出："为政清廉才能取信于民，秉公用权才能赢得人心，一个政党，一个政权，其前途命运取决于人心向背。"④ 人民群众的信任和评价，来源于反腐败斗争取得的实实在在的成绩，来源于反腐败斗争带来的强大正能量，来源于反腐败斗争所展示的光明前景。把反腐败斗争的成绩、正能量、光明前景继续下去，把自信保持下去，人民群众就会更加支持拥护党，党的执政根

---

① 《习近平关于党风廉政建设和反腐败斗争论述摘编》，中央文献出版社、中国方正出版社2015年版，第6页。
② 《习近平关于党风廉政建设和反腐败斗争论述摘编》，中央文献出版社、中国方正出版社2015年版，第7页。
③ 《十八大以来重要文献选编》中，中央文献出版社2016年版，第325页。
④ 习近平：《决胜全面建成小康社会 夺取新时代中国特色社会主义伟大胜利——在中国共产党第十九次全国代表大会上的报告》，人民出版社2017年版，第61页。

基就会更加稳固。

  党的集中统一是党的力量所在。面对艰巨任务、复杂形势、严峻挑战，集中力量首先需要保持和维护党的集中统一。党的集中统一是中国共产党凝聚力、战斗力的保证和前提，是确保党始终成为中国特色社会主义事业的坚强领导核心，确保全面建成小康社会和中华民族伟大复兴的"中国梦"如期实现的关键。为此，习近平在党的十八届中央纪律检查委员会第六次全体会议上要求："各级党组织要把违反政治纪律问题作为纪律审查的重要内容，带动其他纪律严起来，坚决维护党的集中统一。"① 我国正处于经济社会发展重要战略机遇期，同时也处于改革攻坚期、问题多发期、矛盾凸显期。在长期实践中，党内政治生活状况总体是好的，但一个时期以来，也出现了一些亟待解决的突出矛盾和问题，"特别是高级干部中极少数人政治野心膨胀、权欲熏心，搞阳奉阴违、结党营私、团团伙伙、拉帮结派、谋取权位等政治阴谋活动。这些问题，严重侵蚀党的思想道德基础，严重破坏党的团结和集中统一，严重损害党内政治生态和党的形象，严重影响党和人民事业发展"②。应当清醒地认识到，党面临的形势越复杂，肩负的任务越艰巨，就越要维护党的集中统一，越要发挥好党总揽全局、协调各方的作用。为此，习近平强调，要坚持党中央集中统一领导，"全党同志要增强政治意识、大局意识、核心意识、看齐意识，切实做到对党忠诚、为党分忧、为党担责、为党尽责"③。只有依靠党的坚强领导和强大力量，加强总体规划，坚持稳中求进，统筹改革发展稳定，才能有效解决问题，化解矛盾，把握大局，深化改革，扩大开放，把中国特色社会主义胜利推向前进。习近平在党的十九大报告中指出："坚决维护党中央权威和集中统一领导，是党的政治建设的首要任务。"④

---

  ① 《习近平总书记重要讲话文章选编》，中央文献出版社、党建读物出版社2016年版，第374页。
  ② 习近平：《关于〈新形势下党内政治生活的若干准则〉和〈中国共产党党内监督条例〉的说明》，载《人民日报》2016年11月3日。
  ③ 《习近平谈治国理政》第2卷，外文出版社2017年版，第44页。
  ④ 习近平：《决胜全面建成小康社会　夺取新时代中国特色社会主义伟大胜利——在中国共产党第十九次全国代表大会上的报告》，人民出版社2017年版，第7页。

第七章 以零容忍态度惩治腐败

第二节 着力解决发生在人民群众身边的腐败问题

民心是最大的政治。习近平在党的十九大报告中指出："为什么人的问题，是检验一个政党、一个政权性质的试金石。"① 党要永葆青春活力，长期执政，必须始终紧紧依靠人民，始终保持同人民群众的血肉联系，一刻也不脱离群众，必须坚定不移把党风廉政建设和反腐败斗争深入进行下去。习近平就新形势下如何反腐败进行了一系列新的思考，在打"老虎"与拍"苍蝇"之间的关系、国内反腐与国际追逃追赃之间的关系、反腐败领导力量与依靠力量之间的关系、治标与治本之间的关系以及反腐败的实践与舆论宣传引导之间的关系等问题的认识上，做出了一系列重要思考和论述，构成了新时代全面从严治党理论的重要组成部分。

一、既打"老虎"又拍"苍蝇"

"打老虎"和"拍苍蝇"是反腐领域的形象比喻，省部（副）级及以上贪腐的高官通常被称为"老虎"，基层贪腐官员一般被认为翻不起大浪，不值得大惊小怪的"苍蝇"。

做到有案必查、有腐必惩。习近平强调，反腐败不能存在"特权人物"，要坚持"老虎""苍蝇"一起打，既坚决查处领导干部违纪违法案件，又切实解决发生在群众身边的不正之风和腐败问题。要坚持党纪国法面前没有例外，不管涉及谁，都要一查到底，决不姑息。② 习近平要求全党必须严厉惩治各种腐败现象，坚持既打"老虎"，也打"苍蝇"，真正实现干部清正、政府清廉、政治清明。党的十八大以来，以习近平同志为核心的党中央保持反腐败高压态势，正风、肃纪、惩贪，"老虎"和"苍蝇"一起打。2013年9月26日，习近平在中央政治局常委会上强调："不管级别有多高，谁触犯法律都要问责，都要处理，

---

① 习近平：《决胜全面建成小康社会　夺取新时代中国特色社会主义伟大胜利——在中国共产党第十九次全国代表大会上的报告》，人民出版社2017年版，第44－45页。

② 参见《十八大以来重要文献选编》上，中央文献出版社2014年版，第135页。

我看天塌不下来。"① 党的十八大以后的五年，以习近平同志为核心的党中央坚持"老虎""苍蝇"一起打，既查处了周永康、薄熙来、郭伯雄、徐才厚、令计划、苏荣等高级干部严重违纪违法案件，也查处了一批发生在群众身边的不正之风和腐败问题。针对个别领导干部家风败坏，纵容家属腐败等问题，习近平在党的第十八届中央纪律检查委员会第六次会议上，要求把作风建设抓到底，特别强调家风问题，要求每一位领导干部都要把家风建设摆在重要位置，"在管好自己的同时，严格要求配偶、子女和身边工作人员"②，真正做到有腐必反、有贪必肃，做到反腐败全覆盖。

凡是群众反映强烈的问题都要严肃认真对待，凡是损害群众利益的行为都要坚决纠正。党的十八大以来，位高权重的"老虎"落马，总是占据反腐舆情的焦点位置，因为不言而喻，"老虎"危害严重、影响恶劣。相比较之下，"苍蝇"之害更不易被察觉，往往易被人们所忽视。但习近平高屋建瓴，强调反腐败既没有禁区，也不允许出现盲区，反腐败的命运既取决于打"老虎"，也取决于拍"苍蝇"，打拍必须联动，特别重视拍打"苍蝇"，"我们说'老虎'、'苍蝇'一起打，有的群众说'老虎'离得太远，但'苍蝇'每天扑面"③。习近平在党的群众路线教育实践活动第一批总结暨第二批部署会议上要求："必须着力解决发生在群众身边的腐败问题，认真解决损害群众利益的各类问题，切实维护人民群众合法权益。"④ 2015年1月，《中国青年报》社会调查中心随机对2167人进行的一项题为"您对2015年反腐败工作有什么期待"的在线调查中，"解决老百姓身边的腐败"以76.4%的得票率排在首位，⑤ 折射出人民群众对党中央反腐败的新的期待。习近平在十八届中央纪律检查委员会第六次全会上指出："相对于'远在天边'的'老虎'，群众对'近在眼前'嗡嗡乱飞的'蝇贪'感受更为真切。'微腐

---

① 《习近平关于党风廉政建设和反腐败斗争论述摘编》，中央文献出版社、中国方正出版社2015年版，第110页。
② 《习近平谈治国理政》第2卷，外文出版社2017年版，第165页。
③ 《习近平关于全面从严治党论述摘编》，中央文献出版社2016年版，第181页。
④ 《习近平关于全面从严治党论述摘编》，中央文献出版社2016年版，第181页。
⑤ 参见向楠等《七成受访者满意2014反腐成绩单 不满意者仅占4.2%》，载《中国青年报》2015年1月22日。

败'也可能成为'大祸害',它损害的是老百姓切身利益,啃食的是群众获得感,挥霍的是基层群众对党的信任。"① 在坚持打"老虎"的基础上,进一步加强对基层贪腐以及执法不公等问题的纠正和查处,通过这一努力维护群众的切身利益,让群众更多地感受到反腐倡廉的实际效果。习近平在十九届中共中央政治局第六次集体学习时强调:"要扎紧制度的篱笆,发挥巡视利剑作用,推动全面从严治党向基层延伸,让人民群众真正感受到,清正干部、清廉政府、清明政治就在身边、就在眼前。"②

党的十八大以来,全国纪检监察机关立案审查调查案件380.5万件,查处408.9万人,给予党纪政务处分374.2万人,运用监督执纪"四种形态"批评教育帮助和处理883.4万人。党的十九大以来,在惩治腐败的震慑下,在党的政策的感召下,主动向党组织、纪检监察机关投案的4.2万人。以习近平同志为核心的党中央,向全党全社会表明,不论什么人,不论其职务多高,只要触犯了党纪国法,都要受到严肃追究和严厉惩处,这决不是一句空话。

二、全面展开"猎狐行动"

将国际追逃追赃工作纳入党风廉政建设和反腐败斗争的总体框架之中,是新时代全面从严治党的重要创新。有的腐败分子先是做"裸官",一有风吹草动,就逃之夭夭;有的跑到国外买豪车豪宅,挥金如土,逍遥法外。习近平在第十八届中央纪律检查委员会第三次会议上要求:"国际追逃工作要好好抓一抓,各有关部门要加大交涉力度,不能让外国成为一些腐败分子的'避罪天堂',腐败分子即使逃到天涯海角,也要把他们追回来绳之以法,五年、十年、二十年都要追,要切断腐败分子的后路。"③

把反腐败国际追逃追赃作为重要政治任务。党员干部携款外逃,不

---

① 《习近平谈治国理政》第2卷,外文出版社2017年版,第167页。
② 《把党的政治建设作为党的根本性建设 为党不断从胜利走向胜利提供重要保证》,载《人民日报》2018年7月1日。
③ 《习近平关于党风廉政建设和反腐败斗争论述摘编》,中央文献出版社、中国方正出版社2015年版,第98页。

仅偷走了国家和人民的钱财，而且是叛党叛国的行为，人民群众痛恨万分，党和国家形象也遭受严重损害。习近平指出，反腐败斗争要做到没有禁区、盲区，也没有特区，必须做到全覆盖。加强反腐败国际追逃追赃工作是坚持党要管党、从严治党，遏制腐败现象蔓延势头的重要举措。习近平在十八届中央政治局常委会第八十七次会议上强调："要把追逃追赃工作纳入党风廉政建设和反腐败斗争总体部署，把反腐败斗争引向深入。"① 按照习近平及党中央的要求和部署，十八届中央纪律检查委员会第三次全会就"加大国际追逃追赃力度，决不让腐败分子逍遥法外"作出具体部署。中央纪律检查委员会等部门开展"天网行动"，摸清外逃人员底数，集中曝光"百名红通人员"，全面建立三级挂牌督办制度，一批外逃多年的腐败分子被追回、受到法律惩处，一批企图外逃的腐败分子被及时拦截。习近平强调："不管腐败分子跑到天涯海角，也要把他们绳之以法，决不能让其躲进'避罪天堂'、逍遥法外。"② 2014年6月27日，中央决定设立中央反腐败协调小组国际追逃追赃工作办公室，包含中央纪律检查委员会、最高人民检察院、最高人民法院、外交部、公安部、安全部、司法部、人民银行等八部门，加强各部门之间的组织协调，积极搭建国际合作平台，加大国际追逃追赃力度。习近平在党的十九大报告中进一步强调："不管腐败分子逃到哪里，都要缉拿归案、绳之以法。"③

营造良好国际舆论氛围。习近平要求媒体特别是中央媒体必须讲好全面从严治党、惩治腐败的故事，全面展示我们党坚定不移反对腐败的理念、做法和成效，展现我们党面对腐败这一痼疾顽症，不护短遮丑、不讳疾忌医，直面问题、自我修复的勇气和能力。习近平要求："中央媒体要及时发声，揭露外逃腐败分子违纪违法、逃避惩罚的真面目。对于一些证据确凿、定性清晰的外逃腐败分子，可以考虑向全世界公布，

---

① 《习近平关于党风廉政建设和反腐败斗争论述摘编》，中央文献出版社、中国方正出版社2015年版，第100页。

② 《习近平关于党风廉政建设和反腐败斗争论述摘编》，中央文献出版社、中国方正出版社2015年版，第100页。

③ 习近平：《决胜全面建成小康社会 夺取新时代中国特色社会主义伟大胜利——在中国共产党第十九次全国代表大会上的报告》，人民出版社2017年版，第67页。

第七章 以零容忍态度惩治腐败

点名道姓公开曝光，使之在世界任何一个角落都成为过街老鼠、人人喊打。"① 习近平充分利用参会、出访、来访等，不断加大对外宣传反腐败、追逃追赃的力度。2014 年 11 月 17 日，习近平在同澳大利亚总理阿博特会谈时指出："中方重视同澳方加强司法执法、追逃追赃合作，共同打击腐败犯罪。"② 习近平要求各部门不断加大国际宣传，展现中国惩治腐败的决心。2016 年 11 月 16 日，《联合国反腐败公约》秘书处网站公布中国接受《联合国反腐败公约》第一周期履约审议报告执行摘要，对十八大以来中国反腐败所表现出的坚定不移的决心和取得的重大成果给予高度评价。党的十九大以来，习近平在二十国领导人第十五次峰会、上海合作组织成员国元首理事会等多边场合，就反腐败议题提出中国方案，赢得广泛共识。

加紧密织海外反腐的天网，倡导构建国际反腐败新秩序。习近平在十八届中央政治局常委会第七十八次会议上强调，"要搭建追逃追赃国际合作平台。要加快与外逃目的地国签署引渡条约、建立执法合作"③，秉持主动开放、合作共赢理念，契合国内工作需要，顺应各国对国际反腐败秩序思变的大势，加强战略谋划，主动设置反腐败国际合作议题，积极搭建国际交流合作平台，不断增强国际话语权和规则制定权。习近平在亚太经合组织第二十二次领导人非正式会议闭幕式中指出："推动亚太反腐败合作，建立亚太经合组织反腐败执法合作网络，就追逃追赃开展执法合作。"④ 此外，以习近平同志为核心的党中央利用二十国集团领导人峰会、国际刑警组织大会等，同多个国家和地区的反腐败机构建立友好关系，加快引渡条约、刑事司法协助条约等谈判、缔约、履约进程，不断完善双边反腐败执法合作机制，与外国反腐败机构签署合作协议。习近平在国际刑警组织第八十六届全体大会上倡导"国际执法合

---

① 《习近平关于党风廉政建设和反腐败斗争论述摘编》，中央文献出版社、中国方正出版社 2015 年版，第 101 页。
② 习近平：《中国虽是大块头　和平发展决心不动摇》，载《人民日报》2014 年 11 月 18 日。
③ 《习近平关于党风廉政建设和反腐败斗争论述摘编》，中央文献出版社、中国方正出版社 2015 年版，第 132 页。
④ 习近平：《在亚太经合组织第 22 次领导人非正式会议上的闭幕辞》，载《人民日报》2014 年 11 月 12 日。

作和全球安全治理;联合各国开展国际追逃追赃"①。习近平在十八届中央纪律检查委员会第六次会议上要求"主动提出一系列反腐败国际合作倡议,倡议构建国际反腐新秩序"②。中央反腐败协调小组国际追逃追赃工作办公室先后开展了"天网2015""天网2016""天网2017""天网2018""天网2019""天网2020"专项行动。

根据中央纪委国家监委网站通报,2014年开展反腐国际追逃追赃"天网行动"以来,全国共从120多个国家和地区追回外逃人员9165人,其中党和国家工作人员2408人,"百名红通人员"已有60名归案,追回赃款217.39亿元。通过国外追、国内堵,追逃防逃两手都要硬,通过清理违规证照,杜绝资金外流渠道,防逃栅栏越扎越密,新增外逃人员逐年下降。反腐败国际追逃追赃不仅成为遏制腐败蔓延势头的重要一环,而且成为以习近平同志为核心的党中央强力反腐的一大亮点。

三、加强扶贫领域反腐败斗争

2016年8月1日,中央纪委对第一批重点督办的9起扶贫领域腐败问题典型案例进行公开曝光。这是党的十八大以来,中央纪委首次针对扶贫领域腐败问题进行专题曝光,这9起"蝇贪"都由中央纪委直接督办查结,展现出以习近平同志为核心的党中央惩治扶贫领域"蝇贪"的决心。

事涉扶贫,严肃处理。党的十八大以来,以习近平同志为核心的党中央最关注的工作之一就是贫困人口脱贫,通过实施精准扶贫、精准脱贫,加大扶贫投入,创新扶贫方式,扶贫开发工作呈现新局面。但贫困地区涉及低保、危房改造、移民搬迁、专款救助、退耕还林等领域的腐败层出不穷,仅陕西省,"2016年查处扶贫领域不正之风和腐败问题涉案人员党纪处分1497人,其中县处级2人,乡科级219人,剩下的全是村干部,计1276人"。③ 工作越到紧要处,纪律保障越要跟上。作为

---

① 习近平:《坚持合作创新法治共赢 携手开展全球安全治理——在国际刑警组织第八十六次全体大会开幕式上的主旨演讲》,载《人民日报》2017年9月27日。
② 《习近平总书记重要讲话文章选编》,中央文献出版社、党建读物出版社2016年版,第362页。
③ 《扶贫款不容'蝇贪'》,载《人民日报》2017年2月24日。

第七章　以零容忍态度惩治腐败

"最后一米"落实扶贫政策的基层干部,他们普遍层级不高、涉案金额偏低,但在老百姓眼里,他们的一言一行都代表着党和政府的形象,其行为直接损害了群众利益。为此,习近平在十八届中央纪律检查委员会第六次全会上,要求严肃查处扶贫领域虚报冒领、截留私分、挥霍浪费问题,"推动全面从严治党向基层延伸。对基层贪腐以及执法不公等问题,要认真纠正和严肃查处,维护群众切身利益,让群众更多感受到反腐倡廉的实际效果"①,以严明的纪律为打赢脱贫攻坚战提供保障。2017年6月23日,习近平在深度贫困地区脱贫攻坚座谈会上强调:"加强督查问责,对不严不实、弄虚作假的严肃问责。要加强扶贫资金管理使用,对挪用乃至贪污扶贫款项的行为必须坚决纠正、严肃处理。"② 要确保扶持对象精准、项目安排精准、资金使用精准、措施到户精准、脱贫成效精准,确保贫困地区人民过上幸福美满的日子,同全国人民一道进入全面小康社会。习近平在党的十九届中央纪委二次全会上进一步强调:"要开展扶贫民生领域专项整治,对胆敢向扶贫民生、救济救灾款物伸手的决不手软。"③

推动管党治党政治责任落实到基层。习近平特别关注各级干部在脱贫攻坚过程中的工作作风,要求各级干部在脱贫攻坚工作中真抓实干、努力解决实际问题。习近平在第十八届中央纪律检查委员会第六次会议上指出:"中纪委在六个省(市)搞的一次民意调查显示,群众对村干部工作作风的满意度仅为百分之三十七点七。"④ 为此,习近平要求通过抓住县党委纪委这个关键,一级抓一级、层层传导压力,县委是我们党执政兴国的"一线指挥部";特别是要强化县委书记的责任担当,加强基层组织和干部队伍建设,把基层党组织建设成坚强的战斗堡垒。⑤要求严格执纪,紧盯形式主义、官僚主义、搞数字脱贫、虚假脱贫问题,重点查处贯彻中央脱贫工作决策部署不坚决不到位、弄虚作假、阳

---

① 《习近平谈治国理政》第2卷,外文出版社2017年版,第166-167页。
② 习近平:《在深度贫困地区脱贫攻坚座谈会上的讲话》,《人民日报》2017年9月1日。
③ 《习近平谈治国理政》第3卷,外文出版社2020年版,第510页。
④ 《习近平总书记重要讲话文章选编》,中央文献出版社、党建读物出版社2016年版,第368页。
⑤ 参见《习近平总书记重要讲话文章选编》,中央文献出版社、党建读物出版社2016年版,第369页。

奉阴违的行为，严肃查处贪污挪用、截留私分、优亲厚友、虚报冒领、雁过拔毛、强占掠夺问题。2017年6月23日，习近平在深度贫困地区脱贫攻坚座谈会上要求："扶贫工作必须务实，脱贫过程必须扎实，脱贫结果必须真实，让脱贫成效真正获得群众认可、经得起实践和历史检验。"[1] 要强化问责，凡是扶贫工作不务实、脱贫过程不扎实、脱贫结果不真实、发现问题不整改，扶贫工作中发生系统性区域性贪腐问题的，要对党委纪委"双问责"，确保党的好政策落到实处，切实增强人民群众获得感。习近平要求各级党员干部，在脱贫攻坚过程中发扬钉钉子精神，采取有针对性的举措，一件接着一件抓，抓一件成一件，积小胜为大胜。2017年11月，习近平就旅游系统推进"厕所革命"工作取得的成效做出重要指示，"厕所问题不是小事情，是城乡文明建设的重要方面，不但景区、城市要抓，农村也要抓，要把这项工作作为乡村振兴战略的一项具体工作来推进，努力补齐这块影响群众生活品质的短板"[2]。2018年2月12日，习近平在成都市主持召开打好精准脱贫攻坚战座谈会上强调，党中央将2018年作为脱贫攻坚作风建设年，要求各级"集中力量解决脱贫领域'四个意识'不强、责任落实不到位、资金管理使用不规范、工作作风不扎实等突出问题"[3]。根据十八届中央纪委工作报告，党的十八大以后的五年，中共中央对乱作为、不作为的3.2万名基层党员干部严肃追责。全国纪检监察机关共处分村党支部书记、村委会主任27.8万人。[4] 党的十九大后，查处扶贫领域问题28万件，处分18.8万人。

---

[1] 习近平：《在深度贫困地区脱贫攻坚座谈会上的讲话》，载《人民日报》2017年9月1日。

[2] 习近平：《坚持不懈推进"厕所革命"，努力补齐影响群众生活品质短板》，载《人民日报》2017年11月28日。

[3] 《提高脱贫质量聚焦深贫地区 扎扎实实把脱贫攻坚战推向前进》，载《人民日报》2018年2月15日。

[4] 参见《十八届中央纪律检查委员会向中国共产党第十九次全国代表大会的工作报告》，载《人民日报》2017年10月30日。

第七章　以零容忍态度惩治腐败

第三节　把权力关进制度的笼子

把权力关进制度的笼子里,是党的十八大以来以习近平同志为核心的党中央倡导和坚持的反腐思路和举措,同时也是战略目标。习近平在十八届中央政治局第五次集体学习时指出:"反腐倡廉的核心是制度制约和监督权力。制度问题更带有根本性、全局性、稳定性、长期性。"① 建立和完善对权力的制约和监督的法律法规,建立制约和监督合力的机制,让权力在阳光下运行。

一、围绕授权、用权、制权加强法规制度建设

随着反腐败斗争的不断深入,依靠法规制度治本的要求越来越迫切。以习近平同志为核心的党中央采取多种方式全面落实依法治国的基本方略,全面加强授权、用权、制权领域的法规制度建设。

阐释运用法治思维和建立法律法规制度反对腐败的重要性。习近平认为,法律、制度能够起到抑制、防范、制约、监督、惩治腐败行为的作用,"制度好可以使坏人无法任意横行,制度不好可以使好人无法充分做好事,甚至会走向反面"②,在法律面前,特权思想就会失灵,以权谋私行为就无法横行。针对腐败现象屡禁不止的现象,2014年10月8日,习近平在党的群众路线教育实践活动总结大会上指出:"这么多年,作风问题我们一直在抓,但很多问题不仅没有解决,反而愈演愈烈。症结就在于对于作风问题的顽固性和反复性估计不足,缺乏常抓的韧劲、严抓的耐心,缺乏管长远、固根本的制度。"③ 党的十八大以来,以习近平同志为核心的党中央坚持依法治国、依法执政、依法行政共同推进,坚持法治国家、法治政府、法治社会一体建设,运用法治思想和

---

① 《习近平关于党风廉政建设和反腐败斗争论述摘编》,中央文献出版社、中国方正出版社2015年版,第124页。
② 《习近平关于严明党的纪律和规矩论述摘编》,中央文献出版社、中国方正出版社2016年版,第57页。
③ 《十八大以来重要文献选编》中,中央文献出版社2016年版,第99页。

新时代全面从严治党的理论创新

法治方式开展反腐倡廉工作,强调法治是国家治理体系和治理能力的重要依托。习近平指出:"全面推进依法治国,是解决党和国家事业发展面临的一系列重大问题,解放和增强社会活力,促进社会公平正义、维护社会和谐稳定、确保党和国家长治久安的根本要求。"①

制定和完善对反腐败具有重要意义和关键作用的制度。没有规矩,不成方圆。风清气正必须靠制度,需要从国家战略和顶层设计层面建立健全党内法律法规体系。2013年12月20日,中共中央印发了《建立健全惩治和预防反腐败体系2013—2017年工作规划》。习近平要求,"完善党内法规制定体制机制,构建以党章为根本、若干配套党内法规为支撑的党内法规制度体系,提高党内法规执行力"②,围绕建设廉洁政治,加大教育、监督、惩处力度,以解决体制缺陷和制度漏洞为重点,加快推进反腐倡廉建设方面党内法规建设,提高制度安排的系统性、科学性。2015年10月8日,中共中央印发《中国共产党廉洁自律准则》、新修订了《中国共产党纪律处分条例》,根据新形势新情况,增补处分情形,细化相关规定,明确处分标准,提高纪律处分的规范化水平。中国共产党第十八届中央纪律检查委员会第七次全体会议通过《中国共产党纪律检查机关监督执纪工作规则(试行)》,进一步完善办案程序,提高办案质量,及时发现和查处腐败案件。中国共产党第十八届中央委员会第六次全体会议通过了新修订的《中国共产党党内监督条例》,2017年7月1日,中共中央发布了新修订的《中国共产党巡视工作条例》,进一步健全了权力运行的监督机制,拓宽了监督渠道,强化了监督力量。这些制度的制定与实施,在堵塞相关腐败漏洞方面发挥了重要作用。2018年2月,中共中央印发《中央党内法规制定工作第二个五年规划(2018—2022年)》,适应新时代坚持加强党的全面领导、以党的政治建设为统领全面推进党的各项建设的需要,对此后5年党内法规制度建设进行顶层设计。③

健全问责机制。习近平在十八届中央政治局第二十四次集体学习时

---

① 《十八大以来重要文献选编》中,中央文献出版社2016年版,第141页。
② 《习近平关于严明党的纪律和规矩论述摘编》,中央文献出版社、中国方正出版社2016年版,第56页。
③ 《中国共产党简史》,人民出版社、中共党史出版社2021年版,第482页。

第七章 以零容忍态度惩治腐败

要求,反腐倡廉法规制度建设中必须"责任明确、奖惩分明。要明确责任主体,确保可执行、可监督、可检查、可问责"①。习近平在十八届中央纪律检查委员会第六次全体会议上指出:"有权就有责,权责要对等。问责不能感情用事,不能有怜悯之心,要'较真'、'叫板',发挥震慑效应。"②坚持有责必问、问责必严,把监督检查、目标考核、责任追究有机结合起来,形成法规制度执行强大推动力。习近平强调,"要完善和规范责任追究工作,建立健全责任追究典型问题通报制度,把问责同其他监督方式结合起来,以问责常态化促进履职到位,促进党的纪律执行到位"③,问责的内容、对象、事项、主体、程序、方式都要制度化、程序化。习近平指出,要把法规制度执行情况纳入党风廉政建设责任制检查考核和党政领导干部述职述廉范围,"党风廉政建设和反腐败工作是全面从严治党的一部分,党的建设必须全面从严,各级党组织及其负责人都是责任主体"④。通过严肃追究主体责任、监督责任、领导责任,让法规制度的力量在反腐倡廉建设中得到充分释放。习近平要求,纪律检查机关要加大监督检查力度,对有令不行、有禁不止的,"既要追究主体责任、监督责任,又上查一级追究领导责任、党组织责任"⑤。2016年6月28日,十八届中共中央政治局召开会议,审议通过《中国共产党问责条例》,进一步明确了问责情形、规范了问责方式,完善了组织处理制度。

总之,以习近平同志为核心的党中央着重完善党内政治生活等各方面制度,压缩腐败权力寻租的空间,通过体制机制改革和制度创新促进政治生态不断改善。

---

① 《习近平关于严明党的纪律和规矩论述摘编》,中央文献出版社、中国方正出版社2016年版,第64页。
② 《习近平谈治国理政》第2卷,外文出版社2017年版,第164页。
③ 《习近平谈治国理政》第2卷,外文出版社2017年版,第165页。
④ 《习近平总书记重要讲话文章选编》,中央文献出版社、党建读物出版社2016年版,第371页。
⑤ 《习近平总书记重要讲话文章选编》,中央文献出版社、党建读物出版社2016年版,第366页。

二、建立不敢腐、不能腐、不想腐的机制

习近平在十八届中央纪律检查委员会第二次全体会议上深刻分析严峻复杂的反腐败形势,提出要"把权力关进制度的笼子里,形成不敢腐的惩戒机制、不能腐的防范机制、不易腐的保障机制"①。不敢腐,就是通过加大惩治力度,提高腐败成本,形成巨大的震慑作用,使党员、干部对腐败心生戒惧、收敛收手。不能腐,就是从体制机制和制度上消除腐败发生的条件,使党员干部没有腐败的机会。不想腐,就是筑牢拒腐防变的思想道德防线,使党员、干部从根本上消除腐败动机。"我们党强调不敢腐、不能腐、不想腐,揭示了反腐防腐的基本规律。要强化不敢腐的震慑,扎牢不能腐的笼子,增强不想腐的自觉。"②

坚持有腐必惩、有贪必肃,构建不敢腐的惩戒机制。习近平指出:"全党同志要深刻认识反腐败斗争的长期性、复杂性、艰巨性,以猛药去疴、重典治乱的决心,以刮骨疗毒、壮士断腕的勇气,坚决把党风廉政建设和反腐败斗争进行到底。"③ 一是聚焦作风建设。不正之风是滋生腐败的温床,必须加以遏制。习近平要求各级党组织在选人用人时要严格把关,把政治标准放在首位,确保政治合格,注重工作能力与实践经验;坚持严把人选廉洁关和作风关。2013 年 6 月 18 日,习近平在党的群众路线教育实践活动工作会议上指出:"中央反复研究,决定把这次教育实践活动的主要任务聚焦到作风建设上,集中解决形式主义、官僚主义、享乐主义和奢靡之风这'四风'问题"④;"要以踏石留印、抓铁有痕的劲头抓下去"⑤,以上率下抓作风。习近平要求各级纪委及时查处违纪违规行为,点名道姓通报曝光,有效遏制不正之风的滋生蔓延。坚持惩治腐败无"禁区""特区"和"盲区","坚决遏制腐败现象滋生蔓延势头。只要谁敢搞腐败,就必须付出代价"⑥。二是强化巡

---

① 《习近平谈治国理政》,外文出版社 2014 年版,第 388 页。
② 《习近平谈治国理政》第 3 卷,外文出版社 2020 年版,第 511 页。
③ 《习近平谈治国理政》,外文出版社 2014 年版,第 394 页。
④ 《十八大以来重要文献选编》上,中央文献出版社 2014 年版,第 313–314 页。
⑤ 《习近平谈治国理政》,外文出版社 2014 年版,第 387 页。
⑥ 《习近平谈治国理政》第 2 卷,外文出版社 2017 年版,第 166 页。

视监督，发挥从严治党利器作用。习近平强调："改进中央和省区市巡视制度，做到对地方、部门、企事业单位全覆盖"①；"擦亮巡视利剑，聚焦发现问题、形成震慑"②。进一步加大巡视力度，完善巡视制度，推动党的纪律检查工作具体化、程序化、制度化。习近平在党的十九大报告中要求继续深化监察体制改革，实现对所有行使公职权力的公职人员全覆盖，增强监察、监督的力度，"深化政治巡视，坚持发现问题、形成震慑不动摇，建立巡视巡察上下联动的监督网"③。三是强化对权力的监督与制衡。2014年1月7日，习近平在全国政法工作会议上强调，"通过完善的监督管理机制、有效的权力制衡机制、严肃的责任追究机制"④，加强对权力的内部监督和制约，最大限度减少权力出轨、权力寻租的机会。习近平从已查处的案件分析发现，权力不论大小，只要不受制约和监督，都可能被滥用，为此，习近平在第十八届中央纪律检查委员会第三次会议上指出，"要强化监督，着力改进对领导干部特别是一把手行使权力的监督，加强领导班子内部监督"⑤，强化制约，合力分解权力，科学配置权力，形成科学的合力结构和运行机制。针对反腐败机构职能分散，形不成合力，腐败案件频发却责任追究不够的现象，习近平要求"强化上级纪委对下级纪委的领导；各级纪委书记、副书记的提名和考察以上级纪委同组织部门为主"⑥，更好地赋予各级纪委党内监督权，有利于履行监督责任。党的十九大决定："深化国家监察体制改革，将试点工作在全国推开，组建国家、省、市、县监察委员会，同党的纪律检查机关合署办公，实现对所有行使公权力的公职人员监察全覆盖。"⑦

---

① 《十八大以来重要文献选编》上，中央文献出版社2014年版，第505页。
② 《习近平总书记重要讲话文章选编》，中央文献出版社、党建读物出版社2016年版，第360页。
③ 习近平：《决胜全面建成小康社会　夺取新时代中国特色社会主义伟大胜利——在中国共产党第十九次全国代表大会上的报告》，人民出版社2017年版，第67页。
④ 《习近平关于党风廉政建设和反腐败斗争论述摘编》，中央文献出版社、中国方正出版社2015年版，第127页。
⑤ 《习近平谈治国理政》，外文出版社2014年版，第395页。
⑥ 《十八大以来重要文献选编》上，中央文献出版社2014年版，第532页。
⑦ 习近平：《决胜全面建成小康社会　夺取新时代中国特色社会主义伟大胜利——在中国共产党第十九次全国代表大会上的报告》，人民出版社2017年版，第67页。

构建不能腐的约束机制。不能腐,就是从体制机制和制度上消除腐败发生的条件,使党员干部没有腐败的机会。让党员、干部知敬畏、存戒惧、守底线,习惯在受监督和约束的环境中工作生活。一是建构权力清单制度,法无授权不可为。权力清单,是指各级政府及政府部门采用清单的方式列举出自身行使的各项职能以及相应的权限,并采取各种方式公示,让人民群众知晓;各级政府和政府部门必须依据法律法规制定的清单来完成各自的职能使命,清单未列举的职能和权限不能为。2014年5月9日,习近平在参加河南省兰考县委常委班子专题民主生活会时要求,"应该有一个权力清单,什么权能用,什么权不能用,什么是公权,什么是私权,要分开,不能公权私用"①,通过制度建构,完善党内权力运行和监督机制,从而达到权责对应,防止滥用职权。十八届中央委员会第三次全体会议制定的《中共中央关于全面深化改革若干重大问题的决定》,要求"推行地方各级政府及其工作部门权力清单制度,依法公开权力运行流程"②。在十八届四中全会上,习近平要求各级政府必须坚持在党的领导下,依法全面履行职能,推进机构、职能、权限、程序、责任等法定化,"推进机构、职能、权限、程序、责任法定化;推行政府权力清单制度,坚决消除权力设租寻租空间"③。通过构建权力清单,使权力公开、透明,压缩公共权力寻租的空间。二是完善约束和制约机制。习近平在庆祝全国人民代表大会成立六十周年大会上强调,要"让人民监督权力,让权力在阳光下运行,把权力关进制度的笼子里"④。如何将权力更好地装进制度的笼子里呢?习近平指出:"把权力关进制度的笼子里,首先要建好笼子。"⑤ 要抓住治权这个关键,编密扎紧制度的笼子,按照决策、执行、监督既相互制约又互相协调的原则区分和配置权力,构建严密的权力运行制约和监督体系。在治权方面,习近平特别强调从政府决策抓起,健全依法决策机制,把公众参

---

① 《习近平总书记重要讲话文章选编》,中央文献出版社、党建读物出版社2016年版,第139页。
② 《十八大以来重要文献选编》上,中央文献出版社2014年版,第531页。
③ 《十八大以来重要文献选编》中,中央文献出版社2016年版,第150页。
④ 《十八大以来重要文献选编》中,中央文献出版社2016年版,第58页。
⑤ 《习近平总书记系列重要讲话读本》,学习出版社、人民出版社2016年版,第117页。

与、专家论证、风险评估、合法性审查、集体讨论决定确定为重大行政决策法定程序,"确保决策制定科学、程序正当、过程公开、责任明确,建立重大决策终身责任追究制度及责任倒查机制"①。三是全面推行简政放权。习近平在十八届中央政治局第十五次集体学习时指出,"该管的事一定要管好、管到位,该放的权一定要放足、放到位"②,坚持以公开为常态、不公开为例外原则,推进决策公开、执行公开、管理公开、服务公开、结果公开。通过构建开放、动态、透明、便民的阳光司法机制,"发挥舆论监督包括互联网监督作用"③,建立权责统一、权威高效的管理体制。

构建不想腐的自律机制,使廉洁从政成为一种行为自觉。不想腐,就是筑牢拒腐防变的思想道德防线,使党员、干部从根本上消除腐败动机。习近平在十八届中央纪律检查委员会第二次全体会议上强调:"要加强反腐倡廉教育和廉政文化建设,督促领导干部坚定理想信念,保持共产党人的高尚品格和廉洁操守,提高拒腐防变能力,在全社会培育清正廉洁的价值理念,使清风正气得到弘扬"④,为构建不想腐的自律机制指明了方向。一是铸牢理想信念这个魂。从不敢、不能到不想,要靠铸牢理想信念这个共产党人的魂。共产党人的理想信念是什么?习近平认为是"对马克思主义的信仰,对社会主义和共产主义的信念"⑤。理想信念是共产党人的政治灵魂,是共产党人经受住任何考验的精神支柱。习近平在十八届中央政治局第一次集体学习时强调,"理想信念就是共产党人精神上的'钙',没有理想信念,理想信念不坚定,精神上就会'缺钙',就会得'软骨病'"⑥,要求广大党员干部始终坚持共产党人价值观,牢记党的宗旨、牢记党对干部的要求,坚守"权力姓公"的底线,消除以权谋私的念头。从大量腐败案件看,领导干部只要奉行

---

① 《十八大以来重要文献选编》中,中央文献出版社2016年版,第165页。
② 习近平:《在十八届中央政治局第十五次集体学习时的讲话》,载《人民日报》2014年5月28日。
③ 习近平:《在网络安全和信息化工作座谈会上的讲话》,载《人民日报》2016年4月26日。
④ 《十八大以来重要文献选编》上,中央文献出版社2014年版,第135页。
⑤ 《习近平总书记系列重要讲话读本》,学习出版社、人民出版社2016年版,第107页。
⑥ 《十八大以来重要文献选编》上,中央文献出版社2014年版,第80页。

不讲理想讲实惠、不讲奉献讲索取、不讲原则讲钱财的错误信条，就会在"围猎"中被捕获。习近平在新进十八届中央委员会委员、候补委员学习贯彻党的十八大精神研讨班上强调："有了坚定的理想信念，站位就高了，眼界就宽了，心胸就开阔了，就能坚持正确的政治方向，在胜利和顺境时不骄傲不急躁，在困难和逆境时不消沉不动摇，经受住各种风险和困难考验，自觉抵御各种腐朽思想的侵蚀，永葆共产党人的政治本色。"① 只有在固本培元上下功夫，筑牢信仰之基、补足精神之钙、把稳思想之舵，增强"四个意识"，做到以信念、人格、实干立身，才能顶得住诱惑，防止歪风邪气近身附体，才能站得稳脚跟，固守清正廉洁的政治本色。"以理论上的坚定保证行动上的坚定，以思想上的清醒保证用权上的清醒，不断增强宗旨意识，始终保持共产党人的高尚品格和廉洁操守。"② 在党的十九大报告中，习近平强调："要把坚定理想信念作为党的思想建设的首要任务。"③ 二是要求党员干部树立清正廉洁的价值理念。反腐败不仅事关政治生态的净化，更是一场价值观的较量。习近平在主持十八届中央政治局第五次集体学习时强调，从思想道德抓起具有基础性作用，思想纯洁是马克思主义政党保持纯洁性的根本，道德高尚是领导干部做到清正廉洁的基础。"我们要教育引导广大党员、干部坚定理想信念、坚守共产党员精神家园，不断夯实党员干部廉洁从政的思想道德基础，筑牢拒腐防变的思想道德防线。"④ 要抓好思想理论建设、抓好党性教育和党性修养、抓好道德建设，牢固树立正确的世界观、权力观、事业观，模范践行社会主义荣辱观。习近平在党的十八届五中全会第二次全体会议上强调，"要牢固树立马克思主义的世界观、人生观、价值观和正确的权力观、地位观、利益观，时刻警惕权力、金钱、美色的诱惑"⑤，要求各级领导干部要发挥社会主义核心价值观的引领作用，把秉公用权、廉洁奉公的要求内化为自觉行动，做

---

① 《十八大以来重要文献选编》上，中央文献出版社2014年版，第117页。
② 《习近平谈治国理政》，外文出版社2014年版，第391页。
③ 习近平：《决胜全面建成小康社会　夺取新时代中国特色社会主义伟大胜利——在中国共产党第十九次全国代表大会上的报告》，人民出版社2017年版，第63页。
④ 《习近平谈治国理政》，外文出版社2014年版，第391页。
⑤ 《习近平关于全面从严治党论述摘编》，中央文献出版社2016年版，第65页。

到堂堂正正做人、老老实实干事、清清白白为官。习近平在党的十八届六中全会第二次全体会议上指出,"党内政治生活出现这样那样的问题,根子还是一些党员、干部理想信念这个'压舱石'发生了动摇,世界观、人生观、价值观这个'总开关'出现了松动"①,要求广大党员、干部始终把人民放在心中最高位置,在为人民谋福祉、带领群众创造美好生活的同时,虚心向人民学习,把社会主义核心价值观贯穿在政策、措施的制定和执行中,保持共产党人的高尚品格和廉洁操守。三是坚持不忘初心、牢记使命。习近平在庆祝中国共产党成立95周年大会上指出:"我们党已经走过了95年的历程,但我们要永远保持建党时中国共产党人的奋斗精神,永远保持对人民的赤子之心。面向未来,面对挑战,全党同志一定要不忘初心、继续前进。"② 同时,习近平强调回顾历史,不是为了从成功中寻求慰藉,更不是为了躺在功劳簿上、为回避今天面临的困难和问题寻找借口,而是为了总结历史经验、把握历史规律,增强开拓前进的勇气和力量。习近平从八个方面提出不忘初心,要求广大党员、干部不能忘记历史,牢记拯救民族命运、实现国家独立和人民幸福的"初心",牢记艰苦卓绝、艰苦奋斗、克难奋进的精神品质。习近平在党的十九大报告中指出,"不忘初心,牢记使命"③,要求全体党员干部深刻把握新时代的新要求,深刻把握社会主要矛盾的新变化,按照统筹推进"五位一体"总体布局、协调推进"四个全面"战略布局的要求,强化责任担当,求真务实,开拓创新,在决胜全面建成小康社会、全面推进现代化建设进程中取得新的更大成就,不负党和人民的重托,不负时代赋予的光荣使命。

标本兼治,关键在治,治是根本,惩治是反腐败的手段而不是目的,反腐败的最终目的是要消除滋生腐败的土壤,形成反腐倡廉的长效机制,构建一个风清气正的社会环境。正如习近平在党的十九大报告中总结的:"全面从严治党以来,不敢腐的目标初步实现,不能腐的笼子越扎越牢,不想腐的堤坝正在构筑,反腐败斗争压倒性态势已经形成并

---

① 《习近平谈治国理政》第2卷,外文出版社2017年版,第180-181页。
② 《习近平谈治国理政》第2卷,外文出版社2017年版,第32-33页。
③ 习近平:《决胜全面建成小康社会 夺取新时代中国特色社会主义伟大胜利——在中国共产党第十九次全国代表大会上的报告》,人民出版社2017年版,第63页。

巩固发展。"①

三、让铁规发力，让禁令生威

2014年1月7日，习近平在中央政法工作会议上强调："要狠抓制度执行，扎牢制度篱笆，真正让铁规发力、让禁令生威。"② 如何使铁规发力、禁令生威，关键在于使制度和禁令有效落实，对不执行、不贯彻者进行有效监督。

法规制度的生命力在于执行。贯彻执行法规制度关键在真抓，靠的是严管。2013年1月22日，习近平指出："身为党员，铁的纪律就必须执行。如果党的政治纪律成了摆设，就会形成'破窗效应'，使党的章程、原则、制度、部署丧失严肃性和权威性，党就会沦为各取所需、自行其是的'私人俱乐部'。"③ 好的制度不执行，就会形同虚设；好的制度执行不到位，就是一纸空文。2014年1月14日，习近平指出，"制定纪律就是要执行的。'不以规矩，不成方圆'，'木受绳则直，金就砺则利'"④，须使纪律真正成为带电的"高压线"，执行党的纪律不能有任何含糊，不仅要严格执行党的政治纪律、组织纪律，还要严格执行党的廉洁纪律、群众纪律、工作纪律、生活纪律，不能让党纪党规成为"纸老虎""稻草人"，造成"破窗效应"。2014年10月8日，习近平在党的群众路线教育实践活动总结大会上强调，"要坚持制度面前人人平等、执行制度没有例外，不留'暗门'、不开'天窗'，坚决维护制度的严肃性和权威性"⑤，坚决纠正有令不行、有禁不止的行为，让铁轨发力、让禁令生威，使制度真正成为硬约束而不是"橡皮筋"。加强反腐倡廉法规制度建设，必须一手抓制定完善，一手抓贯彻执行，"全党上下，任何一级组织、任何一名党员和干部都要严格遵守党的组

---

① 习近平：《决胜全面建成小康社会　夺取新时代中国特色社会主义伟大胜利——在中国共产党第十九次全国代表大会上的报告》，人民出版社2017年版，第8页。
② 《习近平关于党风廉政建设和反腐败斗争论述摘编》，中央文献出版社、中国方正出版社2015年版，第127页。
③ 《十八大以来重要文献选编》上，中央文献出版社2014年版，第134页。
④ 《十八大以来重要文献选编》上，中央文献出版社2014年版，第770页。
⑤ 《十八大以来重要文献选编》中，中央文献出版社2016年版，第95页。

织制度和党的法规纪律，对党忠诚，光明磊落，公道正派"①。习近平要求，反腐倡廉法规制度建设要责任明确、奖惩严明，明确责任主体，确保可执行、可监督、可检查、可问责，"要完善党内权力运行和监督机制，实行权责对应"②。反腐倡廉法规制度建设系统性强，习近平强调要坚持宏观思考、总体规划，"把党总揽全局、协调各方同人大、政府、政协、审判机关、检察机关依法依章程履行职能、开展工作统一起来"③，既要注意体现党章的基本原则和精神，符合国家法律法规，也要同其他方面的法规制度相衔接，提升法规制度整体效应，利于法规制度落地落实。

形成遵纪守法之风。习近平要求强化法规制度意识，在全党开展法规制度宣传教育，"弘扬社会主义法治精神，建设社会主义法治文化，增强全社会厉行法治的积极性和主动性"④。习近平在第十届中央纪律检查委员会第五次会议上要求"筑牢思想上拒腐防变的堤坝"⑤，引导广大党员、干部牢固树立法治意识、制度意识、纪律意识，形成尊崇制度、遵守制度、捍卫制度的良好氛围。习近平要求，通过法治教育帮助广大党员干部树立法治思维，是反腐败重要之策，"要在全党开展法规制度宣传教育，引导广大党员、干部牢固树立法治意识、制度意识、纪律意识，懂法纪、明规矩，知敬畏、存戒惧，形成尊崇制度、遵守制度、捍卫制度的良好氛围"⑥。习近平在随后关于加强反腐倡廉法规制度建设的战略部署中，深刻阐明法治教育的根本性和战略性意义。习近平强调，党员干部"要自觉提高运用法治思维和法治方式深化改革、推动发展、化解矛盾、维护稳定能力，高级干部尤其要以身作则、以上率

---

① 《习近平总书记重要讲话文章选编》，中央文献出版社、党建读物出版社 2016 年版，第 137 页。
② 《习近平总书记重要讲话文章选编》，中央文献出版社、党建读物出版社 2016 年版，第 139 页。
③ 《十八大以来重要文献选编》中，中央文献出版社 2016 年版，第 158 页。
④ 《十八大以来重要文献选编》中，中央文献出版社 2016 年版，第 172 页。
⑤ 《习近平关于严明党的纪律和规矩论述摘编》，中央文献出版社、中国方正出版社 2016 年版，第 122 页。
⑥ 《习近平关于全面从严治党论述摘编》，中央文献出版社 2016 年版，第 111 页。

下"①。习近平在党的十九大报告中指出:"加强纪律教育,强化纪律执行,让党员、干部知敬畏、存戒惧、守底线,习惯在受监督和约束的环境中工作生活。"②使党员干部从心底上敬法,行动上守法,做到依法依规用权,尽职尽责办事,全心全意为民谋利。

重视思想引导。习近平指出,要"坚持思想建党和制度治党紧密结合"③,把思想引导与制度结合起来,两者刚柔并济,同时发力,使广大党员干部对禁令生威。习近平特别注重树立反腐宣传的思想引导作用,要使各级党员干部深刻认识到,"遵守党的纪律是无条件的,要说到做到,有纪必执,有违必查,不能把纪律作为一个软约束或是束之高阁的一纸空文"④。习近平要求,领导干部要在严守党的纪律方面为广大党员做表率,党的各级组织要自觉担负起执行和维护党的纪律的责任,敢抓敢管。随着反腐败斗争的不断深入,社会意识领域也出现了一些值得注意的错误论调。当下一些人提出的"不反腐败要亡党,真反腐败也要亡党"的消极性论调,习近平在十八届四中全会第二次全体会议上明确反驳道:"不反腐败确实要亡党,真反腐败不仅不会亡党,而且能增强党自我净化、自我完善、自我革新、自我提高能力,保持党同人民群众的血肉联系,使我们党更加坚强、更有力量。"⑤ 随着反腐败斗争的不断深入,反腐导致干部不作为论、反腐影响经济发展论、反腐应当缓缓手论、反腐同群众利益无关论、反腐是权力斗争论等错误论调出现。习近平在十八届中央纪律检查委员会第六次会议上强调:"对这些模糊认识和错误言论,必须加以辨析、引导,驳斥错误言论,化解消极情绪,消除偏见误解,说清楚我们党反腐败不是看人下菜的'势利店',不是争权夺利的'纸牌屋',也不是有头无尾的'烂尾楼'。"⑥

---

① 《十八大以来重要文献选编》中,中央文献出版社2016年版,第178页。
② 习近平:《决胜全面建成小康社会 夺取新时代中国特色社会主义伟大胜利——在中国共产党第十九次全国代表大会上的报告》,人民出版社2017年版,第66页。
③ 《十八大以来重要文献选编》上,中央文献出版社2014年版,第94页。
④ 《习近平谈治国理政》,外文出版社2014年版,第395页。
⑤ 《习近平关于党风廉政建设和反腐败斗争论述摘编》,中央文献出版社、中国方正出版社2015年版,第26页。
⑥ 《习近平总书记重要讲话文章选编》,中央文献出版社、党建读物出版社2016年版,第381-382页。

第七章　以零容忍态度惩治腐败

通过一系列积极的思想引导,为开展党风廉政建设和反腐败斗争营造了良好的舆论氛围,推动党的各项规章、制度贯彻落实,用反腐败行动展示了以习近平同志为核心的党中央的自我革命的政治勇气。党的十八大以来,风清气正的事实证明了反腐败之于党的自我净化的正面意义。

党的十八以来,以习近平同志为核心的党中央反腐之认真、力度之强大、成果之显著,堪称史无前例,反腐败斗争压倒性态势正在形成,凝聚了党心,收拢了民心,获得了国际社会的赞誉和尊重。冰冻三尺,非一日之寒,反腐败斗争形势依然复杂。习近平对此有着清醒的认识,强调"反腐倡廉必须常抓不懈,拒腐防变必须警钟长鸣"[①];"要继续保持高压态势,坚持无禁区、全覆盖、零容忍,坚持重遏制、强高压、长震慑。"[②]

[①] 《习近平关于党风廉政建设和反腐败斗争论述摘编》,中央文献出版社、中国方正出版社 2015 年版,第 93-94 页。

[②] 《十九大以来重要文献选编》上,中央文献出版社 2019 年版,第 540-541 页。

第八章　加强党内监督

党内监督是党的建设的重要基础性工程，也是全面从严治党的重要保障。加强党内监督是马克思主义政党建设的内在要求和重要内容，也是我们党长期以来的优良传统和政治优势。党的十八大以来，习近平着眼于新时代党的建设大局，围绕"为什么要加强党内监督、怎样加强党内监督"这个主题发表了一系列重要讲话，并进行了系统而深刻的阐述，形成了关于加强党内监督的新思想新理念。这些新思想新理念对于新时代坚定不移全面从严治党，具有重大的理论意义和现实指导意义。

第一节　权力需要监督

有权就有责，用权受监督。对权力进行监督是党内监督的题中之义，也是永葆党的肌体健康的生命之源。中国共产党长期执政，面临的严峻挑战就是对权力的监督。全面从严治党，最终是要探索出一条党长期执政条件下实现自我监督的有效途径。抓住了这个要害，我们党就能更好地自我净化、强身健体，永葆生机活力。2013年6月，习近平在全国组织工作会议上的讲话中指出："没有监督的权力必然导致腐败，这是一条铁律。"[①] 2014年1月，他在党的十八届中央纪委三次全会上进一步指出："权力不论大小，只要不受制约和监督，都可能被滥用。"[②] 权力源于权利的基本逻辑和权力本身所具有的扩张性和腐蚀性特质，决定了必须对权力进行监督。中国共产党作为执政党不仅威信很高，而且还有大量干部居于领导地位并掌握着各种权力和资源。因而，

---

① 《习近平总书记重要讲话文章选编》，中央文献出版社、党建读物出版社2016年版，第63页。
② 《习近平关于全面从严治党论述摘编》，中央文献出版社2016年版，第201页。

第八章　加强党内监督

在中国最有条件、最有可能搞权力腐败的是各级党员领导干部。面对各种形形色色的诱惑和陷阱，中国共产党各级组织及其党员干部要想不被权力腐蚀，在行使权力时就要主动接受监督，不断增强向权力病灶开刀的自觉性。

一、信任不能代替监督

"用人不疑，疑人不用"，这是中国数千年以来的用人信条。信任同志也是我们党一以贯之的优良传统，但信任并不能代替监督，放弃监督就意味着放任自流，不但信任无从谈起，而且还会给党和人民事业造成巨大损失，这方面的教训极为深刻。如今，我们党是一个有着9514.8万名党员、486.4万个基层党组织的大党。对于这样一个大党来说，权力的行使不能仅仅依靠人与人之间的信任，否则，管党治党就成了没有制度保障的"人治"。正是基于这种认识，习近平突出强调每个党员、干部，无论党龄长短、职务高低，都必须接受党组织的监督。2016年10月，由习近平主持修订并审议的《中国共产党党内监督条例》（以下简称《监督条例》）明确提出"信任不能代替监督"，突出强调党内监督没有禁区、没有例外。2017年1月，党的十八届中央纪委七次全会工作报告再次强调了"信任不能代替监督"这一重要论断。以习近平同志为核心的党中央把"信任不能代替监督"写入新修订的《监督条例》之中，既是对党的历史经验的深刻总结，也是新时代党的监督理论的重大创新，体现了监督与信任的有机统一，彰显了全面从严治党的坚定决心。

党员干部的成长，既离不开信任，也离不开监督。信任与监督犹如一枚硬币的两面，有机统一、不可分割、相辅相成、并行不悖，信任不是不要监督，监督也不是不信任干部。无数事实表明，基于监督的信任才是真正可靠的信任，基于信任的监督才是真正的关心爱护。一方面，信任是党员干部干事创业的必要前提。信任是党组织和上级对一个干部政治上的放心、品质上的认同、能力上的肯定、情感上的亲和，是一种值得干部倍加珍惜的资源，是一种催人奋进的力量，亦是干部开展工作的无限动力。对于任何一个组织来说，如果缺乏信任、相互猜忌，必然会导致矛盾重重、内耗丛生。我们党领导的事业是伟大的事业，需要党员干部工作的磅礴激情和扎实干劲。党组织的充分信任、热情激励,能够极大地激发千千万万党员干部奋发进取。党和人民把党员干部放在一定位置、赋予一定权力,这就是最大的信任,为党员干部施展才能提供了动力底气,为党员干部干事创业创造了广阔舞台,是对党员干部实现个人价值和社会价值的有效激励。另一方面,监督又是党员干部正常履职尽责的重要保证。对于任何一个政治组织及其成员来说,信任都不具有绝对性。缺乏监督,信任就会变成放任,成为没有任何约束的纵容;缺乏信任,监督就会变成对立甚至对抗,影响效率和发展。为此,习近平多次强调,各级党员领导干部要纠正那种监督就是不信任的观念,增强主动接受监督的意识和依法依规保护监督的意识,自觉把自己置于党和人民事业所要求的各种监督之下。他告诫各级党组织:"组织上培养干部不容易,要管理好、监督好,让他们始终有如履薄冰、如临深渊的警觉。"① 他强调,放弃监督干部,就是对党和人民、对干部的极大不负责任。当前,在全面深化改革的背景之下,党员干部特别是领导干部都掌握一定的权力,面临着形形色色的诱惑和陷阱,往往会成为被"关注"、被"围猎"的对象,如果不加强监督,就有可能被"糖衣裹着的炮弹"所击中。从这个意义上说,没有监督的信任就等于放任,监督就是悬崖边上的护栏,职位越高越需要栏杆的防护,权力越大越应当受到严格的监督。不少落马的党员领导干部在反思和懊悔中也曾谈道,组织提醒得太少、处理得太晚,使自己走向罪恶的深渊。这其中虽有为己开脱之意,但也足以说明组织监督不足后果的严重性,说明组织监督对干部健康成长的重要性,同时也说明监督是最好的防腐剂,能够保证党员干部正常履职尽责而不腐化变质。因而,习近平反复强调,各级党组织必须明白,加强对干部的监督,是对干部的爱护。为此,他在全国组织工作会议上还特别指出,要加强对干部经常性的管理监督,形成对干部的严格约束,强调"要坚持从严教育、从严管理、从严监督,让每一个干部都深刻懂得,当干部就必须付出更多辛劳、接受更严格的约束"。②

---

① 《习近平总书记重要讲话文章选编》,中央文献出版社、党建读物出版社 2016 年版,第 63 页。
② 《习近平总书记重要讲话文章选编》,中央文献出版社、党建读物出版社 2016 年版,第 72 页。

正因为如此,《监督条例》明确提出:"各级党组织应当把信任激励同严格监督结合起来,促使党的领导干部做到有权必有责、有责要担当,用权受监督、失责必追究。"①

二、做好监督体系的顶层设计

对于中国共产党这样一个成立 100 年、执政 70 多年的世界最大政党来说,党内监督无疑是一项极为复杂的系统工程。强化党内监督,必须从中央层面搞好顶层设计。就此,习近平在党的十八届中央纪委六次全会上明确提出:"要做好监督体系顶层设计,既加强党的自我监督,又加强对国家机器的监督。"② 他强调指出,党要管党、从严治党,"管"和"治"都包含监督。他认为党委监督是全方位的监督,包括对党员的批评教育、组织处理、纪律处分等工作,党委要任命干部,更要监督干部。在他看来,党内监督是全党的任务,第一位的是党委监督,纪委监督重点是履行监督执纪问责的职责,不能一谈到监督就只想到纪委或推给纪委。党的十八大以来,以习近平同志为核心的党中央坚持依规治党、制度治党,着力完善党内监督法规,扎紧制度笼子,修订并颁布了《中国共产党巡视工作条例》《中国共产党廉洁自律准则》《中国共产党纪律处分条例》《关于新形势下党内政治生活的若干准则》等党内规章制度,为强化党内监督提供制度利器。尤为值得一提的是,《监督条例》从全局和战略的高度,对党内监督的各方面各层次做出了提纲挈领的统筹规划和顶层设计,形成了一套系统完备的制度安排,使党内监督体系臻于完善。从内容上看,《监督条例》对新形势下党内监督的顶层设计,突出体现在如下几个方面:

第一,顶层设计了由六大监督主体构成的新形势下党内严格的自我监督体系。针对 2003 年颁布的《监督条例》试行稿存在的不同主体在党内监督中的地位、作用和职责不明确,监督制度和监督职责分离,各项制度和主体缺乏衔接等一系列问题,习近平在主持修订《监督条例》

---

① 《中国共产党党内监督条例》,人民出版社 2016 年版,第 2 页。
② 《习近平总书记重要讲话文章选编》,中央文献出版社、党建读物出版社 2016 年版,第 376 页。

时有针对性地提出,要加强监督主体责任方面的规定,强化监督主体和监督责任的关系,突出党委主体责任,明确规定纪委和组织、宣传、统战等党委工作部门的监督责任。为此,《监督条例》对党内监督做了以下顶层设计:一是党中央集中统一领导的顶层监督;二是党委(党组)的全面监督;三是纪律检查机关的专责监督;四是党的工作部门的职能监督;五是党的基层组织的日常监督;六是广大党员的民主监督。这样顶层设计的现实意义在于,有益于在党内监督中贯彻民主集中制,依纪依规强化党内自上而下的组织监督,改进党内自下而上的民主监督,发挥党内同级相互监督的作用,有利于使每一个监督主体既有对上对下的监督责任,又有被监督的义务,是一个你监督着我、我监督着你的科学的监督链,进而有助于实现真正把党内监督严起来、实起来的目标。

第二,顶层设计了一种党组织内部监督和党外各种监督方式相结合的全方位监督体系。党的十八大以来,中国共产党逐步探索形成了巡视和派驻这样一种充分体现内部监督中的不同监督主体的"外部监督"。这种组织内的"外部监督"与毛泽东在革命战争年代提出的"内线作战中的外线作战"的军事思想有异曲同工之妙,其有效管用的监督作用已在党的十八大后的正风反腐实践中得到充分体现。同时,习近平在党的十八届六中全会上的讲话中还强调,要把党内监督这个在党和国家各种监督形式中最根本的、第一位的监督同其他各种监督结合起来、形成合力。为此,《监督条例》明确提出了"党内监督和外部监督相结合"的基本原则,突出强调"各级党委应当支持和保证同级人大、政府、监察机关、司法机关等对国家机关及公职人员依法进行监督,人民政协依章程进行民主监督,审计机关依法进行审计监督","各级党组织和党的领导干部应当认真对待、自觉接受社会监督,利用互联网技术和信息化手段,推动党务公开、拓宽监督渠道,虚心接受群众批评"。[①]

第三,顶层设计了新形势下党内监督执纪的"四种形态"。过去党内监督中纪法不分,总是习惯于拿着法律的标尺去衡量党组织和党员干部的行为,眼睛只盯住党内少数严重违法的党员干部,发现有严重违法的才去抓,叫作"抓大",而对违纪的则"放小",也就是只用法纪去

[①] 《中国共产党党内监督条例》,人民出版社2016年版,第20-22页。

第八章　加强党内监督

管住党内极少数违法乱纪者，而不是首先用党的纪律和规矩去管住党员干部中更多的违纪问题，导致很多党员干部从违纪逐步发展成了违法。党的十八大以来，从中央纪委到党的各级纪检机关，按照对新形势下管党治党的规律性认识，在实践中探索形成了党内监督执纪"四种形态"，即党内关系要正常化，批评和自我批评要经常开展，让咬耳扯袖、红脸出汗成为常态；党纪轻处分和组织调整要成为大多数；对严重违纪的重处分、做出重大职务调整应当是少数；严重违纪涉嫌违法立案审查的只能是极少数。党内监督执纪"四种形态"坚持纪在法前、纪严于法，在党员干部发生违纪违规行为之前，就由党组织及时提醒诫勉，通过加强党内纪律教育，使其受警醒、明底线、知敬畏，主动在思想上划出红线，在行为上明确界线，按本色做人，按角色办事，从而及时认识和改正错误，避免在错误道路上越走越远；而在党员干部发生严重违纪问题之后，则以零容忍态度严肃处理，始终保持高压态势。新修订的《监督条例》充分吸取了这些新经验，并得到了很好的体现。对党内监督执纪"四种形态"的顶层设计，有利于增强党内监督的实效性，已被实践证明能够收到惩处极少数、教育和挽救大多数的政治和社会效果。

总之，《监督条例》用 4 章的篇幅明确规定各类监督主体的职责要求，顶层设计了党内监督的"六大体系"，即党中央统一领导、党委（党组）全面监督、纪律检查机关专责监督、党的工作部门职能监督、党的基层组织日常监督、党员民主监督的党内监督体系。这一体系是一个上下串联、左右并联的监督网络，有利于在党内监督中贯彻民主集中制，依纪依规强化党内自上而下的组织监督，改进党内自下而上的民主监督，发挥党内同级相互监督的作用，成为规范当前和今后一个时期党内监督的基本法规。正如习近平在党的十八届六中全会第二次全体会议上所强调指出的："这次全会通过的党内监督条例，是新形势下加强党内监督的顶层设计，是规范当前和今后一个时期党内监督的基本法规，必须抓好贯彻执行，使其成为规范各级党组织和广大党员、干部行为的硬约束。"①

---

① 《习近平关于全面从严治党论述摘编》，中央文献出版社 2016 年版，第 214 页。

三、加强党的中央组织的监督

加强党内监督,是对全党提出的要求,也是全党的共同任务。党内监督的对象既包括党员个体,也包括党的组织机构,解决的是"监督谁"的问题。因而,实施党内监督,既要加强对全体党员干部的监督,也要加强对各级党组织的监督,更要强化自上而下的组织监督及自下而上的民主监督。2017年10月,党的十九大对党章进行了新的修订,其中第三章"党的中央组织"专门对党的中央委员会、中央政治局、中央政治局常务委员会等党的中央组织的职权做出规定,明确"中央政治局向中央委员会全体会议报告工作,接受监督。"① 有职必有权,有权受监督。在党内监督方面,习近平首先强调的就是党的中央组织的监督,这既包括实施对党的中央组织及其成员的监督,也包括强化党的中央组织对地方组织的监督职责。党的十八大后,习近平多次指出,权力越大、影响越大,越要自警自律,越要自觉接受监督。他认为,全面从严治党、强化党内监督,就要从党的中央组织做起、严起。为此,2013年6月22日至25日,中央政治局召开专门会议,习近平就加强中央政治局自身建设、提高中央政治局工作水平提出新要求,并特别强调中央政治局的同志要带头树立正确的权力观、地位观、利益观,坚持自重、自省、自警、自励,严格遵守党纪国法,严格按制度和程序办事,严格管理自己的亲属和身边工作人员,不搞以权谋私,不搞特殊化,为全党同志树立爱党爱民、勤政敬业、廉洁奉公的榜样。与党内其他同志相比,中央政治局的同志并没有权力、地位上的优越感,无论公事私事,都要坚持党性原则,都要加强自我约束,鼓励和欢迎下级和身边工作人员监督。尔后,2016年12月26日至27日,中央政治局召开民主生活会,习近平主持会议并发表重要讲话。他明确指出,党内监督没有禁区、没有例外。强化党内监督,要从中央委员会和中央政治局做起。中央委员会和中央政治局既是党内监督工作的领导者和推动者,也是党内监督的信号塔和标杆尺,全党看这里的信号,全党以这里为标尺。中央委员会和中央政治局的同志要习惯于在监督下开展工作,自觉诚恳接受

---

① 《中国共产党章程》,人民出版社2017年版,第19页。

全党监督,并做好自我监督。2017年12月25日至26日,党的十九届中央政治局召开专题民主生活会,习近平发表了重要讲话,他再次强调职位越高越要忠于人民,全心全意为人民服务。只有敬畏法律、敬畏纪律,自觉管住自己,在廉洁自律上做出表率,才能担起肩上的重任。他对新一届中央政治局的同志提出4点新要求,即要明史知理,不能颠倒了公私、混淆了是非、模糊了义利、放纵了亲情,要带头树好廉洁自律的"风向标",推动形成清正廉洁的党风;要勤于检视心灵、洗涤灵魂,校准价值坐标,坚守理想信念;要增强政治定力、道德定力,构筑起不想腐的思想堤坝,清清白白做人、干干净净做事;要管好家属子女和身边工作人员,坚决反对特权现象,树立好的家风家规。

为了加强党的中央组织的监督,更好履行其党内监督职责,党的十八届六中全会审议并通过的《监督条例》以党章为根本遵循,在第二章分5条,全面规定了党的中央委员会、中央政治局、中央政治局常委会以及中央委员、中央政治局委员的监督职责。譬如,第十条规定:"中央委员会全体会议每年听取中央政治局工作报告,监督中央政治局工作,部署加强党内监督的重大任务。"第十三条规定:"中央政治局委员应当加强对直接分管部门、地方、领域党组织和领导班子成员的监督,定期同有关地方和部门主要负责人就其履行全面从严治党责任、廉洁自律等情况进行谈话。"[①]《监督条例》还把党的十八大以来被实践证明行之有效的党内监督经验,以制度条文的方式固化下来,比如:中央政治局、中央政治局常务委员会定期听取和审议全党落实中央八项规定精神情况汇报,加强作风建设情况监督检查;听取中央纪律检查委员会常务委员会工作汇报;听取中央巡视情况汇报,等等。另外,《监督条例》还规定:"中央委员会成员必须严格遵守党的政治纪律和政治规矩,发现其他成员有违反党章、破坏党的纪律、危害党的团结统一的行为应当坚决抵制,并及时向党中央报告";"中央政治局委员应当严格执行中央八项规定,自觉参加双重组织生活,如实向党中央报告个人重要事项。"[②] 在此次会议上,习近平还就接受党内监督发表了重要讲话。

[①] 《中国共产党党内监督条例》,人民出版社2016年版,第7页。
[②] 《中国共产党党内监督条例》,人民出版社2016年版,第7页。

他再次提醒全党:"要深刻认识到,党内监督是永葆党的肌体健康的生命之源,要不断增强向体内病灶开刀的自觉性,使积极开展监督、主动接受监督成为全党的自觉行动。"①

习近平关于加强党的中央组织的监督的重要论述和党中央的系列规定都表明,党内监督没有禁区、没有例外,党的中央组织的监督是党章赋予的重大职责,加强党的中央组织的监督是强化自上而下监督的必然要求,对全党各级组织和党员领导干部具有重要的示范和带动作用。党的中央组织尤其要以身作则以上率下地接受监督,切实履行好监督职责。

四、抓住"关键少数",破解一把手监督难问题

加强党内监督,重点是加强对领导干部的监督,这是由领导干部在党内所处的地位和所发挥的作用决定的。在抓好党的中央组织的监督基础上,习近平提出,加强党内监督要抓住重点对象,领导干部这个"关键少数"。2015年2月,习近平在省部级主要领导干部学习贯彻党的十八届四中全会精神全面推进依法治国专题研讨班上指出:"全面依法治国必须抓住领导干部这个'关键少数'"②,首次提出了"关键少数"这一概念。同年3月,他在参加十二届全国人大三次会议上海代表团审议时的讲话中明确提出:"从严治党,关键是要抓住领导干部这个'关键少数',从严管好各级领导干部。"③ 2016年1月,在党的十八届中央纪委六次全会上,习近平进一步提出要抓住"关键少数",破解一把手监督难题,强调指出"领导干部责任越重大、岗位越重要,就越要加强监督。"④ 而各级领导班子一把手则是"关键少数"中的"关键少数"。习近平提出强化监督重点是要抓住"关键少数",深刻地阐明了党内监督重点对象的指向性,提出要破解一把手监督难题,则抓住了党内监督问题的要害。之所以强调抓住"关键少数",是因为领导干部手中掌握的权力,不仅仅是一般意义上的领导权力,更是政治上的责任。全面从

---

① 《习近平谈治国理政》第2卷,外文出版社2017年版,第185–186页。
② 《习近平谈治国理政》第2卷,外文出版社2017年版,第126页。
③ 《习近平关于全面从严治党论述摘编》,中央文献出版社2016年版,第138页。
④ 《习近平关于全面从严治党论述摘编》,中央文献出版社2016年版,第211页。

第八章 加强党内监督

严治党的战略部署，必须现实性地转换为各级领导干部对加强党的建设的目标、方向的决心、信心以及对党的建设规律的认识和把握，并在很大程度上取决于他们对所在党组织建设的进程、路径以及具体组织、推动和实践的领导及掌控。因此，抓住了"关键少数"就等于把握住了强化党内监督的重点和关键。否则，"关键少数"尤其是一把手违纪违法不仅会导致连锁反应，而且会造成区域性、系统性、塌方式的腐败，恶化当地政治生态，带坏一个地区的党风政风社风民风，甚至催生政治阴谋活动。正如习近平针对当前"关键少数"的腐败现象时所指出的："特别是高级干部中极少数人政治野心膨胀、权欲熏心，搞阳奉阴违、结党营私、团团伙伙、拉帮结派、谋取权位等政治阴谋活动。"[①] 有研究者统计，从 2000 年至 2014 年 3 月底，15 年间，我国共有 367 名厅局级以上官员发生权力腐败案件。其中，担任或曾经担任一把手领导职务的有 219 人，占了 60% 左右，近八成在党委核心部门工作；2014 年 1 月至 7 月，涉及全国 31 个省、直辖市、自治区的 500 余名官员，被中央纪委先后点名通报，而在落马官员中位高权重的一把手也居多。对此，习近平分析指出："许多违纪违法的一把手之所以从'好干部'沦为'阶下囚'，有理想信念动摇、外部'围猎'的原因，更有日常管理监督不力的原因。"[②] 因而，他告诫全党："要加强对一把手的监督……保证领导干部做到位高不擅权、权重不谋私。"[③] 这就需要通过强化党内监督，促使党的领导干部尤其是一把手做到有权必有责、用权受监督，从而破解一把手监督难问题。

在强调党内监督的关键是抓住领导干部这个"关键少数"后，习近平紧接着就破解一把手监督难题进行了系统论述，并在不同场合的讲话中多次强调必须用刚性制度把一把手管住，保证一把手正确用权、廉洁用权。2015 年 1 月，习近平在党的十八届中央纪委五次全会上提出："中央纪委、中央组织部要加强对地市党政一把手的关注和了解，督促省委加强管理和监督。巡视工作要向地市县一级延伸，盯住一把手，使

---

① 《习近平关于全面从严治党论述摘编》，中央文献出版社 2016 年版，第 44 页。
② 《习近平关于全面从严治党论述摘编》，中央文献出版社 2016 年版，第 211 页。
③ 《习近平谈治国理政》，外文出版社 2014 年版，第 390 页。

他们自进入主要领导干部行列起就受到严格管理监督。"① 2016年1月，习近平在党的十八届中央纪委六次全会上发表重要讲话，并进一步强调指出："严是爱，松是害。各级党组织要多设置一些监督'探头'，使一把手置身于党组织、党员、群众监督之下。上级对下级尤其是上级一把手对下级一把手的监督最管用、最有效。"② 他还强调："要健全对一把手的监督制度，完善领导班子议事制度，对集体讨论事项，每个班子成员必须亮明态度并记录在案。"③ 习近平的这些重要论述系统而深刻，有针对性地为开展一把手监督工作明确了思路和方向。首先，必须在观念上解决好"严是爱，松是害"的理念问题。施行严格的党内监督，是对一把手爱护、保护、维护的生动体现。习近平指出："各级党组织必须明白，加强党风廉政建设，加强对干部的监督，是对干部的爱护。放弃了这方面责任，就是对党和人民、对干部的极大不负责任。"④ 其次，上级党组织要加强对下级一把手的监督，用刚性制度把一把手管住，保证其正确用权、廉洁用权；上级纪委要把下级一把手纳入监督重点，发现问题线索及时处置；同级纪委要定期向上级纪委报告同级领导班子成员特别是一把手落实主体责任、执行民主集中制、廉洁自律等情况。再次，发扬党内民主，依靠全体党员的监督，紧盯"关键少数"，加大对各级各部门一把手的监督力度。

在深入学习贯彻习近平系列重要论述基础上，一些省份就着力破解一把手监督难题进行了积极探索。例如，重庆市出台了《关于党政机关领导班子主要负责人不直接分管人财物等工作的暂行规定》，并对规定的落实情况进行评估，保证一把手在"三重一大"决策中处于相对客观公允的状态，真正从源头上将一把手权力关进了制度的笼子里。广州市制定了《落实全面从严治党主体责任约谈一把手制度》《关于进一步加强对一把手监督的十项措施》等制度。根据制度，全省各级党委、纪

---

① 《习近平关于严明党的纪律和规矩论述摘编》，中国方正出版社2016年版，第124页。
② 《习近平关于全面从严治党论述摘编》，中央文献出版社2016年版，第211页。
③ 《习近平总书记重要讲话文章选编》，中央文献出版社、党建读物出版社2016年版，第380页。
④ 《习近平关于严明党的纪律和规矩论述摘编》，中国方正出版社、中央文献出版社2016年版，第109页。

委逐级开展约谈"一把手"工作,发现一把手利用职权或职务上的便利,违规干预、插手干部选拔任用、工程建设、执纪执法等问题,应当记录并及时向上级党组织和纪委报告,应记录报告而不记录不报告,造成严重后果的,对相关责任人依纪依规严肃处理。江西省建立了市县一把手亲属从业情况向省纪委报备制度,等等。这些新探索为新形势下加强党内监督、着力破解一把手监督难题积累了新经验。

第二节 强化党内监督

办好中国的事情,关键在党,关键在党要管党、从严治党。从严管党治党,必须强化党内监督。党内监督不严起来实起来,全面从严治党就会落空。党的十八大以来,习近平着眼于党的建设大局,把强化党内监督纳入全面从严治党重大战略部署中,并将其作为执政党从严管党治党的重要依靠和实现手段,积极探索强化党内监督的有效途径,不断提升党内监督科学化水平,提出了一系列党内监督新思想新理念,科学指导了新时代的党内监督实践。

一、坚持、完善和落实民主集中制

民主集中制,是保证党的团结统一的重要法宝,是强化党内监督的核心。党的十八大以来,习近平讲强化党内监督首先强调的是坚持和落实民主集中制。这是因为,民主集中制是党的根本组织原则和领导制度,是强化党内监督的核心;没有民主集中制的充分保障,就没有健全的、强有力的党内监督。习近平充分肯定了民主集中制对党内监督的重要性。2016年1月,他在党的十八届中央纪委六次全会上开宗明义地指出:"坚持民主集中制是强化党内监督的核心";"强化党内监督,必须坚持、完善、落实民主集中制,把民主基础上的集中和集中指导下的民主有机结合起来,把上级对下级、同级之间以及下级对上级的监督充分调动起来,确保党内监督落到实处、见到实效。"[①] 习近平这一重要

---

① 《习近平关于全面从严治党论述摘编》,中央文献出版社2016年版,第207页。

论述，明确了民主集中制在党内监督中的重要地位，提出了坚持、落实民主集中制的新要求。

党的历史反复证明，什么时候民主集中制坚持得好，党内监督就有力量，有成效，党就风清气正、充满生机活力，党的事业就蓬勃发展；什么时候民主集中制受到破坏，党内监督就无力、无效，党内矛盾和问题就会滋生蔓延，党的风气就会受到损害，党的事业就会遭遇挫折。然而，当前我们党内执行民主集中制还遇到一定阻力，存在一些问题。正如习近平直言当前存在党内集中不够和民主不够的问题时所深刻揭露的："有的软弱涣散，我行我素、各行其是，党的路线方针政策落实不到位；有的独断专行，搞家长制、'一言堂'，个人凌驾于组织之上，党内民主得不到充分保障，领导干部特别是一把手的权力受不到有效制约。不能'你有你的关门计，我有我的跳墙法'。"① 在这种情况下，不正之风得不到纠正，腐败问题也不能得以有效规避，所谓"党内监督"只能是一句空话，而无法落到实处。由此可见，落实民主集中制是实现党内监督的重要前提，也是强化党内监督的重要保障。针对上述突出问题，习近平强调必须从坚持、完善和落实民主集中制入手，把民主基础上的集中和集中指导下的民主有机结合起来。一方面，他提出要加强党内民主，使大家在党内充分发表意见，使那些不正确的说法、做法受到批评和抵制。另一方面，他重申要加强党内集中，确保民主基础上的正确意见得到公认、成为主流。此外，习近平还特别提出严明党的组织纪律，强调对违反民主集中制的党组织和党员干部进行必要的组织处理或纪律处分。2014年1月，习近平在党的十八届中央纪委四次全会上强调指出："对违反民主集中制原则、拒不执行或擅自改变党组织作出的决定、个人或少数人决定重大事项的，对在党内搞非组织活动、破坏党的团结统一的，对不严格执行请示报告等组织制度的，对长期不参加党组织活动、不能履行党员义务的，必须及时批评教育；情节严重的，要给予组织处理或纪律处分。"② 总之，坚持和落实民主集中制，要营造

---

① 《习近平总书记重要讲话文章选编》，中央文献出版社、党建读物出版社2016年版，第375页。
② 《习近平总书记重要讲话文章选编》，中央文献出版社、党建读物出版社2016年版，第116页。

出一种民主讨论的良好氛围，鼓励讲真话、讲实话、讲心里话，既广泛听取各方面意见和建议，同时又善于进行正确集中，防止议而不决、决而不行，而且要严明党的组织纪律。只有这样，强化党内监督才会顺利地开展，才会有可靠的保证。

在习近平重要讲话精神指引下，党的十八大以来，党中央对于坚持完善落实民主集中制，强化党内监督效果采取了一系列有力举措，如：在党的群众路线教育实践活动、"三严三实"专题教育、"两学一做"学习教育中，多次强调民主集中制的重要性，要求严格执行民主集中制，努力使坚持民主集中制成为思想自觉和行动自觉；制定出台一系列准则、条例等党内法规，对落实民主集中制进行了具体化程序化；督促民主集中制的执行和落实，大力提高党员干部运用和执行民主集中制的能力，并严厉查处"独断专行""各自为政""搞人身依附关系"，以及"个人主义""分散主义""自由主义"等违反民主集中制的行为，等等。这一系列新举措既是以习近平同志为核心的党中央强化党内监督、坚持和落实民主集中制的新实践，又为新形势下如何更好强化党内监督、更好坚持和落实民主集中制积累了新经验。

二、发挥纪委派驻机构的监督作用

纪委派驻机构监督是党内监督的重要形式，是依据《中国共产党章程》赋予的权力对驻在部门和单位开展的监督。党的十八大报告提出，要改革纪检监察体制，加强反腐败工作体制机制创新，完善纪委派驻机构统一管理。党的十八届三中全会进一步提出，全面落实中央纪委向中央一级党和国家机关派驻纪检机构，实行统一名称、统一管理，并强调派驻机构对派出机关负责，履行监督职责。2014年1月，习近平在党的十八届中央纪委三次全会上明确指出，我们所采取的发挥纪委派驻机构的监督作用措施，一个重要导向就在于强化监督，并提出纪委派驻监督要对党和国家机关全覆盖。发挥纪委派驻机构的监督作用，实现对党政机关全面派驻，是以习近平同志为核心的党中央在研究反腐倡廉新情况、新变化基础上，改革党的纪律检查体制和工作机制，完善纪委派驻机构统一管理做出的重大决策，是实现党内监督的重大突破。纪委派驻机构监督是党内监督体系的重要组成部分，各派驻机构强化监督执纪问责，使得"派"的权威和"驻"的优势更加突显，成为强化党内监督的重要手段。

强化党内监督，加强派驻机构建设，首先就要抓住中央一级党和国家机关这个关键，把中央一级和国家机关管好、监督好。2013年11月，他在对党的十八届三中全会通过的《中共中央关于全面深化改革若干重大问题的决定》进行说明时，就特别谈到要"全面落实中央纪委向中央一级党和国家机关派驻纪检机构"[①]。2014年12月，习近平主持召开中央政治局常委会议审议通过《关于加强中央纪委派驻机构建设的意见》，并决定在中央办公厅等对党和国家政治生活具有重要影响的7家中央和国家机关新设中央纪委派驻机构，确定了派驻全覆盖的时间表和路线图。根据新的形势和任务，习近平突出强调，要实现对中央一级党和国家机关派驻纪检机构全覆盖，使党内监督不留死角、没有空白。为此，2015年1月，中央纪委首次向党的工作部门和全国人大机关、国务院办公厅、全国政协机关等7家中央和国家机关派驻纪检组，成为实现派驻监督全覆盖的重要一步。随后不久，中央办公厅印发了《关于全面落实中央纪委向中央一级党和国家机关派驻纪检机构的方案》的通知，决定中央纪委共设置47家派驻机构，覆盖139家中央一级党和国家机关，标志着派驻监督全覆盖正式启动。党的十八届中央纪委五次全会进一步提出，将再向中央一级增设派驻机构8家，包括中央政法委、中央政策研究室、中央财经领导小组办公室等设置派驻机构。值得一提的是，2016年5月，中央军委纪委派驻纪检组干部在北京举办为期两天的集中培训，向军委机关部门和各战区分别派驻纪检组，共派驻10个纪检组。这次集中培训是以习近平同志为核心的党中央重塑我军纪检监察体制的重要制度创新，标志着军队派驻纪检组正式进入了党内监督序列，进一步完善了纪检监察体系。这一系列重大举措充分体现出了以习近平同志为核心的党中央敢于担当的政治勇气和执政智慧。

定位准才能责任清，责任清才好精准发力。纪委派驻机构究竟履行何种职能？它们到底承担哪些职责？对这些问题的回答，关系到派驻监督的成效乃至党的纪律检查体制改革的成效。关于派驻机构的工作职责

[①] 《习近平谈治国理政》，外文出版社2014年版，第84页。

定位，习近平在多个场合进行了论述。监督是派驻机构的首要职责，派驻机构必须聚焦监督"主业主责"。2014年12月，习近平在主持召开中央全面深化改革领导小组第七次会议审议《关于加强中央纪委派驻机构建设的意见》时就谈到，派驻监督是中央纪委纪检职能的重要组成部分，派驻机构的主业是党风廉政建设和反腐败斗争，首要职责是监督执纪问责，强调派驻干部要牢记使命、坚持原则，做到忠诚、干净、担当。对党风廉政问题该发现没有发现就是失职，发现问题匿情不报、不处理就是渎职。在党的十八届中央纪委五次全会上，习近平进一步指出："所有派驻机构都要聚焦党风廉政建设和反腐败主业，强化监督执纪问责，瞪大眼睛，发现问题。纪检组长要一心一意履行监督职责，不要分管其他业务，如果都'打成一片'、混成一锅粥了，还怎么行使监督职责呢？对党风廉政方面的问题，该发现没有发现就是失职，发现问题不报告、不处理就是渎职，那就要严肃问责查处。"① 为此，在这次会议上，习近平还特别强调指出，广大纪检监察干部要敢于担当、敢于监督、敢于负责，努力成为一支忠诚、干净、担当的纪检监察队伍。壹引其纲，万目皆张。监督定位就是派驻机构的"纲"。习近平的这些重要论述，对于派驻机构找准职能定位，切实履行好监督执纪问责的"主业主责"意义重大。

三、坚持把党内监督同外部监督结合起来，形成合力

健全和完善监督体系，是全面从严治党的重要环节。中国共产党是一个拥有9514.8万多名党员的大党，是在中国长期治国理政的执政党，如果没有科学的监督体系，就很难保持肌体的健康。新形势下，我们党要探索的是在长期执政条件下怎样对执政党实行科学有效监督的体系。党的十八大以来，习近平坚持了党的几代领导人关于执政党也需要接受外部监督的重要思想，并结合新形势下中国共产党强化党内监督实践，就坚持把党内监督同外部监督有机结合起来、形成合力做出了诸多新论述，并提出了许多新思想和新理念。

对于执政的中国共产党来说，强化内部监督无疑是极为重要的，但

---

① 《习近平关于全面从严治党论述摘编》，中央文献出版社2016年版，第203页。

必要的外部监督同样不可或缺。党内监督和党外监督是对党组织和党员监督的两种重要形式，坚持把党内监督同党外监督结合起来是健全对党组织和党员监督体系的重要途径。因而，他强调指出："我们党有严密的组织性和纪律性，党的根本宗旨是全心全意为人民服务，那么，接受组织和人民监督就天经地义。"① 党内监督和党外监督虽然各有相对独立的结构和功能，但二者之间相互补充、相互促进，在根本性质和目标上是一致的。党组织和党员身处党外群众之中，人民群众对他们的情况最清楚、最有发言权，对他们的活动监督范围广、信息准，可以有效弥补党内监督的不足，也有利于推动党内监督深入开展。正是基于这一认识，习近平在党的十八届中央纪委三次全会上明确指出，我们所采取的畅通人民群众举报和监督渠道等措施，一个重要导向就在于强化监督。同年10月，他在党的十八届四中全会第二次全体会议上强调指出："要加强党内监督、人大监督、民主监督、行政监督、司法监督、审计监督、社会监督、舆论监督，努力形成科学有效的权力运行和监督体系，增强监督合力和实效。"② 2016年10月，在党的十八届六中全会上的讲话中他更是明确指出，要把党内监督这个在党和国家各种监督形式中最根本的、第一位的监督同其他各种监督协调起来、形成监督合力。尔后，由习近平主持起草并修订通过的《监督条例》在总则第二条中明确规定："坚持党内监督和人民群众监督相结合。"③ 而《监督条例》第六章更是以"党内监督和外部监督相结合"为标题，分设3条内容加以详细规定，其中明确提到："各级党委应当支持和保证同级人大、政府、监察机关、司法机关等对国家机关及公职人员依法进行监督，人民政协依章程进行民主监督，审计机关依法进行审计监督。"④ 2017年10月，在党的十九大报告中，习近平更是明确提出了"构建党统一指挥、全面覆盖、权威高效的监督体系"的新思想，进一步强调"把党内监

---

① 《习近平总书记重要讲话文章选编》，中央文献出版社、党建读物出版社2016年版，第265-266页。
② 《习近平总书记重要讲话文章选编》，中央文献出版社、党建读物出版社2016年版，第212页。
③ 《中国共产党党内监督条例》，人民出版社2016年版，第2页。
④ 《中国共产党党内监督条例》，人民出版社2016年版，第20页。

第八章　加强党内监督

督同国家机关监督、民主监督、司法监督、群众监督、舆论监督贯通起来，增强监督合力。"① 由此可见，把党内监督这个在党和国家各种监督形式中最根本的、第一位的监督同其他各种监督协调起来、形成监督合力，是以习近平同志为核心的党中央对强化党内监督提出的新要求、做出的新阐述、形成的新思想，具有重大的理论价值和实践意义。

在提出要把党内监督同外部监督结合起来的同时，习近平强调党内监督同外部监督更要形成监督合力，产生震慑效应。他在党的十八届六中全会上的讲话中强调指出："党内监督在党和国家各种监督形式中是最根本的、第一位的，但如果不同有关国家机关监督、民主党派监督、群众监督、舆论监督等结合起来，就不能形成监督合力。"② 为此，他提出要加强和改进党内监督和外部监督，探索发挥党内监督同外部监督有机结合起来、形成合力的新途径。2015 年 9 月，习近平在党的十八届中央政治局第二十六次集体学习时明确指出："各方面监督要严起来、实起来。无论党内监督，还是群众监督、社会监督、舆论监督，加强和改进的空间都还很大，有大量工作要做。要总结经验，健全体制机制，使各种监督更加规范、更加有力、更加有效。"③ 2016 年 10 月，在党的十八届六中全会第二次全体会议上，他还特别提出："要支持人民政协依照章程进行民主监督，重视民主党派和无党派人士提出的意见、批评、建议，鼓励党外人士讲真话、进诤言。要自觉接受群众监督，畅通信访举报渠道，对违规违纪典型问题严肃处理，及时回应人民群众关切。要加强舆论监督，通过对典型案例进行曝光剖析，发挥警示作用，为全面从严治党营造良好舆论氛围。"④ 据此，党的十八大以来，党中央一方面不断创新党内监督形式，深入开展巡视监督，灵活运用监督执纪"四种形态"，尤其是在开展巡视监督过程中，习近平多次提出要把巡视监督作为党内监督同群众监督相结合的有效方式，切实提升党内监

---

① 习近平：《决胜全面建成小康社会　夺取新时代中国特色社会主义伟大胜利——在中国共产党第十九次全国代表大会上的报告》，人民出版社 2017 年版，第 68 页。
② 《习近平谈治国理政》第 2 卷，外文出版社 2017 年版，第 187 页。
③ 《习近平总书记重要讲话文章选编》，中央文献出版社、党建读物出版社 2016 年版，第 266 页。
④ 《习近平关于全面从严治党论述摘编》，中央文献出版社 2016 年版，第 217 页。

督的质量。另一方面，把党内监督放在国家监督的大格局中思考，在北京、山西、浙江试点国家监察体制改革，探索协调衔接党内监督与人大监督、司法监督的有效形式；积极探索同网络化、信息化、大数据时代紧密联系而又使党内监督充分体现时代性的网上监督形式，如在中央纪委监察部官方网站开通"一键通"举报窗口，引导群众参与对党组织和党员干部进行监督；与此同时，强化人大、政协、审计等国家机关的监督，注重发挥新闻媒体和社会舆论的监督作用。这一系列举措，使党内监督与外部监督焕发新活力，对提升党内监督效能具有重要意义。

习近平这些系列重要论述表明，党内监督是党外监督的重要基础，离开党内监督的支持和保障，党外监督不可能发挥好自身作用；党外监督是党内监督的重要补充，离开党外监督的配合和促进，党内监督的效力将会大幅降低。它同时也启迪我们，应坚持"目标一致、优势互补、形成合力"的原则，使新形势下党内监督和党外监督有机结合，积极推动党内监督和外部监督有效衔接，使各种监督方式既明确分工、各司其职，又资源共享、形成合力，从而不断提升党的监督水平和实效，推动管党治党的新要求落到实处。

第三节　创新党内监督

实践发展永无止境，理论创新就永无止境。推动全面从严治党向纵深发展，既要求强化党内监督，切实增强党内监督的针对性和有效性，又要求适应形势发展不断创新党内监督，实现党内监督方式方法和制度建设的与时俱进。党的十八大以来，习近平始终坚持问题导向，深入研究党内监督存在的突出问题，准确把握新的历史条件下党内监督的一般规律，在继承传统经验的基础上，对强化党内监督的理论和实践创新成果进行总结提炼，不断推进党内监督理论、实践与制度建设创新，形成了强化党内监督新的有效途径和制度安排，增强了党内监督的针对性、实效性，使新形势下强化党内监督的效能充分释放出来。

一、发挥巡视监督利剑作用

巡视是党章规定的重要监督方式，是全面从严治党之利器，同时是党内监督的战略性制度安排。党的十八大以来,习近平高度重视巡视工作,仅在十八届党中央期间,就先后 23 次主持召开中央政治局和中央政治局常委会会议研究巡视工作,听取巡视汇报,审议巡视专项报告。习近平率先垂范、亲力亲为,每次都发表重要讲话,深刻阐述了巡视工作的重大意义,明确了巡视职责定位、目标任务和工作重点,提出了巡视内容、方式方法和制度建设的创新要求,为新形势下创新巡视制度、推动巡视监督深化发展指明了新方向。

关于巡视监督战略定位。党的十八大以来,习近平根据党风廉政建设和反腐败斗争依然严峻复杂的形势,对巡视工作进行了重大改革和调整,全面提升了巡视工作在党的建设特别是党风廉政建设和反腐败斗争中的重要地位。2013 年 4 月,习近平在中央政治局常委会审议《关于中央巡视工作领导小组第一次会议研究部署巡视工作情况的报告》时的讲话中指出:"巡视是党章赋予的重要职责,是加强党的建设的重要举措,是从严治党、维护党纪的重要手段,是加强党内监督的重要形式。"[①] 习近平关于"四个重要"的精准概括,既明确了巡视在党内的地位、在党内监督中的作用,又为加强党内监督找到了重要抓手。2014 年 6 月,在中央政治局常委会听取中央巡视工作领导小组 2014 年中央巡视组首轮巡视情况汇报的讲话中,习近平又通过加强顶层设计,进一步强化了巡视在党内监督中的地位和作用。他强调指出:"巡视作为党内监督的战略性制度安排,不是权宜之计,要用好巡视这把反腐'利剑'。"[②] 随着党风廉政建设和反腐败斗争形势的发展,在党内监督制度体系的设计中,习近平进一步把巡视作为一项战略性制度安排。由他主持起草和新修行的《监督条例》共 8 章、47 条,其中,第 3 章第 19 条专门论及巡视问题,明确提出巡视是党内监督的重要方式。这些重要论述无疑明确突出了巡视在党内监督全局中所处的重要地位和起到的关键性作用,揭示了把巡视作为加强党内监督路径的重大政治意义。

关于巡视监督职责定位。根据从严管党治党尤其是党风廉政建设和

[①] 《习近平关于党风廉政建设和反腐败斗争论述摘编》,中国方正出版社 2015 年版,第 107 页。

[②] 《习近平关于党风廉政建设和反腐败斗争论述摘编》,中国方正出版社 2015 年版,第 113—114 页。

反腐败斗争的现实需要,习近平对巡视监督职责做了明确定位。在中央政治局常委会审议《关于中央巡视工作领导小组第一次会议研究部署巡视工作情况的报告》时,习近平就曾指出:"巡视工作要明确职责定位,巡视内容不要太宽泛,要围绕党风廉政建设和反腐败斗争这个中心进行。"① 随后,他强调巡视工作就是要发现和反映问题,但他认为巡视工作并不是泛泛地发现和反映一般性问题,而是"术业有专攻",要直指党风廉政建设中的突出问题,重点就是"四个着力",即:"着力发现是否存在违反党的政治纪律问题,着力发现领导干部是否存在权钱交易、以权谋私、贪污贿赂、腐化堕落等违纪违法问题,着力发现是否存在形式主义、官僚主义、享乐主义和奢靡之风等问题,着力发现是否存在选人用人上的不正之风和腐败问题。"② 为此,他还特别强调指出,"中央巡视组是中央直接派的,要当好'钦差大臣',善于发现问题,发挥震慑力"③,"巡视组要当好中央的'千里眼',找出'老虎'、'苍蝇',抓住违纪违法问题线索。"④ 习近平对巡视工作职责定位的这些重要论述,适应了当前党风廉政建设和反腐败斗争形势的迫切需要,进一步明确了巡视工作的主攻方向和着力点,使巡视监督聚焦党风廉政建设和反腐败斗争这个中心更加具体化,更加有的放矢。

关于巡视内容、方式方法创新。与时俱进地推动巡视内容、方式方法和制度建设的创新,是做好新形势下巡视工作的必然要求。习近平强调:"要抓好工作创新,在总结经验的基础上,适应形势发展,推动巡视内容、方式方法、制度建设等方面与时俱进,完善工作机制,增强巡视工作的针对性、实效性。"⑤ 一是巡视内容创新。随着巡视工作的开展,结合党的十八大以来党风廉政建设的新形势,习近平要求进一步拓

---

① 《习近平关于党风廉政建设和反腐败斗争论述摘编》,中国方正出版社2015年版,第107页。
② 《习近平关于全面从严治党论述摘编》,中央文献出版社2016年版,第200-201页。
③ 《习近平关于党风廉政建设和反腐败斗争论述摘编》,中国方正出版社2015年版,第107页。
④ 《习近平关于党风廉政建设和反腐败斗争论述摘编》,中国方正出版社2015年版,第108页。
⑤ 《习近平关于党风廉政建设和反腐败斗争论述摘编》,中国方正出版社2015年版,第108页。

第八章 加强党内监督

展巡视监督的内容,明确提出将"主体责任、监督责任落实情况和组织纪律执行情况"也纳入巡视监督的范围内。在党的十八届中央纪委六次全会上,他又指出要推动巡视向纵深发展。二是巡视人员的配备。习近平充分肯定了建立巡视组组长库的做法,也提出了一些新设想。他指出,巡视组组长作为"钦差大臣",也不是"铁帽子",强调"建立组长库的办法很好,组长库人选有刚离开工作岗位的,也有现职的,一次一授权,谁参加巡视不固定,巡视什么地区和单位也不固定,……这个办法还可以继续探索,也要完善回避制度"。① 三是创新巡视方式。巡视工作采用什么样的方式对巡视的效果有直接影响。在巡视方式上,习近平在充分吸收专项巡视试点建议基础上,提出了开展专项巡视的思想,强调"要以问题为导向,派出'侦察兵',哪里反映声音大、问题多,就派到哪里去侦察,就像公安系统的110、路面巡警制度,要在创新机制上下功夫"。② 在开展常规巡视的基础上进行专项巡视,可以增强巡视的机动性和灵活性,因而要"把握专项特点,抓住专项重点。可以针对某个省区市、部门或单位的突出问题,也可以针对某个干部的突出问题下去巡视。要与各有关方面加强协作,掌握问题线索,定点清除、精准打击"。③ 四是加强"回头看"。习近平强调,巡视过的31个省区市,不是一巡视了就完事,要出其不意,杀个"回马枪",让心存侥幸的感到震慑常在。他指出,通过"回头看",即对一个地方、一个部门、一个单位进行巡视,等一段时间后再重新关注这个地方、部门、单位,"一方面切实督促落实整改责任;另一方面对新的问题线索深入了解,可以形成更大威慑力"。④ 五是总结经验,完善制度,抓紧修订《巡视工作条例》。习近平指出,发现问题要及时跟进,有问题、有漏洞就要堵塞。他特别强调:"要及时总结党的十八大以来巡视工作经验,

---

① 《习近平关于党风廉政建设和反腐败斗争论述摘编》,中国方正出版社2015年版,第109页。
② 《习近平关于党风廉政建设和反腐败斗争论述摘编》,中国方正出版社2015年版,第113页。
③ 《习近平关于党风廉政建设和反腐败斗争论述摘编》,中国方正出版社2015年版,第116页。
④ 《习近平关于党风廉政建设和反腐败斗争论述摘编》,中国方正出版社2015年版,第115页。

新时代全面从严治党的理论创新

把聚焦中心、坚持'四个着力'、发现问题形成震慑、创新组织制度和工作方式、善用巡视成果等写入条例，不断完善巡视制度，更好依纪依法巡视。"①

关于巡视监督成果运用。发现问题，是为了解决问题。尽管巡视工作并不直接处理问题和查办案件，但要通过发现问题、负责任地提出解决问题的意见建议推动问题解决。习近平强调，要更好发挥巡视在党内监督中的催化剂作用、强化作用，就要对巡视成果善加运用。一方面，对巡视发现的问题线索，要分类处置，做到件件有着落。习近平指出："对巡视发现的领导干部的问题线索，中央纪委要抓紧研究，分类处理，该查处的坚决查处。没有限额，不设指标。对选人用人方面的问题，中央组织部要查找原因、提出措施，匡正用人风气。对中央和国家机关各部门存在的问题，要报给中央和国务院有关负责同志，使他们了解分管领域存在的问题。向被巡视地区、单位反馈时，要直指问题，一五一十把问题抖搂出来，根本不要搞任何遮掩，责成其认真整改。"② 强调不能看人看地方下"菜碟"，对领导同志工作过的地方，不能投鼠忌器，要全部扫描。另一方面，对巡视发现的问题线索，凡是涉及腐败问题的，都要一查到底，一网打尽，有多少就处理多少。习近平强调巡视就是要形成震慑，增强震慑力。他还明确指出："巡视发现的问题线索，凡是违纪违法的都要严肃查处"③，"对群众反映强烈的党员领导干部，党的十八大以后不收手，为所欲为、自鸣得意的，还有现在重要岗位、可能进一步提拔重用的年轻干部等干部问题线索，要重点查处"④，对巡视发现的问题，"不管级别有多高，谁触犯法律都要问责，都要处

---

① 《习近平关于党风廉政建设和反腐败斗争论述摘编》，中国方正出版社2015年版，第117页。
② 《习近平关于党风廉政建设和反腐败斗争论述摘编》，中国方正出版社2015年版，第114页。
③ 《习近平关于党风廉政建设和反腐败斗争论述摘编》，中国方正出版社2015年版，第110页。
④ 《习近平关于党风廉政建设和反腐败斗争论述摘编》，中国方正出版社2015年版，第115页。

理"①。在这方面,既没有限额,也不设指标。他指出:"对巡视发现的问题,该查处的就查处,该免职的就免职。"② 他还强调指出,通过巡视发现线索,坚决查处,这是兑现我们向全党全国人民的承诺,在党纪国法面前没有例外,红线不能碰、底线不能破!"只有严肃查处腐败,刮骨疗毒,才能使我们的党更加强大、使党的肌体更加健康。"③

习近平关于做好巡视监督的系列讲话掷地有声,在党的历史上首次实现一届任期内巡视全覆盖,中央巡视工作取得重大成效。其中,十八届党中央共开展12轮巡视,巡视了277个党组织,对16个省区市开展"回头看",对4个中央单位开展了"机动式"巡视;各省区市党委共组织巡视了8362个党组织;中央军委组织开展13批次巡视,完成了对军委管理的党组织的常规巡视全覆盖和回访巡视全覆盖,并开展3批次专项"机动式"巡视。与之相呼应的是,十八届中央纪委执纪审查的案件中,超过60%的线索来自巡视。十九届党中央有序推进巡视全覆盖,在已完成的5轮巡视中,对173个省区市党委和中央国家机关党组织及134个市、1011个县,1945个部门和企事业单位党组织开展了巡视。④ 一轮轮巡视下来,中央巡视组提炼出了多项有效管用的制度和方法,各省区市党委、部分中央部委和国家机关部门党组(党委)规范巡视工作,形成了上下联动态势。7年多的实践磨砺,作为党内监督的重要方式,巡视监督利剑作用越来越明显。巡视监督成为发现问题、形成震慑的一把利剑,凸显了党内监督制度创新的威力。

二、严格执行重大事项请示报告制度

重大事项要报告是党的一条重要纪律和规矩,是加强和规范党内政

---

① 《习近平关于党风廉政建设和反腐败斗争论述摘编》,中国方正出版社2015年版,第110页。
② 《习近平关于党风廉政建设和反腐败斗争论述摘编》,中国方正出版社2015年版,第110页。
③ 《习近平关于党风廉政建设和反腐败斗争论述摘编》,中国方正出版社2015年版,第110页。
④ 赵乐际:《坚持和完善党和国家监督体系 为全面建成小康社会提供坚强保障——在中国共产党第十九届中央纪律检查委员会第四次全体会议上的工作报告》,载《人民日报》2020年2月25日。

治生活的内在要求,也是强化党内监督的有力举措。加强和规范党内政治生活、强化党内监督,一个基本要求就是严格执行重大事项请示报告制度。党的十八大以来,习近平高度重视重要事项请示报告问题,几次主持中央政治局常委会会议、中央全面深化改革领导小组会议进行专题研究,多次做出重要指示,在有关会议上发表重要讲话,将执行和完善请示报告制度纳入全面从严治党战略部署加以推进。

在加强和规范党内政治生活、加强党内监督中,该报告的必须报告,该打招呼的必须打招呼。2013年1月,习近平在党的十八届中央纪委三次全会上发表重要讲话,他指出"要强化程序观念,该报告的必须报告,该打招呼的必须打招呼",提出要"少些'迈过锅台上炕'的做法,也少些'事后诸葛亮'的行为"。[①] 针对新形势下党内政治生活和党内监督存在的薄弱环节和突出问题,习近平在党的十八届中央纪委三次全会上突出强调了请示报告制度问题。他指出:"请示报告制度是我们党的一项重要制度,是执行党的民主集中制的有效工作机制,也是组织纪律的一个重要方面";"作为干部特别是领导干部,在涉及重大问题、重要事项时按规定向组织请示报告,这是必须遵守的规矩,也是检验一名干部合格不合格的试金石";"领导干部要有组织观念、程序观念,该请示的必须请示,该报告的必须报告,决不能我行我素,决不能遮遮掩掩甚至隐瞒不报。"[②] 针对党内在请示报告制度方面存在的问题,他强调:"对不请示报告的干部,党组织要格外注意,可能就是要出问题的前兆。"[③] 是否如实请示报告个人有关事项是对党忠不忠诚、老不老实的具体体现,瞒报非小事、说谎有代价,必须自觉接受监督。因而,习近平特别强调指出:"请示报告不是小事,不要满不在乎,这些年来一些干部出事就出在这个上面。该请示报告的不请示报告,或者不如实请示报告,那就是违纪,那就要严肃处理,问题严重的就不能当

---

① 《习近平总书记重要讲话文章选编》,中央文献出版社、党建读物出版社2016年版,第22页。

② 《习近平总书记重要讲话文章选编》,中央文献出版社、党建读物出版社2016年版,第112-113页。

③ 《习近平总书记重要讲话文章选编》,中央文献出版社、党建读物出版社2016年版,第113页。

领导干部。"① 同时，习近平还就高级领导干部的婚姻状况要不要报告问题做了重要论述。他指出："省部级领导干部离婚、再婚要不要报告？身边人出现重大问题要不要报告？当然要报，第一时间就要报告，要报告发生了什么事，报告是什么原因。不要突然来了一个网上信息，我们不知真假，再去核实就被动了。光知道没有报告不行，还要问清楚为什么不报告？到了一定程度就要派纪委去了解情况。"② 为此，由习近平主持起草并新修订的《关于新形势下党内政治生活的若干准则》从维护党中央权威、维护党中央集中统一领导出发，深刻总结长期实践经验特别是党的十八大以来的新鲜经验，明确提出"全党必须严格执行重大问题请示报告制度"新要求，并着重从责任主体、报告对象、内容范围以及特殊要求等方面，对执行请示报告制度做出了明确规定，从而使以往在执行党内重大事项请示报告制度中长期存在的不请示、不报告，搞先斩后奏、边斩边奏，甚至斩而不奏的情况得到根本改观。十九届党中央更是把执行重大问题报告制度提升到加强和维护党中央集中统一领导的重要位置。2017年10月27日，习近平主持召开十九届中央政治局会议，强调中央政治局全体同志要主动将重大问题报请党中央研究，认真落实党中央决策部署并及时报告落实的重要进展，要坚持每年向党中央和总书记书面述职，会议还特别提出中央书记处和中央纪律检查委员会、全国人大常委会党组、国务院党组、全国政协党组、最高人民法院党组、最高人民检察院党组每年向中央政治局常委会、中央政治局报告工作。突出党内各系统、各层级自下而上的请示报告工作，无疑成为新一届党中央加强和规范党内政治生活、创新党内监督的重要举措，从而使加强和创新党内监督更加掷地有声。在此基础上，2018年3月，中央政治局同志结合各自分工首次向党中央和习近平总书记书面述职，其述职报告主要涵盖7个方面内容，其中就包括"带头落实重大问题请示报告制度"，这为全党自觉落实重大事项请示报告制，加强党内监督发挥了表率作用。

---

① 《习近平总书记重要讲话文章选编》，中央文献出版社、党建读物出版社2016年版，第113页。
② 《习近平总书记重要讲话文章选编》，中央文献出版社、党建读物出版社2016年版，第114页。

领导干部个人事项报告制度是请示报告制度的一个重要组成部分。领导干部个人事项报告制度不能摆在那，而是要严格抽查，严肃追究。2014年1月，习近平在党的十八届中央纪委三次全会上的讲话中明确指出："要在一定比例中抽查，如果填的和实际情况不一样，就要说清楚为什么，不能糊弄党组织。"① 同年10月，习近平在党的十八届中央政治局常委会第七十八次会议上发表重要讲话，他强调指出："重大事项报告制度不能摆在那，要抽查，抽查以后有问题的就要追究处理，这样这个制度才有用，而且才能如实报。"②《监督条例》第三章第二十四条更是明确规定："坚持和完善领导干部个人有关事项报告制度，领导干部应当按规定如实报告个人有关事项，及时报告个人及家庭重大情况，事先请示报告离开岗位或者工作所在地等。有关部门应当加强抽查核实。对故意虚报瞒报个人重大事项、篡改伪造个人档案资料的，一律严肃查处。"③ 在习近平关于重要事项报告制度系列讲话和指示精神的指引下，2017年，中央办公厅、国务院办公厅印发了新修订的《领导干部报告个人有关事项规定》和新制定的《领导干部个人有关事项报告查核结果处理办法》。规定和办法聚焦领导干部个人事项报告存在的薄弱环节，成为贯彻党中央全面从严治党战略布局、加强领导干部监督的又一重大举措。

三、加强纪委监督执纪和问责追究

监督执纪问责，是党章赋予各级纪委的重要职责。然而，相当一段时期以来，纪委存在着职责定位不准确、主业主责不聚焦的问题。自党的十八大以来，习近平根据党风廉政建设和反腐败斗争的实践发展，对纪委的职能职责进行了全新定位，做出"监督执纪问责"是纪委的根本职责的重要论述，突出强调各级纪委要加强监督执纪和问责追究。2013年1月，习近平在党的十八届中央纪委二次全会上的讲话中就明

---

① 《习近平总书记重要讲话文章选编》，中央文献出版社、党建读物出版社2016年版，第113页。
② 《习近平关于党风廉政建设和反腐败斗争论述摘编》，中国方正出版社2015年版，第131页。
③ 《中国共产党党内监督条例》，人民出版社2016年版，第13页。

第八章　加强党内监督

确指出:"中央纪委、监察部和各级纪检监察机关要加大检查监督力度,执好纪、问好责、把好关。"① 2015 年 1 月,他在党的十八届中央纪委五次全会上发表重要讲话,明确提出各级纪检监察机关要聚焦党风廉政建设和反腐败斗争这个中心任务,强化监督执纪问责,并强调"要深化转职能、转方式、转作风,更好履行党章赋予的职责,严明各项纪律,严格管理监督"。② 同年 10 月,习近平在中央政治局常委会审议中国共产党廉政准则、党纪处分条例修订稿时进一步指出,监督执纪问责是党章赋予纪律检查机关的根本职责。2016 年 1 月,他在党的十八届中央纪委六次全会上再次强调指出:"纪委要在全面从严治党中找准职责定位,强化监督执纪问责。纪委是党内监督的专门机关,是管党治党的重要力量。党章规定了纪委的三项主要任务和五项经常性工作,概括起来,就是监督执纪问责。"③ 并强调各级纪委要担负起监督责任,敢于瞪眼黑脸,勇于执纪问责,"问责不能感情用事,不能有怜悯之心,要'较真'、'叫板',发挥震慑效应"。④ 随后不久,由习近平主持起草并新修订通过的《监督条例》,以专章形式规定了党的纪律检查委员会在党内监督中的地位作用、职责任务和工作制度,其中,《监督条例》第四章第二十六条就明确规定:"党的各级纪律检查委员会是党内监督的专责机关,履行监督执纪问责职责"⑤。这些重要论述是在全面从严治党背景下,对纪委职责的高度凝练和准确定位,为纪委找准职责定位、强化责任担当、聚焦监督执纪问责提供了基本遵循。

监督执纪问责是相互联系、相互促进的,三者统一于全面从严治党、强化党内监督的实践。首先,监督是纪委的首要职责,要坚持依规治党、依纪监督,把维护党章作为根本任务,坚定地维护党的领导核心

---

① 《习近平关于党风廉政建设和反腐败斗争论述摘编》,中国方正出版社 2015 年版,第 55 页。

② 《习近平关于严明党的纪律和规矩论述摘编》,中国方正出版社、中央文献出版社 2016 年版,第 124 页。

③ 《习近平总书记重要讲话文章选编》,中央文献出版社、党建读物出版社 2016 年版,第 380 - 381 页。

④ 《习近平总书记重要讲话文章选编》,中央文献出版社、党建读物出版社 2016 年版,第 366 页。

⑤ 《中国共产党党内监督条例》,人民出版社 2016 年版,第 14 页。

和党中央的集中统一领导,检查党的路线方针政策执行情况,保证党的团结统一。为此,习近平在党的十八届中央纪委二次全会上指出:"党的各级纪律检查机关要把维护党的政治纪律放在首位,加强对政治纪律执行情况的监督检查。"① 在党的十八届中央纪委三次全会上习近平强调指出:"各级纪委要履行好监督责任,更好发挥党内监督专门机关作用。"② 同时,为实现监督全覆盖,防止"灯下黑",习近平对强化纪委自我监督提出新要求,他特别强调:"要教育引导广大纪检监察干部敢于担当、敢于监督、敢于负责,牢固树立忠诚于党、忠诚于纪检监察事业的政治信念,努力成为一支忠诚、干净、担当的纪检监察队伍。纪检监察机关要防止'灯下黑',严肃处理以案谋私、串通包庇、跑风漏气等突出问题,清理好门户,做到打铁还需自身硬。"③ 其次,执纪是纪委履职的重要手段,要把纪律挺在法律前面,以纪律为尺子判别党员干部的行为,有错即纠、违纪即查,维护党的肌体健康和队伍纯洁。在党的十八届中央纪委三次全会上习近平突出强调:"抓纪律,就要敢于板起脸来批评。不要等犯了大错误才去批评,平常有问题就要及时批评。担心批评得罪人、会丢选票的心态在不少领导干部身上存在,有的不仅不敢批评、不愿批评,而且还经常以表扬代替批评。这些现象必须纠正。"④ 再次,问责是监督执纪的保证,监督执纪的效果最终要靠问责来强化,没有问责,监督执纪就难以落实到位。为此,习近平高度重视问责,多次强调要落实纪委监督责任,强化责任追究,做到守土有责、守土尽责。他指出:"中央纪委要抓紧完善并严格执行责任追究办法,对每一个具体问题都要分清党委负什么责任、有关部门负什么责任、纪委负什么责任,健全责任分解、检查监督、倒查追究的完整链条,有错必究,有责必问。对那些领导不力、不抓不管而导致不正之风长期滋长

---

① 《习近平总书记重要讲话文章选编》,中央文献出版社、党建读物出版社2016年版,第24页。
② 《习近平关于党风廉政建设和反腐败斗争论述摘编》,中国方正出版社2015年版,第63—64页。
③ 《习近平关于严明党的纪律和规矩论述摘编》,中国方正出版社、中央文献出版社2016年版,第124页。
④ 《习近平总书记重要讲话文章选编》,中央文献出版社、党建读物出版社2016年版,第117页。

蔓延，或者屡屡出现重大腐败问题而不制止、不查处、不报告的，无论是党委还是纪委，不管是谁，只要有责任，都要追究责任。"① 针对抓管党治党不力、问责少、问责规定零散、内容不聚焦等问题，习近平在党的十八届中央纪委六次全会上进一步指出，强化党内监督，要把纪律挺在前面。他还着重强调："要整合问责制度，健全问责机制，坚持有责必问、问责必严，把监督检查、目标考核、责任追究有机结合起来，实现问责内容、对象、事项、主体、程序、方式的制度化、程序化。"② 可以说，习近平关于纪委的职责定位、关于强化纪委监督执纪问责的系列重要论述，有着丰富的理论内涵和严密的逻辑理路，形成了党内监督从发现问题到执行纪律再到责任追究的完整链条。

---

① 《习近平关于党风廉政建设和反腐败斗争论述摘编》，中国方正出版社2015年版，第62-63页。
② 《习近平总书记重要讲话文章选编》，中央文献出版社、党建读物出版社2016年版，第376页。

第九章　落实全面从严治党主体责任

全面从严治党，关键在于落实管党治党责任。党的十八大以来，习近平反复强调，党的建设必须全面从严，各级党组织要肩负起全面从严治党的政治责任，并通过严肃问责推动主体责任层层落实，使管党治党真正从"宽松软"走向"严紧硬"。确认主体，厘定责任，严格要求，贯彻落实党建工作责任制，既是坚持制度管党的具体要求和体现，也是实现治党从严的重要前提和保证。

第一节　落实主体责任是重要的政治责任

作为中国的执政党，落实管党治党责任是中国共产党一项根本性的政治责任。它反映了党的建设新的伟大工程的迫切需要，彰显了中国共产党管党治党实践经验的深刻总结，体现了解决党内存在突出矛盾和问题的必然要求。

一、落实主体责任是党的建设新的伟大工程的迫切需要

从党的十四届四中全会把党的建设提到"新的伟大工程"的高度，到党的十九大强调"深入推进党的建设新的伟大工程"，20多年党建实践的基本经验是："推进党的建设新的伟大工程，必须强化管党治党责任，深刻认识增强党自我净化、自我完善、自我革新、自我提高的能力的重要性和紧迫性，把加强和改进党的建设作为重大政治责任，坚持聚精会神抓党的建设，抓措施配套，抓重点突破，抓制度完善，把从严治党的各项措施落到实处。"① 概言之，全面从严治党是推进党的建设新的伟大工程的必然要求，落实主体责任是建设新的伟大工程的迫切

---

① 《习近平关于全面从严治党论述摘编》，中央文献出版社2016年版，第227页。

需要。

重大责任在肩,党必须勇于担负。中国共产党是中国特色社会主义事业的领导者,决胜全面建成小康社会、实现中华民族伟大复兴,对我们党提出了前所未有的新挑战新要求。[①] 因此,全党务必要增强使命感、责任感和紧迫感,在坚持和发展中国特色社会主义的历史进程中始终成为坚强的领导核心。2012 年 11 月 15 日,习近平在新任政治局常委与记者见面会上提出,新时期党要担负起三个重大的责任:一是对民族的责任,要求党"团结带领全党全国各族人民,接过历史的接力棒,继续为实现中华民族伟大复兴而努力奋斗,使中华民族更加坚强有力地自立于世界民族之林,为人类作出新的更大的贡献";二是对人民的责任,要求党"团结带领全党全国各族人民,继续解放思想,坚持改革开放,不断解放和发展社会生产力,努力解决群众的生产生活困难,坚定不移走共同富裕的道路";三是对党的责任,要求"同全党同志一道,坚持党要管党、从严治党,切实解决自身存在的突出问题,切实改进工作作风,密切联系群众,使我们的党始终成为中国特色社会主义事业的坚强领导核心"。[②] 上述三个重大责任,是党的性质、党的宗旨和党的使命的时代彰显,也是坚定不移地坚持和发展中国特色社会主义的客观要求,决定了党必须以改革创新精神全面推进党的建设新的伟大工程,深入贯彻落实党要管党、全面从严治党的政治责任,借以保障"四个全面"战略布局的协调推进和"五位一体"总体布局的统筹推进,因应形势的发展、事业的开拓、人民的期待。

重大课题在列,党必须勇于担当。新时期党既面临着"四大考验"和"四大危险",同时也面临着经济社会发展各个领域的艰巨挑战和复杂难题,一切均需要在推进党的建设新的伟大工程的历史进程中予以破解。因此,落实党要管党、从严治党的任务,比任何时候都更为繁重和紧迫。这就要求党务必要解决好提高党的领导水平和执政水平、提高拒腐防变和抵御风险能力这两个重大课题。近年来,尽管我们全面推进党

[①] 参见《习近平新时代中国特色社会主义思想三十讲》,学习出版社 2018 年版,第 309 页。
[②]《习近平谈治国理政》,外文出版社 2014 年版,第 3-5 页。

的建设新的伟大工程,党的执政能力得到新的提高,党的先进性和纯洁性得到保持和发展,党的领导得到加强和改善,但与国内外形势发展变化相比,与党所承担的历史任务相比,党的领导水平和执政水平,党的组织建设状况和党员干部素质、能力、作风都还有不小差距。因此,全党务必从党的建设总要求出发,坚持以加强党的执政能力建设、先进性和纯洁性建设为主线,以解放思想、改革创新、党要管党、全面从严治党为纲领,积极落实全面从严治党主体责任,全面推进党的政治建设、思想建设、组织建设、作风建设、纪律建设,把制度建设贯穿其中,深入推进反腐败斗争,增强自我净化、自我完善、自我革新、自我提高能力,建设学习型、服务型、创新型的马克思主义执政党,"确保党在世界形势深刻变化的历史进程中始终走在时代前列,在应对国内外各种风险和考验的历史进程中始终成为全国人民的主心骨,在发展中国特色社会主义的历史进程中始终成为坚强领导核心"[①]。

重大使命在前,党必须勇于担责。党的十八大以来,全党层层落实管党治党政治责任,全面从严治党取得显著成效。2017年10月18日至24日,党的十九大胜利召开,习近平提出要深入推进党的建设新的伟大工程。作为新时代中国共产党的伟大历史使命,推进党的建设新的伟大工程,使党始终成为时代先锋、民族脊梁,始终成为马克思主义执政党,进一步要求全党清醒认识面临的执政环境的复杂性,影响党的先进性、弱化党的纯洁性的因素的复杂性,党内存在的思想不纯、组织不纯、作风不纯等问题的突出性。不仅如此,他还要求全党深刻认识到:党的建设新的伟大工程直接关系到进行许多具有新的历史特点的伟大斗争,关系到破解中国特色社会主义伟大事业中面临的一系列突出矛盾、难题和问题,关系到最终能否实现中华民族伟大复兴的中国梦。有鉴于此,习近平在党的十九大报告中强调:深入推进党的建设新的伟大工程,全党要"更加自觉地坚定党性原则,勇于直面问题,敢于刮骨疗毒,消除一切损害党的先进性和纯洁性的因素,清除一切侵蚀党的健康肌体的病毒,不断增强党的政治领导力、思想引领力、群众组织力、社

---

① 《习近平关于全面从严治党论述摘编》,中央文献出版社2016年版,第3页。

会号召力,确保我们党永葆旺盛生命力和强大战斗力"①。可以说,唯有落实从严治党责任,不断提高党的建设质量,党才能成为始终走在时代前列、人民衷心拥护、勇于自我革命、经得起各种风险考验、朝气蓬勃的马克思主义执政党。

总之,确保党始终成为中国特色社会主义事业的坚强领导核心,成为团结带领人民进行伟大斗争、推进伟大事业、实现伟大梦想的政治依靠,"必须毫不动摇坚持和完善党的领导,毫不动摇推进党的建设新的伟大工程,把党建设得更加坚强有力"②。归根结底,就是要坚持党要管党、全面从严治党,坚持全面落实管党治党主体责任,全面提高党的建设科学化水平。

二、落实主体责任是管党治党实践经验的深刻总结

中国共产党是以马克思主义为指导思想的政党,在领导20世纪以来的中国革命、建设和改革的伟大实践中积累了丰富的管党治党经验。坚持全面从严治党,增强管党治党意识,层层落实主体责任,既是党的历史与现实的经验总结,也是党的理论与实践的普遍共识。党的十八大以来,习近平反复强调,全党上下唯有用铁的肩膀把从严治党的责任担负起来,方能引导全体党员和干部为党分忧、为民尽责。③

勇于担责是马克思主义政党的显著特点。马克思、恩格斯、列宁等经典作家在创立无产阶级政党,以及领导和参与无产阶级斗争的过程中,提出了一系列管党治党、从严治党的思想。具体说来,既包括坚决维护党的性质纯洁、贯彻民主集中制、严明党的纪律、保持党的优良传统和作风纯洁等普遍性的责任规范,也提出了落实管党治党责任的具体要求。其中,马克思除在《德意志意识形态》中明确提出"作为确定的人,现实的人"的一般角色责任外,④还特别在《哥达纲领批判》中

---

① 习近平:《决胜全面建成小康社会 夺取新时代中国特色社会主义伟大胜利——在中国共产党第十九次代表大会上的报告》,人民出版社2017年版,第16页。
② 《高举中国特色社会主义伟大旗帜 为决胜全面小康社会实现中国梦而奋斗》,载《人民日报》2017年7月28日。
③ 《习近平新时代中国特色社会主义思想三十讲》,学习出版社2018年版,第340-341页。
④ 参见《马克思恩格斯全集》第3卷,人民出版社1960年版,第328-329页。

严肃批判了爱森纳赫派，因其在制定统一的新党纲时向拉萨尔派作出了原则性让步，马克思提出了无产阶级政党及其领袖应当承担理论责任和政治责任，借以抵制党在思想理论和政治纲领上的不负责任的做法。① 列宁在领导十月革命胜利后的政权建设和党的建设过程中，尤为注重培养管党治党的责任意识，严厉批判党的建设和国家管理中的失责现象和渎职行为，② 强调要坚持党的领导责任和个人责任的统一，③ 要建立和完善民主集中的领导责任制以及其他各项具体的党建责任制，借以在责任与权利的社会平衡中切实落实责任，促进社会主义建设的顺利进行。不仅如此，列宁还特别重视建立责任、义务、权利相互统一的领导体制和监督体制，为马克思主义政党建立管党治党责任制度积累了宝贵的历史经验。毋庸讳言，在经典作家的党建理论和实践中，确立和落实党的建设责任制，既反映了马克思主义政党的基本原则，也凸显了马克思主义政党的鲜明特点，为中国共产党明确和落实从严治党责任提供了镜鉴。

自觉负责是党管党治党经验的实践总结。勇于承担责任是中华民族的优良传统，中国共产党建党之初对此就有深刻的历史自觉和实践担当，并在管党治党历程中切实落实党建主体责任，推动全党上下常怀忧党之心、恪尽兴党之责。民主革命时期，毛泽东面向全党乃至全国人民郑重提出："在无产阶级已经走上政治舞台的时代，中国革命战争的领导责任，就不得不落到中国共产党的肩上。"④ 党的七大通过的《党章》也做出具体要求："为分别进行各项实际工作起见，在党的各级委员会内，按照工作需要，得设立管理党务的、宣传教育的、军事的、经济的、民众运动的各种部门或委员会，在各级党委统一领导下分别进行各项工作。"⑤ 社会主义建设时期，特别是党的八大通过的《党章》进一步要求："每一个党员都应当理解党的利益和人民利益的一致性，对党

---

① 参见《马克思恩格斯选集》第 3 卷，人民出版社 2012 年版，第 352 页。
② 参见《列宁选集》第 3 卷，人民出版社 1972 年版，第 387、601 页。
③ 参见《列宁选集》第 4 卷，人民出版社 1972 年版，第 24 页。
④ 《毛泽东选集》第 1 卷，人民出版社 1991 年版，第 183 页。
⑤ 《中国共产党历次党章汇编 1921—2012》，中国方正出版社 2012 年版，第 104 页。

第九章　落实全面从严治党主体责任

负责和对人民负责的一致性，都必须全心全意地为人民群众服务。"①改革开放以来，党更加强调责任担当和党委主体责任，在党建责任制度化建设方面取得了一系列成果，并在党的十七大报告中明确提出"要落实党建工作责任制"②。可以说，经由中国共产党100年来的建党、管党、治党实践，可以得出一个基本结论：办好中国的事情关键在党，全面从严治党关键在于落实主体责任。事实上，历史和现实也已经清楚地告诉我们，"不明确责任，不落实责任，不追求责任，从严治党是做不到的"③，党领导的革命、建设、改革的伟大实践也无法取得最终的胜利。

严肃履责是因应党建新常态的必然要求。党的十八大以来，习近平多次阐述全面从严治党的方针，直击积弊、扶正祛邪，开创了党的建设新局面，使党风政风呈现新气象，逐步形成全面从严治党新常态。在党的十九大报告中，作为贯彻落实习近平新时代中国特色社会主义思想的基本方略之一，坚持"全面从严治党永远在路上"，也就成为培育和造就新时代党的建设"新气象新作为"的基本要求。④ 而所谓全面从严治党新常态，主要是指从严治党的新要求、新方法、新举措、新变化、新局面，体现的是一种新的可持续发展的状态，其关键在于"全面"和"从严"。所以，面对新形势、新要求、新任务，落实党要管党、从严治党的方针，一方面是要坚持"全面"到位，覆盖党的政治建设、思想建设、组织建设、作风建设、制度建设、反腐倡廉建设等的各个方面，涵括对党的建设主体责任的层层要求，充分彰显从严治党的全面性和经常性，实现由全面从严治党的总要求到对党的建设各个方面、各个环节的具体全面硬约束的新突破。另一方面是要坚持"从严"到底，深刻认识到从严治党本应是一种常态、一种标准、一种行动，全党在观念上要适应、认识上要到位、思路上要创新、方法上要对路、工作上要主动。这就进一步要求在全面从严治党新常态下，党在思想教育、干部

---

① 《建国以来重要文献选编》第9册，中央文献出版社2011年版，第272页。
② 《十七大以来重要文献选编》上，中央文献出版社2009年版，第41页。
③ 《十八大以来重要文献选编》中，中央文献出版社2016年版，第93页。
④ 参见习近平《决胜全面建成小康社会　夺取新时代中国特色社会主义伟大胜利——在中国共产党第十九次代表大会上的报告》，人民出版社2017年版，第61页。

选用、管理监督、惩治腐败、制度治党、纪律约束等方方面面均要从严，而重中之重则是落实责任要从严。可以说，从严治党新常态是一个与时俱进、不断发展的动态过程，全面落实主体责任则是适应新形势下推进党的建设新的伟大工程的必然要求。

由上可见，坚持全面从严治党、落实管党治党主体责任，既是马克思主义政党的基本原则和突出特点，也是中国共产党的实践品格和经验概括，同时也是因应新时代全面从严治党新常态的客观需要。

三、落实主体责任是解决党内存在突出矛盾和问题的必然要求

管党不力、治党不严，党内存在的突出矛盾和问题得不到及时解决，党的执政基础就会动摇，党的执政合法性就会丧失。2015年1月21日，习近平在云南考察时强调：坚持全面从严治党，"就是要采取一切措施，认真地而不是敷衍地、深入地而不是表皮地解决党内存在的各种矛盾和问题"[①]。不难发现，坚持全面从严治党，落实管党治党责任，是解决党内突出矛盾和问题的必然要求。

执政环境变化催生管党治党难题。新时期党面临的执政环境和执政条件发生重大变化，党内也因此出现一系列亟待解决的突出矛盾和问题。其中较为典型的是，一部分党员干部出现政治上变质、经济上贪婪、道德上堕落、生活上腐化等问题，形式主义、官僚主义、享乐主义和奢靡之风等"四风"问题在群众中反映强烈，党内政治生活不严肃、党内监督宽松软等情况多有发生。上述状况的出现，严重侵蚀了党的思想道德基础，破坏了党的团结集中统一，损害了党的政治生态和光辉形象，严重影响了党和人民事业的发展。对此，习近平在党的群众路线教育实践活动总结大会上明确指出："全党同志必须在思想上真正明确，党的执政地位和领导地位并不是自然而然就能长期保持下去的，不管党、不抓党就有可能出问题甚至出大问题，结果不只是党的事业不能成

[①] 《习近平关于全面从严治党论述摘编》，中央文献出版社2016年版，第229页。

第九章　落实全面从严治党主体责任

功,还有亡党亡国的危险。"① 言下之意,党的执政环境越是复杂,越是应该增强忧患意识,越是应该坚持从严治党,越是应该做到"为之于未有,治之于未乱",党才能立于不败之地。反观之,"在一些地方和单位,'四风'问题越积越多,党内和社会上潜规则越来越盛行,政治生态和社会环境受到污染,根子就在于从严治党没有做到位。有些地方和单位看起来党在管党治党,但没有管到位上,没有严到份上"②。因此,落实管党治党主体责任,坚持真管真严、敢管敢严、常管长严,盯着问题改、揪住矛盾抓,党带领人民进行具有许多新的历史特点的伟大斗争才能获得胜利。

主体责任缺失凸显管党治党困境。从"从严治党"到"全面从严治党",从落实党风廉政建设主体责任到落实全面从严治党主体责任,"不只是字面上的变化,更是实践的发展、认识的深化"③,同时也折射出新时期党的建设新的伟大工程面临的复杂难题。在此之中,核心问题就在于管党治党责任的落实,正如习近平所言:"是不是各级党委、各部门党委(党组)都做到了聚精会神抓党建?是不是各级党委书记、各部门党委(党组)书记都成为了从严治党的书记?是不是各级各部门党委(党组)成员都履行了分管领域从严治党责任?一些地方和部门还难以给出令人满意的答案。"④ 究其缘由,关键还是落实管党治党责任不到位,党委书记管党治党第一责任落实不到位。就其具体表现看,一是缺乏责任意识不想抓,抓经济工作和抓党建工作"一手硬一手软",既没有担负起党建工作领导责任,也没有担负起领导干部的"一岗双责";二是缺乏责任能力不会抓,缺乏党建工作经历、缺少党建知识、缺少理论学习和实践锻炼,党建实践中自然也就缺乏判断力和行动力;三是缺乏责任行动应付抓,缺乏积极主动、科学务实和精心细致抓党建的精神态度,甚至一部人抱有"党建无用论""党建务虚论""党

---

① 习近平:《在党的群众路线教育实践活动总结大会上的讲话》,载《人民日报》2014年10月9日。
② 习近平:《在党的群众路线教育实践活动总结大会上的讲话》,载《人民日报》2014年10月9日。
③ 《习近平关于全面从严治党论述摘编》,中央文献出版社2016年版,第234页。
④ 《习近平关于全面从严治党论述摘编》,中央文献出版社2016年版,第224-225页。

建束缚论"等错误观念。不难想象,从严治党责任不明确,就容易出现"人人有责,却又无人担责"的现象;管党治党责任不落实,就容易造成"只挂名不办事,只出工不出力"的问题;管党不力、治党不严责任不追究,就容易形成"干与不干一个样,干多干少一个样"的局面。上述问题均构成继续推进党的建设新的伟大工程,全面提高党建科学化水平必须直面的责任落实难题。

  发展前路多艰折射党要管党要求。如前所述,当前世情、国情、党情不断发生深刻变化,"四大风险""四大考验"日益严峻,党的建设、国家发展乃至民族振兴挑战重重、问题多多。有鉴于此,2014年6月30日,习近平在十八届中央政治局第十六次集体学习时指出:要教育引导全党同志特别是各级领导干部坚持"两个务必",自觉为党和人民不懈奋斗,不能安于现状、盲目乐观,不能囿于眼前、轻视长远,不能掩盖矛盾、回避问题,不能贪图享受、攀比阔气。不难发现,新时期继续强调"两个务必"(务必使同志们继续地保持谦虚谨慎、不骄不躁的作风,务必使同志们继续地保持艰苦奋斗的作风)和"四个不能",集中反映了以习近平同志为核心的党中央管党治党的忧患意识。究其缘由,"安于现状、盲目乐观"是阻止改革的绊脚石,"囿于眼前、轻视长远"是可持续发展的最大障碍,"掩盖矛盾、回避问题"是动摇执政根基的催化剂,"贪图享受、攀比阔气"是滋生腐败的温床。有鉴于此,中国共产党人应当具有一种深刻的忧党、忧国、忧民的意识,"这是一种责任,更是一种担当";如果全党同志都能深刻认识到上述问题的严重性,并且各级党委及相关领导干部都能够坚持党要管党、全面从严治党,都能够不断加强党风廉政建设,都能够全面落实党建工作责任,我们党就能够真正做到"任凭风浪起,稳坐钓鱼船"了。

  总之,新时期党的建设面临着历史方位、国际环境、国内环境和党内环境的深刻变动,使党遭遇了前所未有的管党治党挑战和难题,落实党要管党、全面从严治党的任务也比以往任何时候都要繁重和紧迫。这就要求全党同志务必要明确,唯有坚持政治上坚定、思想上敏锐、态度上鲜明、行动上坚决,全力消解管党治党责任落实中的摇摆不定、麻木不仁、观望不止、迟疑不决等突出的矛盾和问题,全力提高党把方向、谋大局、定政策、促改革的能力和定力,党的建设新的伟大工程才能顺利进行，党也才能在进行伟大斗争、推进伟大事业、实现伟大梦想的历史进程中发挥领导核心作用，才能把党总揽全局、协调各方落到实处。①

第二节　各级党委（党组）的主体责任

落实全面从严治党责任，政治责任是根本、主体责任是关键、监督责任是重点。其中需要特别强调的是，各级党委（党组）的主体责任本身就是政治责任，既体现为担负全面领导的责任要求，也表现为亲自主抓的推动责任，同时还包括全面落实的执行责任。党的十八大以来，全党深入贯彻落实党建工作责任制，逐渐形成党委抓、书记抓、各有关部门抓、一级抓一级、层层抓落实的党建工作格局，各级党委的责任主体要素构成明确界定，全面从严治党主体责任也逐渐得到全面落实。

一、全面从严治党是各级党委（党组）的责任

各级党委（党组）能否落实好主体责任，不仅直接关系到党风廉政建设的成效，也直接关系到全面从严治党战略目标的实现。新时期坚持党要管党、从严治党，落实主体责任，既是党的政治角色定位的内在要求，也是党的建设现实问题倒逼所致，同时还是中国特色社会主义新时代党的建设的根本要求。对此，习近平在系列讲话中一再强调：全面从严治党是各级党组织的职责所在，各级党委（党组）及其负责人都是责任主体，务必要担负起全面从严治党的主体责任。

政治角色规范主体责任。坚持党要管党、全面从严治党，是《党章》总纲的明确要求，也是党的建设的根本方针。不仅如此，《党章》第三十七条还特别规定，"党组织必须严格执行和维护党的纪律"，而作为对主体责任的具体要求，"各级党委要在思想认识上、方法措施上

---

① 参见《习近平新时代中国特色社会主义思想三十讲》，学习出版社2018年版，第82页。

跟上全面从严治党战略部署"，承担起全面从严治党的角色责任。① 因此，把从严治党落到实处要有责任担当精神，各级党组织要认真按党章办事，把对党组织的管理和监督、对党员干部特别是领导干部的管理和监督、对党内政治生活的管理和监督在标准上严格起来，在内容上系统起来，在措施上完善起来，在环节上衔接起来，做到不漏人、不缺项、不掉链，使存在的问题能及时发现，发现的问题能及时解决，解决一个问题能举一反三、触类旁通。面对新时期复杂的党内外环境，从严治党要把继承传统和改革创新结合起来、制定目标和狠抓落实结合起来、分类指导和统筹协调结合起来、典型引导和全面提高结合起来、当前工作和长治长效结合起来，增强系统性、预见性、创造性、实效性。各级党委（党组）要紧紧抓住从严治党的"牛鼻子"，努力种好管党治党的"责任田"，既不当"甩手掌柜"，更不要"一手硬、一手软"，而是要真正做到全面从严。唯有如此，方能如习近平在云南考察工作时所言：无论哪一层级、哪一领域的党组织，都应该严肃认真对待党赋予的职责，按要求进行严格的组织管理。只有所有党组织都身体力行，从严治党才能有可靠保障。

党建问题倒逼组织担当。从严治党是党生存和发展的生命线，也是党的建设的一贯要求和根本方针。各级党委（党组）是从严治党的中坚力量，担负着重要的政治责任和主体责任。党的十八大以来，习近平多次强调各级党委（党组）要担负从严治党主体责任，主要是针对各级党委（党组）在管党治党实践中存在的不尽职、不尽责、不想担责、不愿担责、不敢担责等问题。就其表现而言，"有的党委对主体责任认识不清、落实不力"，"有的对错误思想和作风放弃了批评和斗争，搞无原则的一团和气，疏于教育，疏于管理和监督"，有的地方"出现底下问题成串、为官麻木不仁"，"有的党组织没有把党要管党、从严治党的政治责任担当起来，党员领导干部党的观念淡薄，组织涣散、纪律松弛"，"组织对党员、干部的管理已有的制度很多，主要问题是执行不力、约束不强"，以至于有的地方、部门、单位发生了"党的领导作

---

① 参见习近平《在第十八届中央纪律检查委员会第六次全体会议上的讲话》，人民出版社2016年版，第9页。

用不发挥、贯彻党的路线政策方针走样、管党治党不严不实、选人用人失察、发生严重'四风'和腐败现象、巡视整改不力等问题"。① 对于各级党委（党组）贯彻落实从严治党战略部署中出现的问题，习近平在党的十八届六中全会第一次全体会议上特别指出："推动各级党委认真履行全面从严治党主体责任，抓早抓小、防微杜渐，强化日常管理监督，做到真管真严、敢管敢严、长管长严，使全面从严治党成为常态。"② 可见，党建问题倒逼主体责任担当，各级党委（党组）唯有知责明责、担责负责、履责尽责，方能推动全面从严治党取得实效。

时代使命彰显责任要求。党的十九大报告指出，中国特色社会主义进入新时代，党一定要有新的气象和新的作为，全党同志要更加自觉地为实现新时代党的历史使命不懈奋斗，团结带领全国各族人民决胜全面建成小康社会，奋力夺取新时代中国特色社会主义伟大胜利。这就要求各级党委（党组）不仅要抓住深入推进党风廉政建设和从严治党的"牛鼻子"，更要根据新时代党的建设总要求，进一步"坚持和加强党的全面领导，坚持党要管党、全面从严治党"，"不断提高党的建设质量"。③ 事实上，习近平早在第十八届中央纪律检查委员会第六次全体会议上就对此作出说明：党肩负着带领全国各族人民实现"两个一百年"奋斗目标、实现中华民族伟大复兴的历史使命，也面临着"四大考验"和"四大风险"，完成历史使命和战胜风险考验要求管好党、治好党，夯实管党治党责任，党才能始终成为中国特色社会主义事业的坚强领导核心。基于此，推进从严治党责任落到实处，要求各级党组织自觉担负起管党治党主体责任。一方面，要强化党委（党组）主体责任意识，唤醒担当精神，形成全面从严治党的政治自觉、思想自觉和行动自觉；另一方面，要建立健全责任清单制度，明确责任归属，坚持思想解决问题和制度解决问题的统一；再一方面，要严格执纪问责，强化责任落实，激发党委履行主体责任的内在动力。概言之，建设伟大工程是

---

① 《习近平关于全面从严治党论述摘编》，中央文献出版社2016年版，第221、222、224、230、233页。
② 《习近平关于全面从严治党论述摘编》，中央文献出版社2016年版，第235页。
③ 习近平：《决胜全面建成小康社会 夺取新时代中国特色社会主义伟大胜利——在中国共产党第十九次代表大会上的报告》，人民出版社2017年版，第62页。

实现伟大梦想的保证，全面从严治党是建设伟大工程的关键，落实各级党委（党组）主体责任则是题中应有之义。

落实管党治党、全面从严治党的主体责任，各级党委（党组）应当以上率下、率先垂范，努力将马克思主义的担当意识和担当精神化作自身的政治基因、政治品格和政治传统，切实引领和推进新时期党的建设新的伟大工程。

二、关键是把党的领导落到实处

2018年3月20日，习近平在第十三届全国人民代表大会第一次会议上指出："中国共产党是国家最高政治领导力量"，"东西南北中，党政军民学，党是领导一切的"。① 总结党的十八大以来治党管党经验，全面从严治党，核心是加强党的领导；落实管党治党责任，关键是要把党的领导落到实处。这是对全面从严治党内涵的深刻阐释，既明确提出了管党治党的新要求，也为推进全面从严治党确立了政治遵循，为依靠党来管好党和治好党指明了根本方向。

中国共产党领导是中国特色社会主义最本质特征。历史和现实告诉我们，坚持党的领导是党和国家的根本所在、命脉所在，是全国各族人民的利益所系、幸福所系，是中华民族的前途命运所系。习近平关于"党的领导是中国特色社会主义最本质的特征"的重要论断，是从中国特色社会主义本质特征的高度强调党的领导的极端重要性，使我们对党的领导和中国特色社会主义的认识达到一个前所未有的新高度。可以说，坚持党的领导不仅直接决定和体现中国特色社会主义的性质，同时也彰显了中国特色社会主义制度的最大政治优势，确保党始终成为中国特色社会主义事业的坚强领导核心。2015年10月29日，习近平在党的十八届五中全会第二次全体会议上指出："要在思想认识、责任担当、方法措施上贯彻全面从严治党要求，增强管党治党的使命感和紧迫感，担负起主体责任，把加强党的领导体现在党的建设、管理、监督之

---

① 习近平：《在第十三届全国人民代表大会第一次会议上的讲话》，载《人民日报》2018年3月21日。

中。"① 这就要求一方面要坚决维护党中央权威和集中统一领导，增强政治意识、大局意识、核心意识、看齐意识，严明党的政治纪律和政治规矩，层层落实管党治党政治责任；另一方面，既要将坚持党的领导确立为根本的政治立场和政治原则，也要将其化作我们的工作准则和具体要求，在充分彰显党总揽全局、协调各方的领导核心地位的同时，充分发挥党在引领"四个全面"战略布局以及实现"四个伟大"历史使命中的核心作用。

落实主体责任关键是要把党的领导落到实处。全面从严治党，核心是加强党的领导，基础在全面，关键在严，要害在治。把握全面从严治党新内涵、落实管党治党新要求，关键是要把党的领导落到实处。习近平在第十八届中央纪律检查委员会第六次全体会议上指出："各级党组织要牢固树立不管党治党就是严重失职的观念，在工作的方方面面体现党的领导。要把党的领导体现到日常管理监督中，敢于较真，注重日常，抓早抓小，防微杜渐，体现组织严格要求和关心爱护，决不能坐看自己的同志在错误的道路上越滑越远。党委书记要做管党治党的书记，当好第一责任人。"② 言下之意，就是各级党组织要强化党建的主业意识，强化管党治党的担当意识和正确观念，把抓好党建作为最大的政绩；就是要切实明确责任担当，把全面从严治党当作分内之事、应尽之责，真正把担子担起来，种好自己的"责任田"。这既要求在思想认识、责任担当、方法措施上贯彻全面从严治党要求，更要求不断健全党建工作责任制，建立有利于干部敢抓敢管、有利于党委担负主体责任的制度；同时，党委（党组）书记作为第一责任人，更要履行好第一责任人职责，领好班子，带好队伍，管好自己，督促各级领导班子成员落实全面从严治党的主体责任。可以说，如果各级党组织都能够以高度的思想自觉、敢于担当的精神、动真碰硬的举措、抓铁有痕的作风，来强化党的领导和狠抓责任落实，实现全党从严治党战略目标指日可待。

坚持党的领导是匡正主体政绩观的重要保证。如前所述，党的十九

---

① 《习近平关于全面从严治党论述摘编》，中央文献出版社 2016 年版，第 232 页。
② 习近平：《在第十八届中央纪律检查委员会第六次全体会议上的讲话》，人民出版社 2016 年版，第 17 页。

大报告明确提出，要完善坚持党的领导的体制机制，坚持党对一切工作的领导。事实上，坚持党的领导、实现党的领导是需要合法性基础的。发展政治学研究表明，发展绩效并不必然转化为政治认同，对于后发现代化国家来说，一个强大的政党对其维护稳定和推动发展至关重要。因此，坚持全面从严治党，落实管党治党责任，既要充分认识党的领导的重要性，也要树立正确的政绩观。习近平在党的群众路线教育实践活动总结大会上指出："各级各部门党委（党组）必须树立正确政绩观，坚持从巩固党的执政地位的大局看问题，把抓好党建作为最大的政绩。如果我们党弱了、散了、垮了，其他政绩又有什么意义呢？"① 习近平关于"把抓好党建作为最大的政绩"的重要论述，不仅是着眼现实的战略选择，同时更是一个价值排序的基本问题，不仅阐明了新时期党的最大的责任担当，同时也彰显了党的最大的政绩标准。这就要求各级党委要把从严治党责任承担好、落实好，坚持党建工作和中心工作一起谋划、一起部署、一起考核，把每条战线、每个领域、每个环节的党建工作抓具体、抓深入，坚决防止"一手硬、一手软"。事实上，抓好党建是一切工作成就的基础和前提，落实全面从严治党的主体责任，实际上就是各级党委（党组）的第一责任和最大政绩，更是实现党领导一切工作的根据和基础。

总之，坚持党的领导是中国特色社会主义最本质的特征，是落实全面从严治党主体责任的关键，也是各级党委（党组）匡正政绩观的根本。党的十九大报告 16 次直接论及"党的领导"，根本旨归仍是强调"全面加强党的领导和党的建设，坚决改变管党治党宽松软状况"②，完善坚持党的领导的体制机制，将党的领导贯彻落实到管党治党和治国理政的全过程与各方面，使党成为团结带领人民进行伟大斗争、推进伟大事业、实现伟大梦想的核心领导力量。

三、领导班子是责任主体

领导班子是由组织中的若干领导成员根据法律法规要求，按照组织

---

① 《十八大以来重要文献选编》中，中央文献出版社 2016 年版，第 94 页。
② 习近平：《决胜全面建成小康社会 夺取新时代中国特色社会主义伟大胜利——在中国共产党第十九次代表大会上的报告》，人民出版社 2017 年版，第 7 页。

第九章　落实全面从严治党主体责任

发展需要有机结合而成的集体，既是组织的领导核心，也承担着集体责任。落实全面从严治党责任，从主体构成要素来划分，主要就包括了领导班子的集体责任、主要负责人的"第一责任"和领导班子其他成员的"一岗双责"责任。党的十八大以来，习近平多次强调各级领导班子要以高度的政治责任感，切实担负起管党治党的主体责任，坚持统一领导、直接主抓、全面落实，确保全面从严治党战略目标的实现。

领导班子要担负管党治党集体责任。当前，我们党正团结带领全党全国人民进行具有许多新的历史特点的伟大斗争，能不能赢得这场斗争的胜利，领导班子起着中坚和引领作用。对于此点，习近平有着清醒的认识和决断："从严治党靠什么？靠党中央下决心，靠各级领导机关、领导干部来带头，靠全党同志齐努力，靠人民群众支持和监督。"①2015年7月19日，习近平在吉林调研时进一步指出："抓党风廉政建设，要落到领导干部个人身上，也要落到整个领导班子身上。领导班子主要负责人要增强抓班子、带队伍的意识，带头做到清正廉洁、干净干事。领导班子成员要本着爱护班子、爱护同事的真诚心愿，加强相互监督，努力做到一起干事、共同干净。"② 不仅如此，习近平在党的十九大报告中特别强调要"选优配强各级领导班子"③，中共中央办公厅也专门制定了全国党政领导班子建设规划纲要，均是为了抓住推进党的建设新的伟大工程的"牛鼻子"，发挥领导班子在落实管党治党责任方面的关键性作用。因此，各级领导班子应严肃认真对待党赋予的职责，努力通过加强组织领导、健全工作机制、选好用好干部、抓好作风建设、领导和支持查办案件、深入推进源头治理、强化权力制约和监督、推进巡视工作等项工作内容，切实担负起作为管党治党责任主体的集体责任。与此同时，领导班子还要将集体责任与班子成员的个人责任有机结合，并将职责范围内的党风廉政建设也全面担负起来，这样才能造就新时期党的建设伟大工程的新气象新面貌新局面。

领导干部要切实履行管党治党职责。习近平在2014年6月召开的

---

① 《习近平关于全面从严治党论述摘编》，中央文献出版社2016年版，第229-230页。
② 《习近平关于全面从严治党论述摘编》，中央文献出版社2016年版，第232页。
③ 习近平：《决胜全面建成小康社会　夺取新时代中国特色社会主义伟大胜利——在中国共产党第十九次代表大会上的报告》，人民出版社2017年版，第64页。

全国组织工作会议上强调：党要管党、从严治党，必须落实到党员队伍的管理中去，"各级领导机关和领导干部，尤其是中央机关和中央国家机关、高级领导干部要强化带头意识，时时处处严要求、做表率"①。究其缘由，主要在两个方面：一是存在的问题不容忽视。主要是"有的党组织和领导干部党的观念淡薄，把经济建设和党的领导割裂开来，对管党治党心不在焉；有的只顾抓权力，不去抓监督，任命干部时当仁不让，平时对干部却放任自流，出了事就撂挑子给纪委；有的原则性不强，对歪风邪气不抵制不斗争，一味遮丑护短，甚至为违纪违法者说情开脱；有的地方党委不抓总、不统筹，党的建设部门化"②。二是主体的责任不容推诿。习近平反复强调，所有的党组织和领导干部都要对党的各项工作负责，都要做到在党爱党、在党为党、在党忧党，特别是要具体地而不是抽象地、全面地而不是有选择地发挥自身带头示范作用。因此，在贯彻落实全面从严治党战略目标时，务必"要加强教育引导，注重破立并举，抓住'关键少数'，推动各级领导干部自觉担当领导责任和示范责任，把自己摆进去、把思想摆进去、把工作摆进去，形成'头雁效应'"③，进而推动全党自觉践行全面从严治党的新要求。

努力建设坚强有力的各级领导班子，为实现"四个伟大"奋斗目标提供坚强的组织保证，各地各部门应严格按照中央要求和部署，严格落实从严治党主体责任，以严格的标准、严格的措施和严格的纪律来要求干部、管理干部、约束干部，把"从严要求、最讲认真"贯穿领导班子建设的全过程和各方面。

四、党委（党组）书记是第一责任人

党委（党组）书记作为班子建设的"领头雁"，组织发展的"火车头"，在党委主体责任体系中居于关键、重点和核心地位，是管党治党的领导者、执行者和推动者，是全面从严治党的第一责任人，负有全面

---

① 《十八大以来重要文献选编》上，中央文献出版社2014年版，第351页。
② 习近平：《在第十八届中央纪律检查委员会第六次全体会议上的讲话》，载《人民日报》2016年5月3日。
③ 《习近平李克强栗战书赵乐际分别参加全国人大会议一些代表团审议》，载《人民日报》2018年3月11日。

第九章 落实全面从严治党主体责任

责任、直接责任和首要责任。新时期增强管党治党意识、落实从严治党责任，发挥好党委书记作为"一把手"的示范作用和带动作用，是主体责任履行到位的关键所在。

党委（党组）书记的第一身份是党的书记。习近平多次指出，全党同志要强化党的意识，牢记自己的第一身份是共产党员，第一职责是为党工作，做到忠诚于组织，任何时候都与党同心同德，始终把党和人民放在首位，不断提高自身的能力和本领，切实为人民执好政、掌好权。[①] 作为各级党委（党组）的书记，更要牢记自己的第一身份不仅是一位共产党员，而且还是党的书记，不仅要管好自己，还要管好班子、带好队伍。事实上，不管是作为普通党员还是作为党委书记，都要珍视自己的"第一身份"，保持坚定信仰，强化宗旨意识，坚守理想信念，恪尽"第一职责"，永葆共产党人的政治本色。进一步来说，作为党委（党组）书记要做到勤政清廉，要抓住最根本的任务管好大事、担好责任。一方面，要当好承担把握方向之责的"导航仪"，当好承担稳定大局之责的"压舱石"；另一方面，要当好承担革故鼎新之责的"除尘器"，当好承担引领示范之责的"火车头"，以及当好承担服务民生之责的"压路机"。概言之，党委（党组）书记唯有牢记使命、勇于担当，才能引领党在世界形势深刻变化的历史进程中始终走在时代前列，在应对国内外各种风险和考验的历史进程中始终成为全国人民的主心骨，在坚持和发展中国特色社会主义的历史进程中始终成为坚强领导核心。

党委（党组）书记的第一职责是管党治党。2013年6月28日，习近平在全国组织工作会议上指出："党要管党，首先是党委要管、党委书记要管。党委书记要在其位、谋其政，履行好第一责任人职责。"[②] 究其缘由，党委（党组）书记在领导班子中处于核心地位，理所当然应成为全面从严治党的第一责任人。为此，党委（党组）书记应做到党建责任常思在心、党建工作常抓在手，要把抓好党建作为从政的最大的"政绩"，把抓不好党建作为政治上的最大"失职"。为进一步明确

---

① 参见习近平《之江新语》，浙江人民出版社2007年版，第84页。
② 《十八大以来重要文献选编》上，中央文献出版社2014年版，第354页。

党委（党组）书记履行管党治党第一责任人的角色责任，2014年10月23日，习近平在党的十八届四中全会第二次全体会议上再次强调：各级党委（党组）书记"既要挂帅又要出征，对重要工作亲自部署、重大问题亲自过问、重要环节亲自协调、重要案件亲自督办"①。2015年1月13日，习近平在第十八届中央纪律检查委员会第五次全体会议上要求全党"要进一步健全制度、细化责任、以上率下，层层传导压力，级级落实责任"②，借以夯实党委书记履行党建第一责任人职责的责任机制和制度基础。第十八届中央纪律检查委员会第六次全体会议强调，党委书记作为党建第一责任人，"要担负起全面从严治党的政治责任"③，把抓好党建当作分内之事、必须担当的职责已经成为全党的政治共识。做好管党治党的书记、当好从严治党的第一责任人，党委（党组）书记才能做到对党负责，对本地区本单位的政治生态负责，对干部健康成长负责，也才能把全面从严治党的主体责任落到实处。

党委（党组）书记的第一政绩是抓好党建。党政干部对如何履行职责以及去追求何种政绩的根本认识和态度，对其管党治党和从政施政具有重要的价值导向作用。党的十八大以来，习近平多次强调要端正政绩观，强调要坚持从巩固党的执政地位的大局出发，把抓好党建作为第一任务、把做好党建作为最大政绩，并积极推动各级党委（党组）和领导干部将其内化为理念、外化为实践。但是，现实中的党建工作往往是"说起来重要，做起来次要，忙起来不要"。究其缘由，说到底还是在政绩观念和政绩考核上出现了严重偏差。因此，在各级党委（党组）书记的政绩排序中，要将党建政绩升级为"第一政绩"，既抓住落实党建责任的关键主体，同时也牵住责任制考核"牛鼻子"。只有在明确党委书记是履行管党治党第一责任人的职责以后，才能够在干部考核上有据可循，真正使党建的"虚政绩"转化为全面从严治党的"硬指标"。对此，习近平在党的群众路线教育实践活动总结大会上特别做出要求："对各级各部门党组织负责人特别是党委（党组）书记的考核，首先要

---

① 《习近平关于全面从严治党论述摘编》，中央文献出版社2016年版，第227页。
② 《习近平关于全面从严治党论述摘编》，中央文献出版社2016年版，第229页。
③ 《习近平关于全面从严治党论述摘编》，中央文献出版社2016年版，第233页。

看抓党建的实效,考核其他党员领导干部工作也要加大这方面的权重。"① 也就是说,务必要将抓好党建的实效作为考核党委书记的第一政绩,切实做到干部述职述党建、群众评议评党建、年度考核考党建、选拔干部任用看党建。其中,重点考核党委(党组)书记基层党建工作履职情况、重点任务完成情况、整改措施落实情况,并积极运用上述述职评议的结果,进一步落实党委书记党建第一责任人的工作。

总的来说,坚持牢固树立党委(党组)书记的第一身份是党的书记、第一职责是管党治党、第一政绩是抓好党建的政治意识,坚持以铁一般的信仰、信念、纪律、担当,把全面从严治党责任具体地而不是抽象地、认真地而不是敷衍地落实到位,全面从严治党主体责任才会得到切实落实。

第三节 落实主体责任的要求

党的十八大以来,习近平多次强调落实管党治党主体责任,务必"要在思想认识、责任担当、方法措施上贯彻全面从严治党要求"②。明确责任、落实责任和追究责任,既是对落实全面从严治党主体责任的明确要求和制度规范,也是实现党要管党、从严治党的重要前提和基本保障。

一、层层压实责任

中国共产党的组织体系由中央组织、地方组织和基层组织构成,是一个组织严密的政党。全面从严治党也正是在党的现有组织体系框架内,对党的建设各个领域的全面推进。因此,落实管党治党责任,必然要求一级抓一级、层层抓落实,这是党的建设的经验总结,也是全面从严治党的基本要求。

责任层层明确。2013年6月28日,习近平在全国组织工作会议上

---

① 习近平:《在党的群众路线教育实践活动总结大会上的讲话》,载《人民日报》2014年10月9日。
② 《习近平关于全面从严治党论述摘编》,中央文献出版社2016年版,第232页。

强调:"各级党的工作部门要切实履行职责,按照分工狠抓各项工作落实,确保管党治党任务落到实处。"① 事实上,在全面加强党的自身建设的实践中,根据党的组织原则和组织系统的特点,全党已经逐步形成了一级抓一级、层层抓落实的纵向党建工作责任制,逐渐确立了从严治党的责任系统。具体说来,就党的中央组织而言,作为从严治党责任制的制定者和管党治党责任的首要担当者,主要担负着"重视党的建设、经常讨论和检查党的宣传工作、教育工作、组织工作、纪律检查工作、群众工作、统一战线工作等,注意研究党内外的思想政治状况"② 等方面的全面从严治党责任;就党的地方组织而言,它既是党中央全面从严治党战略的落实者,也是本地区从严治党工作的执行者。因此,按照"一级抓一级、层层抓落实"的责任制度,上级对下级负有领导责任和管理责任,下级对上级要逐级担负责任,直至对党中央担负责任;就党的基层组织而言,作为全面从严治党的基本单位,承担着全面从严治党责任的具体执行任务,具体体现为《党章》所规定的八项主要任务。可以说,全面从严治党是全党的共同任务,既需要大气候,也需要小气候,各级党组织要主动思考、主动作为,"来不得花拳绣腿,光喊口号、不行动不行,单单开会、发文件不够,必须落到实处"③。全党务必要发扬党的求真务实、真抓实干的优良作风,通过层层明确责任、严格界定组织角色、推动责任逐级落实,实现全面从严治党工作走向从严从实。

任务层层落实。2014 年 10 月 8 日,习近平在党的群众路线教育实践活动总结大会上指出:"经过这些年的努力,各级建立了党建工作责任制,党委抓、书记抓、各有关部门抓、一级抓一级、层层抓落实的党建工作格局基本形成。"④ 但是,这一格局与当前全面从严治党的要求还不完全适应,责任目标不明、责任落实不力、责任追究不严等问题较为突出,对管党治党责任的层级落实提出了一系列挑战。有鉴于此,习

---

① 《十八大以来重要文献选编》上,中央文献出版社 2014 年版,第 354 页。
② 《中国共产党章程》,人民出版社 2012 年版,第 36 页。
③ 《中共中央政治局召开民主生活会 中共中央总书记习近平主持会议并发表重要讲话》,载《人民日报》2017 年 12 月 27 日。
④ 《习近平关于全面从严治党论述摘编》,中央文献出版社 2016 年版,第 224 页。

第九章 落实全面从严治党主体责任

近平强调,"解决这些问题,根本在于严格管理标准、延伸管理链条、落实管理责任,使每个党员、干部都及时纳入组织管理,使党组织对每个党员、干部都做到情况明、问题清、措施实"①。不仅如此,在第十八届中央纪律检查委员会第六次全体会议上,习近平还就各级党组织担负全面从严治党主体责任做出明确部署,特别要求从党中央到省市县党委,从中央部委、国家机关部门党组(党委)到基层党支部,都要肩负起主体责任,党委书记要把抓好党建当作分内之事、必须担当的职责,各级纪委要担负起监督责任,敢于瞪眼黑脸,敢于执纪问责。从纵横两个基本维度来看,层层落实从严治党主体责任,不仅要求一级抓一级、层层抓落实,也要求各级党委领导班子要担负起集体责任,党委书记要当好第一人,领导班子成员要履行"一岗双责",各级纪委要充分发挥监督责任。所以,不管是在上级与下级之间,还是在地方和部门之间,要坚持"上题下答""下题上答""共同答题",以责任层层落实推动工作层层到位,借以共同构建齐抓共管的党建格局。

压力层层传导。没有压力就没有动力,也就必然缺乏责任担当。层层压实全面从严治党政治责任,需要层层传导压力,借以强化角色意识和政治担当意识,提高落实管党治党责任的自觉性。为此,习近平在第十八届中央纪律检查委员会第五次全体会议上强调:"要进一步健全制度、细化责任、以上率下,层层传导压力,级级落实责任。要在巩固省市区、中央和国家机关落实主体责任成果的基础上,把责任落实到地市一级。"② 2016年1月12日,习近平在第十八届中央纪律检查委员会第六次全体会议上再次强调:各级党委扛起全面从严治党的政治责任,以严肃问责推动责任落实,层层传导压力,强化党员日常管理监督,拧紧管党治党的螺丝。并且,"党委书记要做管党治党的书记,当好第一责任人,对党负责,对本地区本单位的政治生态负责,对干部健康成长负责。要把责任传导给所有班子成员,压给下面的书记,确保责任落到实处"③。习近平对于落实全面从严治党主体责任的基本规范,既要求实

---

① 《习近平关于全面从严治党论述摘编》,中央文献出版社2016年版,第231页。
② 《习近平关于全面从严治党论述摘编》,中央文献出版社2016年版,第229页。
③ 《习近平关于全面从严治党论述摘编》,中央文献出版社2016年版,第234页。

现压力"横向到边",更要求实现压力"纵向到底";既强调管党治党要落到"点子上",又强调要抓住"关键少数"。与此同时,习近平还多次针对管党治党实践中的"上热中温下冷"现象,以及压力层层传导变成层层推卸责任等问题,强调务必通过抓住典型问题来层层传导压力、倒逼责任落实。

从上可见,唯有不断建立和完善党建工作责任制,推动责任层层明确、任务层层落实、压力层层传导,方能构建齐抓共管、层层落实的党建工作新格局,也才能切实回答习近平在党的群众路线教育实践活动总结大会上提出的有关全面从严治党责任落实三个振聋发聩的重大问题。①

二、坚持有责必问、问责必严

落实全面从严治党主体责任,既需要增强责任担当意识、明确管党治党责任,更需要亮起问责的"利剑",落下问责的"板子"。把严肃问责作为全面从严治党的重要抓手,坚持有责必问、问责必严,这既是全面从严治党实践创新的深化和固化,也是对全面从严治党突出矛盾问题的回应和破解,有利于深化标本兼治,推动管党治党从"宽松软"走向"严紧硬"。

权责对等必然要求有责必问。权力就是责任,有责就要担当。权责关系是从严治党中极为重要和基础的关系,习近平反复强调要坚持有权必有责、有责要担当、失责必追究。2012年12月4日,习近平在首都各界纪念现行宪法公布施行30周年大会上指出:"我们要健全权力运行制约和监督体系,有权必有责,用权受监督,失职要问责,违法要追究,保证人民赋予的权力始终用来为人民谋利益。"②换言之,就是组织赋予权力的同时必然赋予责任,有了责任在肩就必须尽职履责,如若履职不力就必然要追究责任。也正是基于此点,习近平一再警示全党:"有权就有责,权责要对等。无论是党委还是纪委或其他相关职能部门,

---

① 参见《习近平关于全面从严治党论述摘编》,中央文献出版社2016年版,第224页。
② 习近平:《在首都各界纪念现行宪法公布施行30周年大会上的讲话》,载《人民日报》2012年12月5日。

第九章 落实全面从严治党主体责任

都要对承担的党风廉政建设责任进行签字背书，做到守土有责。出了问题，都要追究责任。"① 特别是对于"那些领导不力、不抓不管而导致不正之风长期滋长蔓延，或者屡屡出现重大腐败问题而不制止、不查处、不报告的"，要"有错必究、有责必问"；② 对于"一些干部惯于拍脑袋决策、拍胸脯蛮干，然后拍屁股走人，留下一屁股烂账，最后官照当照升，不负任何责任"的，更要"终身问责"。③ 以有责必问推进责任落实，各级党组织和纪检机关要严格落实主体责任、监督责任，党的工作部门要各司其职、各负其责，各级领导干部要切实担负起领导责任，按照管理权限，实行分级负责。唯有如此，才能真正实现全面从严治党主体责任的层层落实，并最终推动以问责常态化促进履职到位。

问责必严方能推进履责到位。党的十八大以来，在落实全面从严治党主体责任的实践中，有的领导干部对问题视而不见，习惯于做"老好人"、当"甩手掌柜"，有的处理措施是"高高举起、轻轻放下"，有的问责是"只闻雷声、不见下雨"，不了了之。针对这些情况，习近平多次强调务必失责必问、问责必严。具体说来，一方面是要抓住典型严肃追责，对于各级党组织敷衍整改、整改不力、拒不整改，要作为严重的失职和渎职行为严肃查处；④ 另一方面是强调问责要严紧硬，不能感情用事，不能有怜悯之心，要"较真""叫板"，发挥震慑效应。动员千遍不如问责一次，严肃问责已成为全面从严治党的重要保证和抓手。正如习近平在第十八届中央纪律检查委员会第六次全体会议所言："任何地方、部门、单位，发生了党的领导作用不发挥、贯彻党的路线方针政策走样、管党治党不严不实、选人用人失察、发生严重'四风'和腐败现象、巡视整改不力等问题，就要抓住典型严肃追责。既追究主体责任、监督责任，又上查一级追究领导责任、党组织责任。要完善和规范责任追究工作，建立健全责任追究典型问题通报制度，把问责同其他监

---

① 《习近平关于全面从严治党论述摘编》，中央文献出版社2016年版，第222页。
② 《习近平关于全面从严治党论述摘编》，中央文献出版社2016年版，第223页。
③ 参见《十八大以来重要文献选编》上，中央文献出版社2014年版，第344页。
④ 参见《习近平关于严明党的纪律和规矩论述摘编》，中央文献出版社2016年版，第126页。

督方式结合起来,以问责常态化促进履职到位,促进党的纪律执行到位。"① 概言之,以严肃问责激发担当意识,以问责从严推进履责到位,由此全面从严治党的主体责任才能得到落实,党管党治党的新的伟大工程才能彰显出时代特色。

执纪问责彰显纪委监督职能。从党风廉政建设主体责任到全面从严治党主体责任,各级党组织及其负责人主动担负起主体责任,各级纪委也要不断强化监督执纪问责职能,这是党章赋予纪委的根本职责。2014年1月14日,习近平在第十八届中央纪律检查委员会第三次全体会议上指出:"各级纪委要履行好监督责任,既协助党委加强党风建设和组织协调反腐败工作,又督促检查相关部门落实惩治和预防腐败工作任务,经常进行检查监督,严肃查处腐败问题。"② 为了切实履行监督执纪职责,习近平要求"中央纪委要抓紧完善并严格执行责任追究办法,对每一个具体问题都要分清党委负什么责任、有关部门负什么责任、纪委负什么责任,健全责任分解、检查监督、倒查追究的完整链条,有错必究,有责必问"③。2016年1月12日,习近平在第十八届中央纪律检查委员会第六次全体会议上对纪委的监督执纪职责予以再次明确:纪委是党内监督的专门机关,是管党治党的重要力量。党章规定了纪委的三项主要任务和五项经常性工作,概括起来就是监督执纪问责。因此,各级纪委不仅要履行好协助党委加强党风建设和组织协调反腐败工作的职责,加强对同级党委特别是常委会成员的监督,发挥好党内专门监督机关的作用,同时还需要"聚焦主责主业,持续转职能、转方式、转作风,推进理念思想、机制体制、方式方法创新",借以开创纪检工作新局面,在新时代党的建设新的伟大工程中发挥好监督执纪问责职能。

有责不担,正气难彰;失责不问,百弊丛生。问责必须立起来、必须严起来,各级党委要担负起主体责任,各级纪委要发挥监督执纪职能,坚持有责必问、问责必严,以此实现管党治党走向真管真严、敢管敢严、长管长严。

---

① 《习近平关于全面从严治党论述摘编》,中央文献出版社2016年版,第233页。
② 《习近平关于严明党的纪律和规矩论述摘编》,中央文献出版社2016年版,第115页。
③ 《习近平关于全面从严治党论述摘编》,中央文献出版社2016年版,第222-223页。

三、健全问责制度和问责机制

问责制是特定的问责主体依据一定的程序,在主体责任人应履行却没有履行相应职责与义务时,要求必须承担相应后果的一种追究制度。党的十八大以来,习近平从全面从严治党战略布局出发,反复强调有权必有责、有责要担当、失责必追究,要求以问责常态化促进履职到位,对加强新时期问责制度创新、长效机制建设和实体工作推进做出了新的部署。

创新问责制度,扎紧全面从严治党制度笼子。问责作为全面从严治党的利器,习近平在一系列讲话中多次明确其重要性,反复强调落实从严治党主体责任必须"强化责任追究,不能让制度成为纸老虎、稻草人"[1],特别是要"严格执行责任制,分解责任要明确,检查考核要严格,责任追究要到位,让责任制落到实处"[2]。但是,随着全面从严治党的深入实践,现有的问责制度已经滞后于实践发展:"一是问责内容不聚焦,没有突出政治责任、紧扣全面从严治党;二是责任界定不清晰,没有体现权责对等,问责主体不明确,问责方式多样;三是多头立规,对同一事项的规定散见于多部法规,表述不统一不规范,问责尺度也不一致,缺乏严肃性。"[3] 有鉴于此,习近平在第十八届中央纪律检查委员会第五次全体会议上指出:严肃责任追究,强化从严治党主体责任,必须进一步健全制度、细化责任、以上率下,必须"建立有利于干部敢抓敢管、有利于党委担负主体责任的制度"[4]。具体说来,一是要坚持宏观思考、总体规划,完善从严治党基本法规制度;二是要做到系统完备、衔接配套,扎细扎密扎牢从严治党制度笼子;三是要做到要素齐全,既有激励性又有惩戒性,借以"明确责任主体,确保可执行、可监督、可检查、可问责"[5]。党中央先后印发了《中国共产党廉洁自律

---

[1] 习近平:《强化反腐败体制机制创新和制度保障 深入推进党风廉政建设和反腐败斗争》,载《人民日报》2014年1月15日。
[2] 《党的群众路线教育实践活动学习文件选编》,党建读物出版社2013年版,第86页。
[3] 《让制度的力量充分释放》,载《中国纪检监察报》2016年12月26日。
[4] 《习近平关于全面从严治党论述摘编》,中央文献出版社2016年版,第229页。
[5] 《习近平关于严明党的纪律和规矩论述摘编》,中央文献出版社2016年版,第63-64页。

新时代全面从严治党的理论创新

准则》《中国共产党纪律处分条例》《中国共产党问责条例》等党内法规制度，不仅充分彰显了全面从严治党的决心和魄力，而且特别紧扣主体"责任"二字，为各级党组织强化问责提供了制度依据。

建立问责机制，压实管党治党主体责任。问责机制说到底就是谁来问责和向谁负责的问题。党的十八大以来，习近平多次强调要建立健全问责机制，切实推动管党治党责任落到实处。2015年6月26日，习近平在第十八届中央政治局第二十四次集体学习时明确指出：要健全问责机制，"坚持有责必问、问责必严，把监督检查、目标考核、责任追究有机结合起来，形成法规制度执行强大推动力。问责的内容、对象、事项、主体、程序、方式都要制度化、程序化。问责既要对事、也要对人，要问到具体人头上。要把法规制度执行情况纳入党风廉政建设责任制检查考核和党政领导干部述职述廉范围，通过严肃追究主体责任、监督责任、领导责任，让法规制度的力量在反腐倡廉建设中得到充分释放"①。2016年1月12日，针对党风廉政建设和全面从严治党实践中存在的问责难题，习近平再次强调，"要整合问责制度，健全问责机制，坚持有责必问、问责必严，把监督检查、目标考核、责任追究有机结合起来，实现问责内容、对象、事项、主体、程序、方式的制度化、程序化"②。党中央先后制定和发布了《关于新形势下党内政治生活的若干准则》《中国共产党党内监督条例》《中国共产党问责条例》等党内法规，对不担当、不作为、敷衍塞责的干部在必要时给予组织处理或党纪处分，造成严重后果的予以严肃追责；对不履行或者不正确履行党内监督职责的，严格依据规定严肃问责。作为党的十八以来管党治党理论和实践的重要创新成果，上述党内法规的制定、发布和实施，也为推进问责常态化和制度化奠定了重要的制度基础。

创新问责制度、建立健全问责机制是各级党组织的职责所在，也是全面加强党的领导的具体体现。党的十八大以来，党中央已经充分释放全面从严治党、强化问责的政治信号，各级党组织和党员、党员干部要把自己的责任摆进去，不断建立健全问责机制，要以踏石留印、抓铁有

---

① 《习近平关于全面从严治党论述摘编》，中央文献出版社2016年版，第231页。
② 《习近平关于全面从严治党论述摘编》，中央文献出版社2016年版，第235页。

痕的劲头狠抓问责，谁不落实责任就问责谁，该问到哪一级就要问到哪一级。唯有如此，管党治党主体责任才能落到实处，全面从严治党也才能真正又严又实。

总之，落实主体责任是坚持制度管党的具体要求，是全面从严治党的重要保证，是新时代全面加强党的建设的基本前提。落实全面从严治党主体责任，明确回答了全面从严治党由谁来抓、谁来负责、谁是第一责任人等重大问题，对于与时俱进加强党的建设、管理和监督，确保党始终成为坚强领导核心具有重大意义。党的十九大把坚持全面从严治党上升到习近平新时代中国特色社会主义思想基本方略的政治高度，更突显了层层落实管党治党政治责任的重要性。全面从严治党永远在路上，落实管党治党主体责任永不停歇。

结语：面向新征程的全面从严治党

中国共产党历经百年沧桑依然风华正茂，其奥秘就在于具备自我净化、自我完善、自我革新、自我提高的强大能力，不断推进党的自身建设。可以说，党的自我革命品格、党的自身建设成就了百年大党。

"十四五"时期，我国进入新发展阶段，这是以习近平同志为核心的党中央依据国内经济社会发展特征和国际格局变化作出的重大判断，是未来一段时期制定方针政策的重要依据，也是推进全面从严治党的参照和坐标。

新发展阶段是社会主义初级阶段的一个阶段。社会主义初级阶段是我国的基本国情，依据邓小平的设想，社会主义初级阶段至少要经历上百年时间。习近平指出，"社会主义初级阶段不是一个静态、一成不变、停滞不前的阶段，也不是一个自发、被动、不用费多大气力自然而然就可以跨过的阶段，而是一个动态、积极有为、始终洋溢着蓬勃生机活力的过程，是一个阶梯式递进、不断发展进步、日益接近质的飞跃的量的积累和发展变化的过程。"① 这是对社会主义初级阶段演进特征的深刻揭示。新发展阶段从属于社会主义初级阶段，也是初级阶段向更高阶段迈进的最后阶段。

新发展阶段是全面建成小康社会、实现第一个百年奋斗目标之后的发展阶段，其主要任务是开启全面建设社会主义现代化国家新征程，向第二个百年奋斗目标进军，实现中华民族从富起来到强起来的历史性跨越。现代化是一个国家、一个民族走向发展必经的过程，新民主主义革命的胜利和民族独立的实现，为现代化创造了前提。新中国成立后，中国共产党随即将实现国家现代化的奋斗目标提上议事日程。1954 年 9

---

① 《深入学习坚决贯彻党的十九届五中全会精神 确保全面建设社会主义现代化国家开好局》，载《人民日报》2021 年 1 月 12 日。

结语：面向新征程的全面从严治党

月，周恩来在一届全国人大一次会议的政府工作报告中指出，"我国的经济原来是很落后的；如果我们不建设起强大的现代化的工业、现代化的农业、现代化的交通运输业和现代化的国防，我们就不能摆脱落后和贫穷，我们的革命就不能达到目的。"① 这里聚焦现代化的四个方面，既是基于现代化规律的选择，也反映了当时的国情。随着对现代化规律认识的加深和世界科学技术的快速发展，科学技术的现代化开始纳入现代化的范畴。1964年12月，周恩来在第三届全国人大一次会议的政府工作报告中指出，"要在不太长的历史时期内，把我国建设成为一个具有现代农业、现代工业、现代国防和现代科学技术的社会主义强国，赶上和超过世界先进水平"。② 这里凸显了科学技术在现代化过程中的地位，并将世界先进水平作为我国现代化的参照坐标，提升了现代化目标定位的层次和水平。改革开放以来，中国共产党人在谋划经济社会发展目标时，仍然聚焦国家现代化。党的十三大报告将"建设成为富强、民主、文明的社会主义现代化国家"③ 确立为发展目标，较之"四个现代化"的设计，增加了政治现代化的向度，拓展了现代化的内涵。此后，党的十七大报告增加社会现代化的向度，党的十九大报告将"美丽"纳入现代化强国的要素，对现代化内涵的认识得到深化和拓展。党的十九大报告对第二个百年的奋斗目标分两个阶段进行了具体部署：到2035年基本实现现代化，到本世纪中叶建成富强民主文明和谐美丽的社会主义现代化强国。全面建设社会主义现代化国家新征程涵盖这两个阶段，从"十四五"时期开始到本世纪中叶，都属于全面建设社会主义现代化国家新征程的阶段。新发展阶段是开启全面建设社会主义现代化国家新征程的阶段，也是建成社会主义现代化强国的阶段。

新发展阶段是贯彻新发展理念的阶段。党的十八大以来，通过总结发展实践而形成的创新、协调、绿色、开放、共享新发展理念，是新发展阶段的基本遵循，引领新发展阶段的发展实践。习近平指出，"新发展理念是一个系统的理论体系，回答了关于发展的目的、动力、方式、

---

① 《建国以来重要文献选编》第5册，中央文献出版社1993年版，第584页。
② 《建国以来重要文献选编》第19册，中央文献出版社1998年版，第483页。
③ 《十三大以来重要文献选编》上，人民出版社1991年版，第15页。

路径等一系列理论和实践问题，阐明了我们党关于发展的政治立场、价值导向、发展模式、发展道路等重大政治问题"①。新发展阶段的发展是实践新发展理念的发展，是更高质量、更有效率、更加公平、更可持续、更为安全的发展。随着我国现代化建设的高质量推进和高水平对外开放，当前和今后一个时期是我国各类矛盾和风险易发期，各种可以预见和难以预见的风险因素将明显增多，稍有不慎或应对失当，就有可能导致难以挽回的损失。新发展阶段要坚持总体国家安全观，统筹发展和安全，把安全发展贯穿我国发展各领域和全过程，防范和化解影响我国现代化进程中的各种风险。树立底线思维，加强经济安全风险预警、防控机制和能力建设，实现重要产业、基础设施、战略资源、重大科技等关键领域安全可控。特别是维护金融安全，守住不发生系统性风险底线。

新发展阶段是构建新发展格局的阶段。世界正经历百年未有的大变局，我国发展仍处于重要战略机遇期。新发展阶段相比以往，外部环境发生了深刻变化，既带来一系列新机遇，也带来一系列新挑战。如果说，改革开放新时期中国的发展得益于顺风顺水的国际环境，那么，今后一个时期我国发展将面对更多逆风逆水的外部环境。改革开放以来，中国与美国等西方大国错位发展，双方都从对方的发展中获得发展的机会。随着我国经济总量与美国的差距日渐缩小，对世界经济的影响力越来越大，美国开始设置种种障碍，力图遏制中国的发展进程、延缓中国的发展速度。新冠肺炎疫情全球大流行，使中国经济发展面临不可控的因素增多。当前，贸易保护主义、单边主义上升，世界经济低迷，全球产业链、供应链因非经济因素面临冲击，国际经济、科技、文化、安全、政治等格局都在发生深刻调整，世界进入动荡变革期。外部环境的变化，使新发展阶段我国经济社会发展面临更大的挑战。在这种背景下，我国对外开放遇到了新的困难和阻力。基于这一现实，以习近平同志为核心的党中央提出形成以国内大循环为主体、国内国际双循环相互促进的新发展格局。新发展格局是重塑我国国际合作和竞争新优势的战

---

① 《深入学习坚决贯彻党的十九届五中全会精神　确保全面建设社会主义现代化国家开好局》，载《人民日报》2021年1月12日。

略抉择。近年来，随着外部环境和我国发展所具有的要素禀赋的变化，市场和资源两头在外的国际大循环动能明显减弱，而我国内需潜力不断释放，国内大循环活力日益强劲，是全球最大和最有潜力的消费市场，具有巨大增长空间，具备以国内大循环带动国际循环的可能。我国在世界经济的地位持续上升，同世界经济的联系会更加紧密，为其他国家提供的市场机会将更加广阔，成为吸引国际商品和资源要素的巨大引力场，既满足国内需求，又提升我国产业技术发展水平，形成参与国际经济合作和竞争新优势。新发展格局决不是封闭的国内循环，而是开放的国内国际双循环。新发展阶段将实施更大范围、更宽领域、更深层次对外开放，着力推动规则、规制、管理、标准等制度型开放。

新发展阶段、新发展理念、新发展格局，对新时代的全面从严治党提出了强化党的全面领导、完善党的领导制度体系、优化党的建设总体布局、聚焦党的建设面临的突出问题等新要求。

强化党的全面领导。党的领导是中国特色社会主义的本质特征，也是中国特色社会主义制度的最大优势，党是最高政治领导力量。党的十九大报告指出，"党政军民学，东西南北中，党是领导一切的"。"坚持党对一切工作的领导"成为"十四个坚持"之首。党的全面领导是全方位领导，是覆盖各类组织主体。党的十九届四中全会通过的《中共中央关于坚持和完善中国特色社会主义制度、推进国家治理体系和治理能力现代化若干重大问题的决定》，要求完善党领导人大、政府、政协、监察机关、审判机关、检察机关、武装力量、人民团体、企事业单位、基层群众自治组织、社会组织等制度，实际上明晰了党的全面领导覆盖的组织类型。通过健全各级党委（党组）工作制度，确保党在各类组织中发挥领导作用。党的全面领导是总揽而不包办，领导而不代替，使各类组织主体依法依章开展工作。党组是党对非党组织实施领导的组织形式，2019年4月，中共中央印发修订后的《中国共产党党组工作条例》，以规范和改进党组工作，坚持和加强党的全面领导。党的全面领导是全领域领导，覆盖各项事业。事业有别于事务，相对而言，事业比较宏观，事务较为具体。党的全面领导不是包揽各种具体事务，而是对经济建设、政治建设、文化建设、社会建设、生态文明建设、军队和国防建设、外交等各项事业进行总体谋划和布局，把方向、定原则，以体现党的全面领导，使党的全面领导落到实处。党的全面领导是全过程领导，覆盖党和国家所有机构履行职责的全过程。在这一过程中，涉及党和国家工作全局的重大方针政策、重大原则和问题、党中央集中统一管理的事项和只能由党中央决策的事项，必须向党中央请示报告。2019年2月，中共中央印发《中国共产党重大事项请示报告条例》，对党组织应当向上级党组织请示、报告、报备的事项作出明确规定，体现了党的全面领导的过程性。党的全面领导的落实有赖具体制度的安排，如何优化党的全面领导，规范全面领导方式，是新发展阶段党的制度建设的任务。

完善党的领导制度体系。政党是以执政为目标的政治组织，获得执政地位的政党不同程度担负国家治理的任务。中国共产党是使命型政党，长期担负国家治理的任务，在国家治理体系中处于中轴地位。同时，党的领导地位需要借助国家治理来实现，由此决定党的领导制度和国家制度的内在关联。一般来说，党的制度与国家制度具有不同内涵与运行机制，党的制度作用边界是党内，国家制度作用边界是全社会。但由于中国共产党的执政地位，使党的制度体系与国家制度体系出现了部分重合。党的十九届四中全会将坚持党的集中统一领导作为国家制度和国家治理体系的显著优势，将坚持和完善党的领导制度体系作为国家制度和国家治理体系的首要内容，凸显了党的领导制度体系在国家制度和国家治理体系中的地位。从党的十九届四中全会对党的领导制度体系的设计来看，不忘初心、牢记使命制度，坚定维护党中央权威和集中统一领导制度，党的全面领导制度，为人民执政、靠人民执政制度，提高党的执政能力和领导水平制度，全面从严治党制度，既是党的领导制度体系的内容，也是国家制度和国家治理体系的内容。党的领导制度体系成为国家制度和国家治理体系的有机构成部分。将党的领导制度体系纳入国家制度和国家治理体系，既有利于确保党的领导地位，也有利于发挥党统揽全局、协调各方的作用，使国家制度优势转化为国家治理效能。完善党的领导制度体系，是新发展阶段党的建设的面临的重要任务。

优化党的建设总体布局。党的十九大报告对党的建设总体布局进行了新谋划，要求全面加强党的政治建设、思想建设、组织建设、作风建设、纪律建设，把制度建设贯穿其中，深入推进反腐败斗争。这一总体

结语：面向新征程的全面从严治党

布局较之以往，强调了政治建设、纪律建设、制度建设的重要性，更具合理性和科学性。政治建设是党的根本性建设，决定党的建设方向和效果。党的十九大报告第一次将党的政治建设纳入党的建设总体布局，并强调"以党的政治建设为统领"，"把党的政治建设摆在首位"。党的十九大以来，一再强调维护党中央权威和集中统一领导，要求全党增强"四个意识"、坚定"四个自信"、做到"两个维护"，政治建设的自觉性增强。2019年1月，《中共中央关于加强党的政治建设的意见》出台，明确将坚定政治信仰、强化政治领导、提高政治能力、净化政治生态作为党的政治建设重点，并提出了具体要求。通过巡视等具体制度安排，党的政治建设得到明显加强。2021年1月11日，在省部级主要领导干部学习贯彻党的十九届五中全会精神专题研讨班开班式上，习近平总书记要求各级领导干部，特别是高级干部必须立足中华民族伟大复兴战略全局和世界百年未有之大变局，心怀"国之大者"，不断提高政治判断力、政治领悟力、政治执行力。纪律建设是全面从严治党的基础。纪律严明是中国共产党的传统与优势，党的十九大以来更加重视纪律建设，特别是政治纪律和政治规矩建设。此外，组织纪律、廉洁纪律、群众纪律、工作纪律、生活纪律进一步明确和规范。2018年8月，中共中央印发新修订的《中国共产党纪律处分条例》，对违反各种纪律行为的处分作出明确规定，以适应新时代纪律建设的要求。制度建设贯穿党的建设各领域。制度建设以往被视为党的建设的具体领域。党的十九大以来，制度建设贯穿党的建设各领域，提升了制度建设的地位。2019年9月，中共中央印发修订后的《中国共产党党内法规制定条例》，完善了党内法规的定义，更加全面准确地阐明了党内法规的属性、特征和功能，使党的制度建设走向规范化。新发展阶段全面从严治党，政治建设、纪律建设、制度建设是重点。

聚焦党的建设面临的突出问题。坚持问题导向，不回避问题，而是力求解决问题，是新时代党的建设的突出特点。党的十九大以来，尽管反腐败斗争取得了压倒性胜利，但腐败问题依然时有发生。在党和国家机构改革中，设立国家监察委员会，将监察部、国家预防腐败局的职责，最高人民检察院查处贪污贿赂、失职渎职以及预防职务犯罪等反腐败相关职责整合，同中央纪律检查委员会合署办公。设立国家监察委会强化了党对反腐败工作的集中统一领导，实现了党内监督和国家机关监督、党的纪律检查和国家监察有机统一，实现了对所有行使公权力的公职人员监察的全覆盖。官僚主义、形式主义是近年群众反映强烈的问题，其突出表现是务虚不务实，大搞"假大空"，无实事求是之意，有哗众取宠之心。习近平总书记多次痛批形式主义、官僚主义，要求大力弘扬真抓实干的作风。2018年9月，中央纪委全面启动集中整治形式主义、官僚主义工作，及时通报各地发生的形式主义、官僚主义典型问题。特别重视解决脱贫攻坚中的形式主义、官僚主义问题，并通过解决形式主义的突出问题为基层减负。基层党组织是党生存发展及功能发挥的基础。党支部是党的基础组织，是党在社会基层组织中的战斗堡垒，是党的全部工作和战斗力的基础。针对以往党支部组织力和政治功能弱化的现象，推动全面从严治党向基层延伸，全面提高党支部组织力、强化党支部政治功能。2018年11月，中共中央印发《中国共产党支部工作条例（试行）》，以推动党支部标准化、规范化建设。针对农村基层党组织存在的问题，2019年1月，中共中央印发《中国共产党农村基层组织工作条例》，以提高党的农村基层组织建设质量，为新时代乡村全面振兴提供坚强政治和组织保证。为解决城市基层党组织软弱涣散、政治功能不强、领导作用发挥不充分等问题，2019年5月，中共中央办公厅印发《关于加强和改进城市基层党的建设工作的意见》，以增强城市基层党建整体效应，提升党组织领导基层治理工作水平。以问题为导向，有利于提高全面从严治党的实效，赢得人民群众的认可和支持，实现党的全面领导。如何巩固反腐败斗争的成果，如何根治官僚主义、形式主义，如何加强基层党组织建设，是新发展阶段全面从严治党需要聚焦的问题。

全面从严治党永远在路上，将伴随中国共产党历史发展的始终，为实现中华民族伟大复兴提供坚强有力的保障。

参考文献

三中全会以来重要文献选编：上下册［M］．北京：人民出版社，1982．

十二大以来重要文献选编：上中下册［M］．北京：人民出版社，1986、1988．

十三大以来重要文献选编：上中下册［M］．北京：人民出版社，1991、1993．

十四大以来重要文献选编：上中下册［M］．北京：人民出版社，1996、1997、1999．

十六大以来重要文献选编：上中下册［M］．北京：中央文献出版社，2005、2006、2008．

十七大以来重要文献选编：上中下册［M］．北京：中央文献出版社，2009、2011、2013．

十八大以来重要文献选编：上中下册［M］．北京：中央文献出版社，2014、2016、2018．

十九大以来重要文献选编：上册［M］．北京：中央文献出版社，2019．

毛泽东年谱（1893—1949）：上中下卷［M］．北京：中央文献出版社，2013．

邓小平年谱（1975—1997）：上下册［M］．北京：中央文献出版社，2004．

习近平谈治国理政［M］．北京：外文出版社，2014．

习近平谈治国理政：2—3卷［M］．北京：外文出版社，2017、2020．

习近平．论中国共产党历史［M］．北京：中央文献出版社，2021．

中共中央文献研究室．习近平总书记重要讲话文章选编［M］．北京：中央文献出版社、党建读物出版社，2016.

中共中央纪律检查委员会，中共中央文献研究室．习近平关于党风廉政建设和反腐败斗争论述摘编［M］．北京：中央文献出版社，中国方正出版社，2015.

中共中央文献研究室．习近平关于全面从严治党论述摘编［M］．北京：中央文献出版社，2016.

中共中央纪律检查委员会，中共中央文献研究室．习近平关于严明党的纪律和规矩论述摘编［M］．北京：中央文献出版社，中国方正出版社，2016.

习近平．摆脱贫困［M］．福州：福建人民出版社，1992.

习近平．之江新语［M］．杭州：浙江人民出版社，2007.

中共中央办公厅，中央"不忘初心、牢记使命"主题教育领导小组办公室．中国共产党党内重要法规汇编［M］．北京：党建读物出版社，2019.

本书编委会．中国共产党历次党章汇编（1921—2017）［M］．北京：中国方正出版社，2019.

中共中央党史研究室．中国共产党历史：1—2卷［M］．北京：中共党史出版社，2011.

本书编写组．中国共产党简史［M］．北京：人民出版社，中共党史出版社，2021.

中共中央宣传部．习近平新时代中国特色社会主义思想三十讲［M］．北京：学习出版社，2018.

习近平新时代中国特色社会主义思想学习纲要［M］．北京：学习出版社，人民出版社，2019.

江金权．全面从严治党的行动指南［M］．北京：党建读物出版社，2016.

王京清．深入推进新时代党的建设新的伟大工程［M］．北京：中国社会科学出版社，2019.

李君如．中国共产党建设史：上下册［M］．福州：福建人民出版社，2019.

杨凤城，赵淑梅，张世飞．全面从严治党新阶段［M］．北京：中国人民大学出版社，2017.

齐卫平. 勇于全面从严治党：时代担当［M］. 上海：上海人民出版社，2017.

齐卫平，郝宇青. 严肃党内政治生活的顶层设计［M］. 上海：上海人民出版社，2017.

刘红凛. 全面从严治党的格局与谋略［M］. 上海：上海人民出版社，2017.

刘红凛. 新时代党的建设理论和实践创新研究［M］. 北京：人民出版社，2019.

韩振峰. 中国化马克思主义党建理论研究［M］. 北京：人民出版社，2020.

高波. 中国共产党的自我革命：党章中的纪律和规矩［M］. 北京：中国方正出版社，2018.

张荣臣，蒋成会. 加强党的政治建设［M］. 北京：国家行政学院出版社，2019.

黄建军. 中国共产党思想领导能力建设研究［M］. 北京：人民出版社，2018.

吴兴智. 党的制度建设实践：成就、经验与启示［M］. 北京：经济科学出版社，2017.

黄黎. 党章的历程［M］. 北京：人民出版社，2017.

廖冲绪. 中国共产党组织纪律建设研究［M］. 成都：西南交通大学出版社，2017.

吴传毅. 新时代党的全面领导与党的建设［M］. 北京：中共党史出版社，2018.

蒋清华. 中国共产党党的领导法规制度基础理论研究［M］. 北京：人民出版社2020.

中共中央文件选集（1949—1966）：1—50卷［M］. 北京：人民出版社，2013.

中共中央办公厅法规局. 中央党内法规和规范性文件汇编（1949年10月—2016年12月）：上下册［M］. 北京：法律出版社，2017.

邓小平文选：1－3卷［M］. 北京：人民出版社，1994，1993.

江泽民文选：1-3卷［M］．北京：人民出版社，2006．

胡锦涛文选：1-3卷［M］．北京：人民出版社，2016．

毛泽东选集：1-4卷［M］．北京：人民出版社，1991．

列宁专题文集：1-5卷［M］．北京：人民出版社，2009．

毛泽东年谱（1949—1976）：1-6卷［M］．北京：中央文献出版社，2013．

毛泽东文集：1-8卷［M］．北京：人民出版社，1993—1999．

马克思恩格斯文集：1-10卷［M］．北京：人民出版社，2009．

建国以来毛泽东文稿：1-13卷［M］．北京：中央文献出版社，1987—1998．

中共中央文件选集：1-18卷［M］．北京：中共中央党校出版社，1989—1992．

建国以来重要文献选编：1-20卷（1949—1965）［M］．北京：中央文献出版社，1992—1998．

建党以来重要文献选编：1-26卷（1921—1949）［M］．北京：中央文献出版社，2011．

西蒙．权威的性质与功能［M］．吴彦，译．北京：商务印书馆，2015．

费正清．伟大的中国革命［M］．刘尊棋，译．北京：世界知识出版社，2003．

傅高义．邓小平时代［M］．冯克利，译．北京：生活·读书·新知三联书店，2013．

基辛格．论中国［M］．胡利平，等，译．北京：中信出版社，2012．

后　记

百年恰是风华正茂，百年仍需风雨兼程。2021年迎来了中国共产党百年华诞，《新时代全面从严治党的理论创新》是献给这一盛大节日的礼物。

新时代全面从严治党的理论取得了系列原创性成果，新时代全面从严治党的实践取得了卓有成效的突破。本书紧密结合新时代全面从严治党的实践，对新时代全面从严治党的理论创新进行了初步总结，呈现了以习近平同志为核心的党中央全面从严治党的战略谋划、理论创新和路径选择、实践成效。

本书是集体合作的成果。其中，绪论由华南师范大学马克思主义学院陈金龙撰写；第一章由北京科技大学马克思主义学院罗微撰写；第二、三章由华南师范大学马克思主义学院周建伟撰写；第四章由华南师范大学马克思主义学院胡国胜撰写；第五章由中共广东省委党校刘朋撰写；第六章由华南师范大学马克思主义学院蒋积伟撰写；第七章由华南师范大学马克思主义学院董海军撰写；第八章由华南师范大学马克思主义学院何旗撰写；第九章由广东技术师范大学马克思主义学院孟令蓉撰写；结语由北京科技大学马克思主义学院罗微撰写。陈金龙负责全书统筹、大纲撰写和统稿工作。

本书的研究和出版，得到中共广东省委宣传部的大力支持，列入2020年主题出版重点出版物项目。中山大学出版社嵇春霞副总编辑慧眼识珠，为策划本书的出版付出了辛勤劳动。责任编辑熊锡源博士字斟句酌，为本书增色不少，其专业精神令人感佩。在此，谨向中共广东省委宣传部、中山大学出版社的领导、编辑表达虔诚的敬意和真挚的谢意。

全面从严治党永远在路上，对于新时代全面从严治党理论与实践创新的最新进展，本书力求及时进行总结和反映，但仍难以赶上时代的步伐，呈现一定程度的滞后性，敬请广大读者谅解。

　　本书充分参考和吸收了学术界关于新时代全面从严治党的研究成果，在此表示衷心感谢。书中粗疏之处在所难免，祈请学界同仁不吝赐教，以深化对新时代全面从严治党的研究。

本书编写组
2021 年 6 月